Gestión administrativa del comercio internacional

Paraninfo

COMERCIO Y MARKETING

Gestión administrativa del comercio internacional

Miren Josune Urrosolo Muñoz
Enrique Miguel Martínez Martínez

Paraninfo

Gestión administrativa del comercio internacional

Gerente Editorial
María José López Raso

Equipo Técnico Editorial
Alicia Cerviño González
Paola Paz Otero

Editora de Adquisiciones
Carmen Lara Carmona

Producción
Nacho Cabal Ramos

Preimpresión
Ediciones Nobel

Diseño de cubierta
Ediciones Nobel

1.ª edición, 2018, 1.ª reimpresión, 2019

C/ Velázquez, 31, 3.° D / 28001 Madrid, ESPAÑA
Teléfono: 914 463 350 / Fax: 914 456 218
clientes@paraninfo.es / www.paraninfo.es

ISBN: 978-84-283-3956-8
Depósito legal: M-11261-2018

(19918)

Impreso en España / *Printed in Spain*
Imprime Gráficas Summa (Llanera, Asturias)

A todas las profesoras y los profesores que —en cualquier lugar del mundo— cada día entran en las aulas.

Gracias a todas las alumnas y los alumnos que a todas las profesoras y a todos los profesores nos permiten soñar.

Soñar que, cuando un día
esté durmiendo nuestra propia barca,
en barcos nuevos seguirá
nuestra bandera enarbolada.

(Gabriel Celaya)

Índice

Presentación

Este libro desarrolla los contenidos del módulo profesional de Gestión Administrativa del Comercio Internacional, de los Ciclos Formativos de grado superior de Comercio Internacional y de Transporte y Logística, pertenecientes a la familia profesional de Comercio y Marketing.

En primer lugar, es necesario destacar que la presente materia muestra los siguientes rasgos característicos:

- Resulta difícil poner límite a su contenido.
- Debe ser objeto de actualización día a día, ya que cambia constantemente para adecuarse a los tiempos.
- Su dificultad radica no solo en un vocabulario específico muy técnico, sino en que debe recoger las especificaciones de cada uno de los países que intervienen en un intercambio de mercancías.

Por esta razón, en el manual, se han tenido en cuenta de manera especial los siguientes aspectos:

- El uso de un **lenguaje sencillo y comprensible** con el objetivo de que el alumnado tenga un primer contacto atractivo con la materia que lo lleve a mantener la curiosidad y a apasionarse por el conocimiento al que va a ir acercándose.
- Una **metodología** clara que va de lo básico a lo complejo para proporcionar una idea de conjunto en la medida en que van transcurriendo las unidades.
- Unos **recursos accesibles y eficaces** que ayuden no solo a captar sin dificultad lo que pretende conseguirse en cada unidad, sino también a aumentar página a página la pasión por la asignatura.

La obra se organiza en 13 unidades, que introducen al alumnado en el conocimiento de esta materia tan amplia. Los contenidos tratados en cada unidad se describen a continuación.

La **Unidad 1** permite contextualizar el contenido de todo el libro. El comercio internacional se aborda desde la Unión Europea. Se estudian los intercambios entre los países miembros, así como los intercambios internacionales. Existe una institución común que vigila la entrada y la salida de estos últimos: la Aduana Europea, un único territorio aduanero comunitario formado por 28 Estados (todavía sin aplicación del Brexit).

La **Unidad 2** acerca al lector tanto al libre comercio de la mano de la Organización Mundial del Comercio (OMC) como a las diferentes barreras comerciales que adoptan los gobiernos de los países que impiden la libre circulación de las mercancías. El conocimiento de dichas barreras será la única forma de poder superarlas.

En la **Unidad 3,** se estudian los recursos básicos para toda compraventa internacional: el contrato y los Incoterms 2010, ambos ofrecidos por la Cámara de Comercio Internacional (ICC).

La **Unidad 4** se centra en la clasificación arancelaria de la mercancía. Así, se aprende que toda mercancía está identificada con un número que, a nivel internacional, será de seis cifras y, a nivel europeo, de diez. Este código, que se conoce como *TARIC*, facilita enormemente las transacciones internacionales de mercancías.

En la **Unidad 5,** se analiza el origen de las mercancías, tanto si es de un país como si es de varios, pues la identificación del origen trae consigo la aplicación de diferentes acuerdos. Además, se estudia que, cuando un acuerdo beneficie una compraventa, esta precisará de una documentación para que le sea aplicada, es decir, el certificado de origen.

A continuación, en la **Unidad 6,** se lleva a cabo un breve análisis de todos los destinos y regímenes aduaneros: se enumeran los destinos y regímenes[1] y se ofrece una explicación sobre qué es el documento único administrativo (DUA) de exportación y cómo se cumplimenta.

La **Unidad 7** trata el valor de la mercancía en la aduana (DV-1) y el documento único administrativo de importación. Lo tratado en esta unidad es fundamental a la hora de realizar un despacho de importación de mercancías y permite conocer la importancia del sujeto pasivo de dicha declaración y cómo se calcula la deuda tributaria.

En la **Unidad 8,** se contemplan los riesgos del comercio internacional y el contrato de seguro de la mercancía en este contexto y, en especial, el seguro del transporte de mercancías, pues es de gran importancia para los futuros profesionales que realizarán tareas de gestión administrativa del comercio internacional.

La **Unidad 9** desarrolla los contenidos relativos a las medidas de política comercial y los regímenes administrativos. Así, permite un acercamiento a los diferentes regímenes comerciales (entre los cuales es fundamental el de la libertad comercial) y a los regímenes específicos de ciertas mercancías.

En la **Unidad 10,** se estudian los impuestos especiales que gravan el consumo de ciertos productos como el alcohol, los hidrocarburos, el carbón, el tabaco, la electricidad y determinados medios de transporte. Estos impuestos tienen una connotación social, sanitaria y medioambiental.

En la **Unidad 11,** se estudia todo lo relacionado con el impuesto sobre el valor añadido (IVA) que se aplica sobre las transacciones en la compraventa de mercancías. Por ello, se realiza un acercamiento tanto al ámbito de aplicación del impuesto (en España, en la península ibérica y el archipiélago balear) como al intracomunitario y al internacional.

La obra concluye con dos **unidades globales:** la Unidad 12 y la Unidad 13. El objetivo de la **Unidad 12** es mostrar un expediente completo de exportación, mientras que el de la **Unidad 13** es mostrar un expediente completo de importación. Con ellas será posible poner en práctica los conocimientos adquiridos en las unidades anteriores y tener una visión global de los contenidos del libro.

Además, a lo largo de las unidades, el alumnado podrá poner en práctica sus conocimientos a través de las actividades propuestas y encontrará útiles y amenos cuadros de Vocabulario, Sabías que y Recuerda con términos técnicos e información importante y adicional, que contribuirán a enriquecer su aprendizaje. Al mismo tiempo, al término de cada unidad, el alumnado dispondrá de útiles enlaces web donde ampliar conocimientos, así como cuadros relativos a documentación y normativa.

El mapa conceptual de cada unidad permitirá, de un vistazo, repasar los conceptos principales tratados en ella de manera visual. Después, podrá ponerlos a prueba y ampliarlos con las actividades finales de comprobación de aplicación y de ampliación.

Los contenidos del libro irán acompañados de materiales exclusivos para el profesorado que adopte el libro y de recursos digitales para el alumnado (a estos últimos, podrá accederse mediante un sencillo registro desde la pestaña de «Recursos previo registro» de la ficha web de la obra, en www.paraninfo.es).

No puede concluirse esta presentación sin mencionar que, para la elaboración de este libro, han confluido las tres partes de toda comunidad educativa en la Formación Profesional: una empresa (TransNatur), un alumno de Formación Profesional Dual (Enrique Martínez) y una profesora (Josune Urrosolo).

[1] El Código Aduanero de la Unión (CAU) es el texto de referencia para consultar todos los destinos y regímenes existentes en el territorio de la Unión.

La editorial recomienda que el alumno realice las actividades sobre su cuaderno y no sobre el libro.

1

Aspectos básicos del comercio internacional desde la Unión Europea

CONTENIDOS

1.1. El comercio internacional
1.2. La Unión Europea: sujeto de derecho internacional
1.3. Instituciones básicas comunitarias
1.4. Aduanas europeas
1.5. Territorio aduanero comunitario.
1.6. Derecho aduanero comunitario: tipos de actos y el Código Aduanero de la Unión
1.7. Zona euro: monedas convertibles y divisas reconocidas por las aduanas europeas
1.8. Las empresas y las causas de su internacionalización
1.9. Tipos de intercambios de mercancías en la compraventa entre empresas
1.10. Cumplimentación de facturas nacionales, europeas e internacionales
1.11. Organismos nacionales de apoyo al comercio internacional

OBJETIVOS

- Tener unos conocimientos básicos de lo que se entiende por *comercio internacional*.
- Acercarse a la Unión Europea y situar el intercambio de mercancías desde esta.
- Entender la relación que se establece entre la empresa y el comercio internacional.
- Aprender a elaborar el documento básico de la compraventa internacional: la factura.

INTRODUCCIÓN

Antes de comenzar a realizar un procedimiento administrativo en el comercio internacional, es imprescindible tener un conocimiento básico sobre los intercambios comerciales entre diferentes países y concretar la ubicación desde la que van a realizarse dichos intercambios.

Por ello, esta unidad se centra en el comercio internacional desde la Unión Europea, donde, tras esbozar sus rasgos esenciales, se describirán tanto sus relaciones internas (el libre comercio entre los países miembros) como sus relaciones externas (el comercio con terceros países, al que se denomina *comercio internacional*). Finalmente, se relaciona este tipo de comercio con la actividad empresarial de compraventa internacional.

Figura 1.1. Comercio internacional de mercancías.

1.1. El comercio internacional

El comercio internacional es el intercambio de bienes económicos que se realiza entre empresas de dos o más países, de tal forma que salen mercancías de un país con destino a otro o entran mercancías a un país procedente de otro.

De esta definición, se deduce que, para hablar de *comercio internacional,* tiene que darse una serie de condiciones:

- Intercambio de bienes económicos.
- Salida de mercancías de un país con destino a otro (exportación).
- Entrada de mercancías de un país procedentes de otro (importación).
- Escasa importancia de la nacionalidad de los comerciantes, puesto que ello no conlleva la salida de las mercancías de un país.

Dentro de la UE, se considera comercio internacional la compraventa de mercancías entre países miembros y terceros países.

Vocabulario

Exportación: el envío de un producto o servicio a un país extranjero o tercer país con fines comerciales.

Importación: la introducción de bienes o servicios con fines comerciales de origen extranjero a un país.

1.2. La Unión Europea: sujeto de derecho internacional

La Unión Europea (UE) fue fundada el 1 de noviembre de 1993 en Maastricht (Países Bajos) con la entrada en vigor del Tratado de la Unión Europea (TUE). Tiene su sede en Bruselas (Bélgica) y sus países fundadores son Francia, Bélgica, Luxemburgo, Italia, Países Bajos y Alemania.

Sus cimientos se encuentran en la Comunidad Europea del Carbón y del Acero (CECA), la Comunidad Europea de la Energía Atómica (Euratom) y la Comunidad Económica Europea (CEE). Con la entrada en vigor, el 1 de diciembre del 2009, del Tratado de Lisboa, la Unión Europea asumió una personalidad jurídica única como sujeto de derecho internacional. A septiembre del 2017, la Unión Europea está formada por 28 países: Portugal, España, Irlanda, Francia, Italia, Alemania, Luxemburgo, Bélgica, Países Bajos, Dinamarca, Polonia, Suecia, Finlandia, Estonia, Letonia, Lituania, República Checa, Eslovaquia, Austria, Hungría, Rumanía, Bulgaria, Eslovenia, Croacia, Grecia, Malta y Chipre. Tras el *brexit,* el Reino Unido está pendiente de su salida de la UE.

Recuerda

España se incorpora como miembro a la Unión Europea el 1 de enero de 1986.

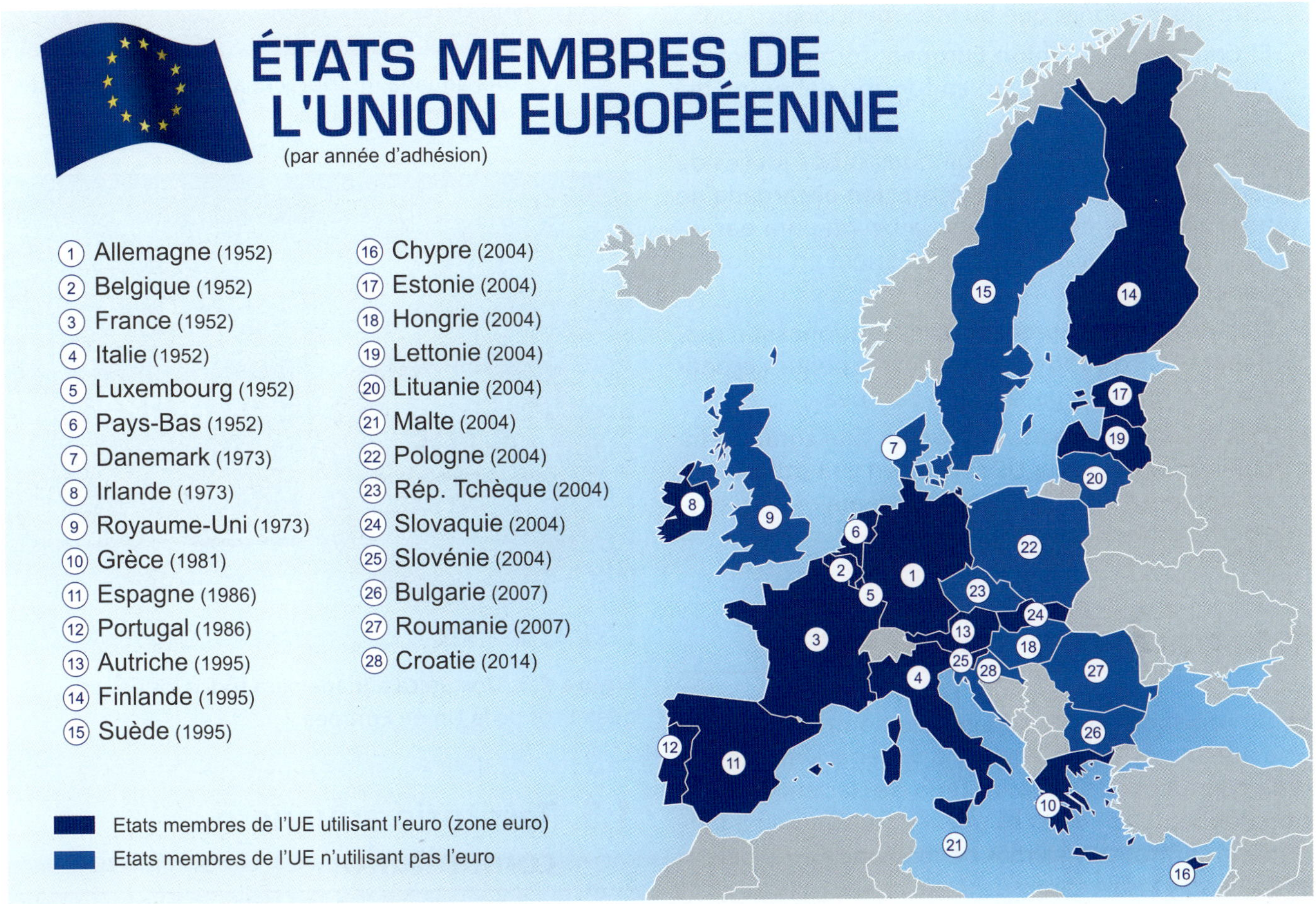

Figura 1.2. Países miembros de la Unión Europea.

En lo que se refiere a la compraventa de mercancías, prima el principio de libre circulación entre los países miembros y una unión aduanera cuyos principios básicos son:

- Uniformidad en la legislación aduanera.
- Frontera exterior común frente a terceros países.
- Arancel aduanero común.
- Política comercial común.
- Recursos propios comunitarios.

1.3. Instituciones básicas comunitarias

La UE no es una federación de estados, como los Estados Unidos. Tampoco es una mera organización de cooperación entre gobiernos, como las Naciones Unidas. En realidad, la Unión Europea es única, pues los países que la constituyen —sus Estados miembros— siguen siendo naciones soberanas independientes, pero que comparten dicha soberanía para ser más fuertes y tener una influencia mundial que ninguno de ellos podría ejercer individualmente.

En el proceso decisorio de la Unión Europea en general y en el procedimiento de codecisión en particular, intervienen tres (primeras) instituciones:

1. **El Parlamento Europeo:** institución legislativa, compuesta por europarlamentarios, que representa a los ciudadanos de la Unión Europea.
2. **El Consejo Europeo:** compuesto por los presidentes de los Estados miembros, se encarga de representarlos y es responsable de establecer las prioridades de la Unión.
3. **La Comisión Europea:** órgano formado por miembros independientes nombrados por los gobiernos nacionales que promueve los intereses de la Unión Europea en su conjunto.

Otras instituciones que pueden mencionarse son:

- **El Consejo de la Unión Europea:** formado por los ministros, que se reúnen en función del orden del día.
- **El Tribunal de Justicia:** compuesto por jueces de cada país miembro, es la institución encargada de interpretar la legislación de la Unión para garantizar que se aplique de igual manera en todos los países miembros.
- **El Banco Central Europeo:** cuyas funciones son gestionar el euro y formular y aplicar la política económica y monetaria de la Unión Europea.
- **El Tribunal de Cuentas Europeo:** que comprueba que los fondos de la UE se reciben y se utilizan correctamente, lo que contribuye a mejorar su gestión financiera.

1.4. Aduanas europeas

La UE funciona en sus aduanas como un único país. Una aduana es un ente público y, generalmente, en cada país, depende del Ministerio de Hacienda y Función Pública. La aduana es una institución que administra las entradas y salidas de mercancías del país al extranjero, y viceversa.

Hay dos tipos:

1. **Aduana interior:** es aquella aduana de salida que no hace frontera directamente con un tercer país, sino con la Unión Europea. Sus límites no son ni aéreos ni marítimos. Por ejemplo, la aduana de Irún es interior porque su frontera está establecida con Francia.
2. **Aduana exterior:** es aquella aduana de salida que hace frontera directa con un tercer país o sus límites son aéreos o marítimos. La aduana de Terespol, en Polonia, es exterior porque hace frontera con Bielorrusia. El puerto de Róterdam también es aduana exterior porque tiene acceso directo a aguas internacionales.

Todas las aduanas de la UE se identifican por unos dígitos alfanuméricos, compuestos por 2 letras (que identifican al país) y 6 números (que identifican a la aduana). Por ejemplo, la aduana interior Zaisa Irún ES002045.

La búsqueda de este código, tanto de aduanas internas como externas, de la E puede llevarse a cabo en la web sobre fiscalidad y unión aduanera (http://ec.europa.eu/taxation_customs/dds2/col/col_search_home.jsp?Lang=es).

Actividad propuesta 1.1

Nombra una aduana interior y una aduana exterior de España y de la Unión Europea.

Figura 1.3. Una única aduana para todos los países miembros de la Unión Europea.

1.5. Territorio aduanero comunitario

El territorio aduanero comunitario (TAC) es el espacio geográfico a través del cual pueden circular las mercancías objeto del tráfico internacional, en el cual rige total o parcialmente una misma legislación aduanera. Por lo tanto, las mercancías circulan libremente por dicho territorio, ya que los intercambios que se realizan en él son todos ellos de origen europeo y no es necesaria su declaración ante las aduanas. Una compraventa entre zonas de este territorio requerirá la misma documentación que una compraventa nacional.

Recuerda

Toda compraventa de mercancías entre países del territorio aduanero se considera un intercambio intracomunitario. Dentro del territorio aduanero hay zonas que no forman parte de él, por ejemplo, Ceuta y Melilla no son parte del territorio aduanero, por lo que en estos intercambios se considera exportación o importación.

Su composición puede encontrarse en el artículo 4 del capítulo 1 del Código Aduanero Comunitario:

1. El territorio aduanero de la Unión comprenderá los territorios siguientes, incluidos su mar territorial, sus aguas interiores y su espacio aéreo:
   - El territorio del Reino de Bélgica.
   - El territorio de la República de Bulgaria.
   - El territorio de la República Checa.
   - El territorio del Reino de Dinamarca, salvo las Islas Feroe y Groenlandia.
   - El territorio de la República Federal de Alemania, salvo la isla de Heligoland y el territorio de Büsingen (Tratado del 23 de noviembre de 1964 entre la República Federal de Alemania y la Confederación Suiza).
   - El territorio de la República de Estonia.
   - El territorio de Irlanda.
   - El territorio de la República Helénica.
   - El territorio del Reino de España, salvo Ceuta y Melilla.
   - El territorio de la República Francesa, salvo los países y territorios franceses de ultramar a los que se apliquen las disposiciones de la cuarta parte del Tratado de Funcionamiento de la Unión Europea (TFUE).
   - El territorio de la República de Croacia.
   - El territorio de la República Italiana, salvo los municipios de Livigno y Campioned'Italia y las aguas nacionales del lago de Lugano comprendidas entre la orilla y la frontera política de la zona situada entre Ponte Tresa y Porto Ceresio.
   - El territorio de la República de Chipre, de acuerdo con las disposiciones del Acta de Adhesión del 2003.
   - El territorio de la República de Letonia.
   - El territorio de la República de Lituania.
   - El territorio del Gran Ducado de Luxemburgo.
   - El territorio de Hungría.
   - El territorio de Malta.
   - El territorio europeo del Reino de los Países Bajos.
   - El territorio de la República de Austria.
   - El territorio de la República de Polonia.
   - El territorio de la República Portuguesa.
   - El territorio de Rumanía.
   - El territorio de la República de Eslovenia.
   - El territorio de la República Eslovaca.
   - El territorio de la República de Finlandia.
   - El territorio del Reino de Suecia.
   - El territorio del Reino Unido de Gran Bretaña e Irlanda del Norte, de las Islas Anglonormandas y de la Isla de Man.
2. Habida cuenta de los convenios y tratados que les son aplicables, se considerarán parte integrante del territorio aduanero de la Unión los territorios situados fuera del territorio de los Estados miembros que se indican a continuación, incluidos su mar territorial, sus aguas interiores y su espacio aéreo:
   - Francia: el territorio de Mónaco, tal y como se define en el Convenio Aduanero firmado en París el 18 de mayo de 1963 (*Journal Officiel de la République Française* del 27 de septiembre de 1963, p. 8679).
   - Chipre: el territorio de las zonas de soberanía del Reino Unido de Akrotiri y Dhekelia, tal como se definen en el Tratado relativo al Establecimiento de la República de Chipre, firmado en Nicosia el 16 de agosto de 1960 (*United Kingdom Treaty Series* n.º 4 [1961], Cmnd. 1252).

Para aclarar lo que supone formar parte del territorio aduanero comunitario, puede tomarse como ejemplo Ceuta: una venta realizada a Ceuta, ya sea desde España o desde Francia, sería una exportación.

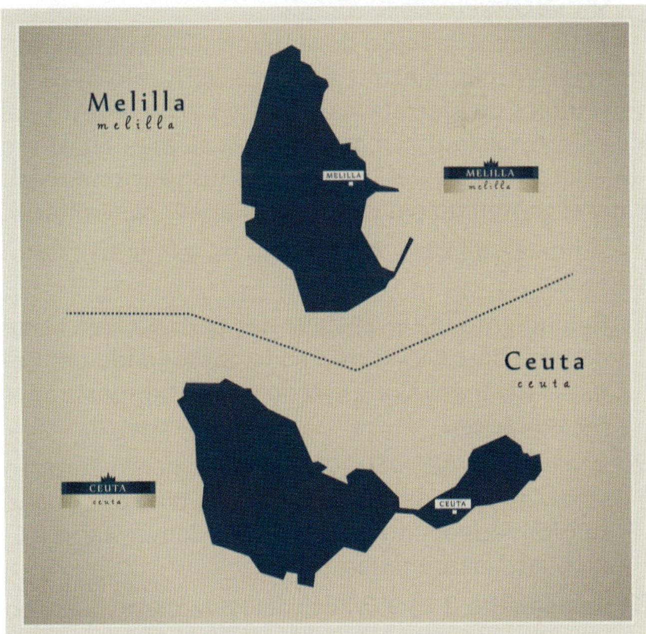

Figura 1.4. En España, existen 17 comunidades autónomas y dos ciudades autónomas, que son Ceuta y Melilla.

Lo mismo podría decirse cuando una empresa madrileña compra bacalao fresco a una empresa danesa (de Tórshavn, en las Islas Feroe).

1.6. Derecho aduanero comunitario: tipos de actos y el Código Aduanero de la Unión

El derecho aduanero comunitario es el conjunto de reglas de derecho público que se aplica en la circulación internacional de mercancías en la Unión Europea y está compuesto por una serie de actos administrativos que se originan a través del Consejo o la Comisión Europea.

Existen cuatro tipos de actos diferentes:

1. **Reglamentos:** son normas de carácter general que deben ratificarse y aplicarse directa y obligatoriamente en todos los países miembros de la UE.
2. **Directivas:** estas normas deben aplicarse en los países miembros integrados en el derecho nacional de cada país, que es el que determina la forma de aplicarlas.
3. **Decisiones:** son normas específicas para un tema y situación concretos que solo afectan a los países interesados en dicho tema y situación.
4. **Recomendaciones:** como su nombre indica, no son normas, sino *consejos* que los países siguen o no según su propia decisión.

El Código Aduanero de la Unión (CAU) es una normativa —reglamento— suprema aplicable a los intercambios de mercancía de la Unión con el resto del mundo. En este único documento, se fijan el campo de aplicación, las definiciones, las disposiciones básicas y el contenido del derecho aduanero comunitario.

A finales del 2017, este código ha tenido tres renovaciones:

1. Reglamento (CEE) 2913/92 del Consejo, del 12 de octubre de 1992. Primer texto consolidado del Código Aduanero Comunitario y de las disposiciones de aplicación.
2. Reglamento (CE) 450/2008 del Parlamento Europeo y del Consejo, del 23 de abril del 2008, por el que se establece el Código Aduanero Comunitario (código aduanero modernizado).
3. Reglamento (UE) 952/2013 del Parlamento Europeo y del Consejo, del 9 de octubre del 2013, por el que se establece el Código Aduanero de la Unión. Este es el reglamento que, actualmente, se encuentra en vigor.

No puede dejar de resaltarse el Reglamento Delegado (UE) 2016/341 de la Comisión, de 17/12/2015, por el que se completa el Reglamento (UE) n.° 952/2013 del Parlamento Europeo y del Consejo, en lo que se refiere a las normas transitorias para determinadas disposiciones del Código Aduanero de la Unión mientras no estén operativos los sistemas electrónicos pertinentes, y por el que se modifica el Reglamento Delegado (UE) 2015/2446.

El 1 de mayo del 2016, entró en vigor el nuevo Código Aduanero de la Unión Europea (CAU), así como las normas complementarias que regularán los diversos procedimientos aduaneros.

1.7. Zona euro: monedas convertibles y divisas reconocidas en las aduanas europeas

Es imprescindible conocer la zona euro si se habla del comercio internacional en la UE.

La zona euro, a finales del 2017, está formada por 24 países:

- **Países de la UE:** Portugal, España, Francia, Irlanda, Finlandia, Estonia, Letonia, Lituania, Alemania, Bélgica, Países Bajos, Luxemburgo, Austria, Eslovaquia, Eslovenia, Grecia, Italia, Malta y Chipre.
- **Países que no son de la UE, pero que forman parte de la zona euro:** Vaticano, Mónaco, Andorra, San Marino y Montenegro.

Recuerda

El Banco Central Europeo es el banco central de la zona euro. Su función principal es mantener la estabilidad de precios en la zona del euro para preservar el poder adquisitivo de la moneda única.

Actualmente, las monedas convertibles se reconocen en todo el mundo y son once: el euro, el dólar australiano, el dólar canadiense, el dólar americano, el dólar neozelandés, la corona sueca, la corona danesa, la corona noruega, el yen japonés, la libra esterlina y el franco suizo.

En la UE, para calcular el valor en la aduana de las mercancías, el Banco Central Europeo ha establecido —a día de hoy— el cambio de 31 divisas, que se publican y pueden encontrarse en el *Boletín Oficial del Estado* el penúltimo miércoles de cada mes. Su origen se debe a la enorme cantidad de compraventas internacionales que se hacen con países como China, Rusia, Turquía, Brasil, India, Filipinas, etc., cuyas monedas no forman parte de las denominadas *monedas convertibles*. El número de monedas que son reconocidas para su cambio a euros cambia dependiendo de muchas variables económicas, desde la tasa de inflación pasando por el tipo de interés o de la balanza comercial del país (estos datos son actualizados anualmente).

Actividad propuesta 1.2

Busca en los cambios de divisas en la Unión Europea aplicables el 28 de diciembre del 2017, concretamente las liras turcas.

Figura 1.5. Algunas monedas convertibles.

1.8. Las empresas y las causas de su internacionalización

Se entiende por *empresa* una unidad formada por un grupo de personas, bienes materiales y financieros que tiene como objetivo producir algo o prestar un servicio que cubra una necesidad y por el que se obtenga beneficios. De esta definición, va a tratarse a continuación sobre los intercambios de mercancías, dejando a un lado el intercambio de servicios.

La Comisión Europea, en el Reglamento (UE) 651/2014, considerará *empresa* «toda entidad, independientemente de su forma jurídica, que ejerza una actividad económica. En particular, se considerarán empresas las entidades que ejerzan una actividad artesanal u otras actividades a título individual o familiar, así como las sociedades de personas y las asociaciones que ejerzan una actividad económica de forma regular».

Hoy por hoy, se vive en un mundo globalizado donde los bienes que se consumen provienen de cualquier lugar del mundo. Esta apertura a los intercambios en mercados internacionales ha sido impulsada por los países y seguida por el tejido empresarial.

Generalmente, las causas de internacionalización de las empresas se clasifican en dos tipos:

1. **Causas internas:** son aquellas que afectan exclusivamente a la empresa y sobre las que tiene posibilidad de acción, entre las que destacan:
   - Reducción de costes (en materias primas, mano de obra, etc.).
   - Búsqueda de nuevos recursos o escasez de ellos en el entorno cercano.
   - Optimización del tamaño.
   - Diversificación del riesgo.
   - Aprovechar la capacidad ociosa de la fabricación.
2. **Causas externas:** no son controlables por la empresa, por tanto, debe actuar sobre ellas con decisiones sobre los factores internos. Son las que más empujan a la empresa a la internacionalización, y las más significativas son:
   - Estructura del sector por una dura competencia con un competidor internacional.
   - Demanda de nuevos mercados emergentes.
   - Aspectos legales que impulsan la internacionalización de empresas.
   - Globalización como la creciente comunicación e interdependencia entre los distintos países del mundo.
   - Uso generalizado del internet.

Una cada vez mayor liberalización de los mercados, el creciente número de acuerdos multinacionales y la desaparición de barreras comerciales hacen que, en las últimas décadas, esté dándose una gran aceleración en el comercio internacional. La internacionalización es un gran reto para las empresas que las obligará a adaptarse al ritmo frenético de los intercambios entre países.

No puede terminarse este apartado sin hacer referencia al efecto de la **globalización,** un proceso económico, político, social, tecnológico y cultural que ha transformado el mundo en un planeta interconectado. Como consecuencia de un capitalismo en búsqueda de expandir el comercio internacional, la producción y el consumo, surge lo que también recibe el nombre de *aldea global* (Marshall McLuhan) gracias a internet y el desarrollo tecnológico. Una característica clave de la globalización es la internacionalización de empresas.

1.9. Tipos de intercambios de mercancías en la compraventa entre empresas

Es básico diferenciar los tipos de intercambios que se realizan en una compraventa. El enfoque principal para distinguirlos es el espacio que recorre la mercancía desde el origen hasta el destino:

- **Importación-exportación:** intercambio de mercancías realizado entre la UE y países de fuera de la Unión Europea o fuera de la zona TAC (territorio aduanero comunitario).
- **Adquisición-expedición:** intercambio de mercancías realizado dentro de la Unión Europea o dentro de la zona TAC.
- **Compras-ventas:** intercambio de mercancías realizado a nivel nacional, dentro de un país.

La clase de intercambio del que se trate determinará el proceso administrativo que haya que realizar.

Actividad propuesta 1.3

Una empresa española vende naranjas a una empresa ucraniana:

- ¿Esta compraventa puede considerarse una operación de comercio internacional?
- ¿Y si la compraventa fuese a un empresario de nacionalidad ucraniana que tiene su empresa en Francia?

Figura 1.6. En el 2016, España registró un déficit en su balanza comercial de 18 916,9 millones de euros, un 1,69 % de su PIB, inferior al registrado en el 2015, que fue de 26 622,7 millones de euros (el 2,47 % del PIB).

Será un mercado interior cuando se haga referencia a las compraventas nacionales e intracomunitarias, donde las mercancías circulan libremente; mientras que las exportaciones e importaciones se considerarán un mercado exterior, donde el servicio de aduanas nacionales de los Estados miembros gestionarán estos movimientos de mercancías.

1.10. Cumplimentación de facturas nacionales, europeas e internacionales

En primer lugar, hay que saber cómo se cumplimenta una factura dependiendo del tipo de intercambio. Es preciso recordar que este documento es uno de los más importantes que han de rellenarse en una compraventa en cualquier tipo de intercambio y el primero que va a exigirse en la aduana junto con el documento de transporte.

El **1 de enero del 2013** entro en vigor el Real Decreto 1619/2012, de 30 de noviembre, por el que se aprueba el reglamento por el que se regulan las obligaciones de facturación, que sustituye al reglamento de facturación aprobado por el Real Decreto 1496/2003.

¿Sabías que

La factura es el documento administrativo que contiene toda la información de la venta. Para el exportador, es la prueba documental de la venta que ha realizado a mercados exteriores y, para el importador, es la declaración ante la aduana de su país del importe que debe abonar, a quién y la forma de pago.

Todas las empresas vendedoras están obligadas a emitir los documentos denominados *facturas* en concepto de realización de la venta de mercancías. Estos documentos deben contener los datos mínimos obligatorios conforme a la legalidad española vigente. Pueden añadirse otros datos como logotipos, características, códigos propios y otros que, sin ser obligatorios, sean de utilidad según los criterios de la empresa emisora.

Una **factura de compraventa nacional** debe contener, como mínimo, los siguientes datos:

1. Número de serie correlativo de la factura.
2. Datos del emisor de la factura:
   - Denominación social, o nombre y apellidos de la persona física.
   - Identificador fiscal: CIF o NIF.
   - Domicilio completo.
3. Datos del receptor de la factura:
   - Denominación social, o nombre y apellidos de la persona física.

- Identificador fiscal: CIF o NIF.
- Domicilio completo.

4. Concepto de la operación o identificador del producto: concepto, descripción, referencia, etc.
5. Cantidades:
   - Base imponible: monto de la operación sin IVA.
   - Tipo aplicado: tipo impositivo de IVA para ese tipo de producto o servicio.
   - Cuota de IVA: resultado de aplicar la base imponible y el tipo impositivo.
6. Lugar y la fecha de emisión.
7. Las facturas que sean de carácter de pagos anticipados deben especificar esta particularidad.

En una **factura de compraventa intracomunitaria,** habría que tener en cuenta los siguientes aspectos:

1. No aparece el IVA, por lo que hay que consultar siempre el censo de operadores de IVA intracomunitarios.
2. Se recomienda la utilización de los nuevos Incoterms 2010.
3. Es necesario indicar la codificación de las operaciones comunitarias en el arancel aduanero comunitario (TARIC).

Actividad propuesta 1.4

Una empresa letona vende salmón a una empresa española —inscrita en el censo de operadores intracomunitarios— por valor de 100 000 euros. Indica si la factura vendrá con IVA y argumenta tu respuesta.

Una **factura compraventa internacional** es un documento administrativo que emite el exportador al realizar la expedición de la mercancía. El comprador siempre necesitará este documento para poder realizar los trámites aduaneros en el país de importación.

La estructura de una factura comercial no está sujeta a ningún formato. Una característica importante en las facturas de exportación es que el importe de la venta está exento de IVA.

A continuación, se realiza una simple referencia al IVA en las facturas, aunque se desarrollará con más detalle en otra unidad:

- **Nacional:** con IVA (excepto en Canarias, Ceuta y Melilla).
- **Intracomunitaria:** sin IVA si el NIF se encuentra en el censo VIES (Registro de Operadores Intracomunitarios) (http://ec.europa.eu/taxation_customs/vies y https://aeat.es/viesdist.html).
- **Internacional:** exento de IVA.

Figura 1.7. Factura de compraventa internacional.

1.11. Organismos nacionales de apoyo al comercio internacional

Entre los organismos nacionales que son un referente y hay que tener en cuenta a la hora de un intercambio de mercancías, pueden mencionarse:

- **Secretaría de Estado de Comercio:** dependiente del Ministerio de Economía, Industria y Competitividad, ejerce entre el ámbito de sus competencias las relativas a la política económica y el apoyo a las empresas en el comercio exterior (http://www.comercio.gob.es).
- **ICEX, España Exportación e Inversiones:** tal y como se define, es una entidad pública empresarial de ámbito nacional que tiene como misión promover la internacionalización de las empresas españolas (http://www.icex.es).
- **ICC Spain:** es una organización empresarial mundial, un organismo de representación que habla con autoridad en nombre de las empresas de todos los sectores y desde cualquier país del mundo. Es un referente en toda transacción de mercancías (http://www.iccspain.org).

No hay que olvidar tampoco a las direcciones territoriales y provinciales de Economía y Comercio que forman la red territorial de la Secretaría de Estado de Comercio, ya que garantizan que toda empresa pueda encontrar cerca de ella un apoyo a su internacionalización.

Actividad propuesta 1.5

Busca el significado de las siglas de los siguientes organismos y anota en tu cuaderno a qué corresponden:

- OCM.
- OCDE.
- UNCTAD.

Enlaces web

Fiscalidad y unión aduanera de la UE:
http://ec.europa.eu/taxation_customs/dds2/col/col_search_home.jsp?Lang=es

Derecho de la Unión Europea:
http://eur-lex.europa.eu/summary/chapter/customs.html?root_default=SUM_1_CODED=12

Agencia Tributaria, consulta de operadores intracomunitarios:
https://www.agenciatributaria.gob.es/AEAT.sede/tramitacion/ZZ09.shtml
https://aeat.es/viesdist.html

Seterra, juegos de geografía:
https://online.seterra.com/es

Unión Europea:
https://europa.eu/european-union/index_es

Agencia Tributaria, contenido de las facturas:
http://www.agenciatributaria.es/AEAT.internet/Inicio/_Segmentos_/Empresas_y_profesionales/Empresas/IVA/Obligaciones_de_facturacion/Contenido_de_las_facturas.shtml

Aduana Argentina, centro de información integral para el comercio exterior:
http://www.aduanaargentina.com/uphp

Observatorio de datos del comercio internacional:
https://atlas.media.mit.edu/es/

Normativa

Reglamento (UE) 952/2013 del Parlamento Europeo y del Consejo, de 9 de octubre, por el que se establece el Código Aduanero de la Unión.

Real Decreto 1619/2012, de 30 de noviembre, por el que se aprueba el reglamento por el que se regulan las obligaciones de facturación.

Documento

Factura de compraventa internacional.

ASPECTOS BÁSICOS DEL COMERCIO INTERNACIONAL DESDE LA UNIÓN EUROPEA

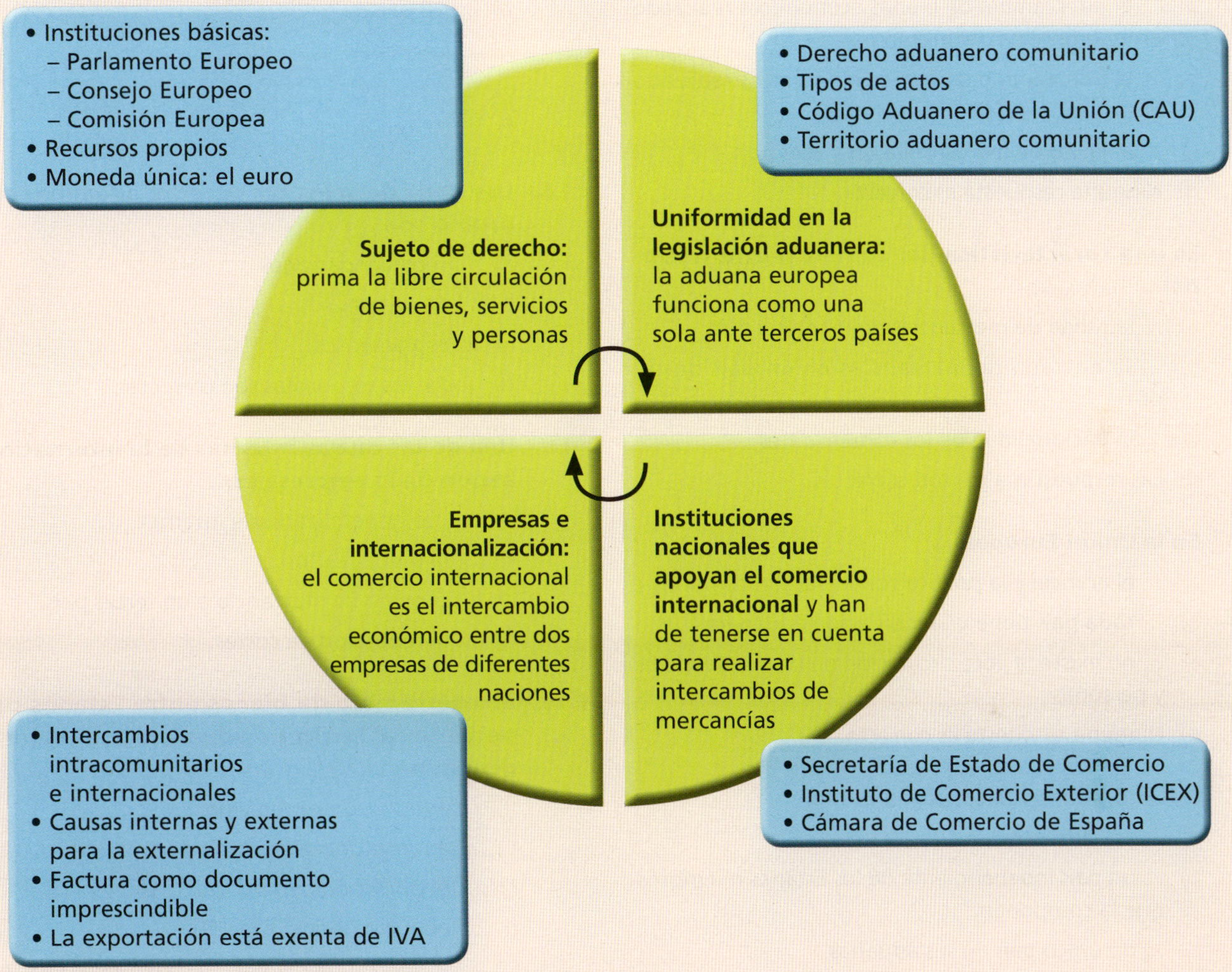

Actividades de comprobación

1.1. El comercio internacional es...

a) ... el intercambio de bienes económicos realizado entre empresas del mismo país.

b) ... el intercambio de bienes económicos realizado entre empresas de diferente país.

c) ... el envío de mercancía a un tercer país.

d) Ninguna respuesta es correcta.

1.2. Es una característica del comercio internacional...

a) ... la salida de mercancías de un país a otro.

b) ... la entrada de mercancías en un país desde otro.

c) ... la nacionalidad de los comerciantes.

d) Las respuestas a y b son correctas.

1.3. En la Unión Europea,...

a) ... el arancel y la política comercial son comunes.

b) ... cada país tiene una legislación aduanera.

c) ... no existe la libre circulación de bienes, servicios y personas.

d) Ninguna respuesta es correcta.

1.4. La Unión Europea funciona como...

a) ... un ente privado.

b) ... un país independiente de los Estados miembros que la componen.

c) ... un único país en sus aduanas.

d) Todas las respuestas son correctas.

1.5. Una aduana interior...

a) ... tiene acceso directo a un tercer país.

b) ... sus límites son exclusivamente aéreos.

c) ... hace frontera con un país de la UE.

d) Las respuestas a y b son correctas.

1.6. En el territorio aduanero comunitario,...

a) ... rige total o parcialmente la legislación aduanera.

b) ... se requiere documentación especial para toda compraventa.

c) ... los intercambios no tienen origen europeo.

d) ... las mercancías encuentran restricciones para su circulación.

1.7. La zona euro está formada por...

a) ... 28 países.

b) ... 24 países.

c) ... 12 países.

d) ... 25 países.

1.8. Los tipos de actos del derecho aduanero comunitario son...

a) ... recomendaciones.

b) ... decisiones.

c) ... reglamentos.

d) Todas las respuestas son correctas.

1.9. Una de las causas internas de la internacionalización de la empresa es...

a) ... uso generalizado de internet.

b) ... la globalización.

c) ... el envío de mercancía a un tercer país.

d) ... la reducción de costes.

1.10. El intercambio de bienes entre Estados pertenecientes al territorio aduanero comunitario se denomina...

a) ... *adquisición-expedición.*

b) ... *importación-exportación.*

c) ... *importación-expedición.*

d) ... *adquisición-exportación.*

1.11. Si una empresa de Oviedo vende alubias a una empresa ubicada en Bakú (Azerbaiyán), la factura emitida por el vendedor asturiano...

a) ... estará sujeta al IVA.

b) ... tendrá incluido el IRPF.

c) ... se la aplicará un arancel en la aduana española.

d) ... es una operación exenta de IVA.

Actividades de aplicación

1.12. Indica en un mapa político del mundo el nombre de los países que forman la Unión Europea y el de sus capitales.

1.13. En el mapa de la actividad anterior, coloca el símbolo del euro (€) en la zona euro y, en los países de la no zona euro, su divisa correspondiente.

1.14. La empresa comercial Arruti, SA, con CIF ES.A12345678 y situada en el parque empresarial Boroa, parcela 3B, Barrio Ugarte, 42110 Olvega (Soria), vende a su cliente peruano Eduardo Huarniz Rodríguez, con domicilio en Supe (Perú), un tractor de la marca John Deere 7420 de precisión con mando central y potencia de 138 kW. La denominación de la empresa es «Eduardo y hermanos, SL», con el CIF PE/B123456 y situada en la zona industrial Che Guevara n.º 10. 15161 Supe (Perú). La mercancía debe ser enviada en un contenedor 20 ft precintado n.º HOYU 7510136.

Los datos de la operación son los siguientes:

- Precio en factura: 70 000 €.
- Código de la mercancía: 8701.90.39.00.
- Marca: JD 130CV.
- Divisa utilizada: euro.
- Condiciones de entrega: EXW (Olvega).
- Aduana de salida: Puerto de Bilbao.
- Medio de transporte: marítimo, buque Cuzco II.
- Forma de pago: transferencia a 30 días desde la fecha de entrega.
- Peso: 5540 kg (neto) y 6000 kg (bruto).
- Dimensiones: 4,70 m (largo) × 2,35 m (ancho) × 2,50 m (alto).
- Número de pedido: 123456/16.

Se pide:

a) Rellena la factura de compraventa internacional la factura n.º 28 929 con fecha 12 de octubre del 2016.

b) Especifica cuál sería la diferencia fundamental que se produciría dependiendo de si la empresa compradora se encuentra en Barcelona o en Lisboa.

1.15. Señala si se trata de exportación, importación, venta o compra intracomunitaria o venta o compra nacional:

a) Una empresa de Madrid compra armarios a otra empresa de Caracas.

b) Una empresa de Guadalajara compra chocolate a Suiza.

c) Una empresa de Barcelona vende cerveza a otra empresa en Jerez de la Frontera.

d) Una empresa de Irún vende *txakolin* a otra empresa de Colonia.

e) Una empresa de Vigo compra salchichas a una empresa de Viena.

f) Una empresa de Córdoba vende aceite de oliva a otra empresa de Marruecos.

1.16. Localiza el número identificativo de las siguientes aduanas:

a) Zaisa-Irún.

b) Aeropuerto de Zaragoza.

c) Puerto de Róterdam-Haven.

d) Aeropuerto de París.

e) Terespol (Polonia).

Actividades de ampliación

1.17. Encuentra el Código Aduanero de la Unión aplicable al día de hoy y aplica anota el capítulo y el artículo donde aparezcan los países que conforman el territorio aduanero comunitario. Intenta localizar todas las zonas mencionadas en la unidad.

1.18. Busca en el Código Aduanero Comunitario su objeto y ámbito de aplicación, el tiempo que las empresas deben conservar la documentación en sus archivos accesible a las autoridades aduaneras y los tipos de representación aduanera.

1.19. Investiga sobre la Unión Europea y contesta a las siguientes cuestiones: ¿qué es la Unión? y ¿qué es la CEE? Averigua cuál es su himno, bandera, lema y capital.

1.20. Halla los tipos de cambio de las divisas utilizadas en todas las aduanas europeas en el momento en el que estás realizando este ejercicio y compáralos con los cambios que se utilizaron en septiembre del 2017.

1.21. Supón que tiene lugar la compraventa de una empresa española con domicilio en la provincia de Madrid que vende a una empresa suiza con sede en Berna.

El despacho de aduanas se realiza en Coslada (Madrid):

a) Halla el número de identificación de la aduana de Coslada.

b) Localiza posibles aduanas, tanto de entrada como de salida de la UE.

c) Identifica aduana exterior e interior.

1.22. Localiza en un mapa los países que no son miembros de la UE y están en la zona euro.

1.23. Las pymes, a la hora de internacionalizarse, pueden hacerlo de diversas formas. Busca información sobre la manera más tradicional de hacerlo: la venta directa, la venta compartida o la venta subcontratada o indirecta. ¿Podrías encontrar alguna estrategia innovadora?

1.24. Investiga en internet y define qué son una factura comercial y una factura proforma. Enumera las diferencias que existen entre ellas y destaca la principal.

2

Organización del comercio internacional. Pilares y barreras económicas y comerciales

CONTENIDOS

OBJETIVOS

- Conocer los tipos de barreras o limitaciones que establecen los países en el intercambio de bienes con terceros.
- Identificar organismos y bloques económicos que reducen los obstáculos en los intercambios internacionales.
- Saber buscar las barreras existentes en los intercambios que pueden realizarse desde la Unión Europea a otro país.

INTRODUCCIÓN

Antes de adentrarse en una compraventa internacional de una mercancía, hay que ver si es posible o no la entrada o salida de esta mercancía al país y qué relación comercial existe entre los países que van a formar parte del intercambio.

Deben conocerse los obstáculos o barreras que la mercancía puede encontrar en su trayecto, así como la integración o no de los países implicados en la compraventa en un bloque económico.

2.1. La Organización Mundial del Comercio

El primer intento de llegar a un acuerdo a nivel global sobre aranceles y comercio internacional puede encontrarse en 1946 en una conferencia internacional sobre comercio y empleo convocada por un organismo de las Naciones Unidas. Un año después, vuelven a reunirse en La Habana (1947) creando el primer foro internacional con el objetivo de promover un comercio libre, suprimir las prácticas del dumping y las subvenciones y eliminar la cláusula de nación más favorecida.

Han sido muchas las conferencias celebradas desde entonces, donde ha jugado un papel muy importante el Acuerdo General sobre Aranceles Aduaneros y Comercio (GATT). Durante el periodo de 1947 a 1994 en el que se aplicó este acuerdo, se registraron altas tasas de crecimiento internacional, pero siempre tuvo un carácter provisional.

Por esta razón, se configura la Organización Mundial del Comercio (OMC) como una organización internacional que vela por las normas que rigen el comercio entre los países. Lo forman 164 países desde el 29 de julio del 2016. En este foro, los países negocian acuerdos comerciales entre ellos que, luego, son ratificados por sus parlamentos.

Se creó el 1 de enero de 1995 y tiene su sede en Ginebra (Suiza). Sus antecedentes se encuentran en el GATT constituido en un principio por 23 países. Esta institución ayudó a establecer reglas aplicables a gran parte del comercio entre los países y supuso un crecimiento económico a nivel mundial. Por nombrar una de sus normas comerciales más reconocida, la concesión de trato de nación más favorecida: «cualquier ventaja, privilegio inmunidad concedido por una parte contratante a un producto originario de otro país o destinado a él, será concedido inmediata e incondicionalmente a todo producto similar originario de los territorios de todas las demás partes contratantes o a ellas destinado» (art. 1).

Como el GATT siempre tuvo un carácter provisional, cuando existió una necesidad de reorganización, se hizo un esfuerzo de ampliar las relaciones multilaterales que dio lugar a la creación de la OMC. Esta organización tiene como objetivo la liberalización del comercio mundial. Todo acuerdo suscrito deberá estar basado en los siguientes principios:

1. **No discriminar:** norma comercial de trato de nación más favorecida. Un país no debe discriminar entre sus interlocutores comerciales y no debe discriminar entre sus propios productos, servicios o nacionales y los productos, servicios o nacionales de otros países.
2. **Ser más abierto:** la disminución de barreras comerciales en los intercambios entre los países: supresión de aranceles o eliminación de documentación o de restricciones cuantitativas de productos.
3. **Ser previsible y transparente:** las empresas, los inversores y los gobiernos de otros países deberían no crear obstáculos comerciales. Todo a favor de un libre comercio.
4. **Ser más competitivo:** favorecer un comercio leal, lejos de las subvenciones a la exportación y del *dumping* social o medioambiental.
5. **Ser más beneficioso para los países en desarrollo:** habrá que tenerlos en cuenta a la hora de los ajustes económicos, deudas y privilegios especiales. Más de tres cuartas partes de los miembros de la OMC son países en desarrollo y países en transición a economías de mercado. Los acuerdos de la OMC les conceden periodos de transición para adaptarse.
6. **Proteger el medio ambiente:** los acuerdos de la OMC permiten a los países adoptar medidas para proteger el medioambiente, la salud pública, la salud de los animales y a los vegetales.

Actividad propuesta 2.1

En la OMC, ¿la Unión Europea forma parte como un solo miembro o como tantos países como la forman? Argumenta tu respuesta.

La OMC está dirigida por sus Estados miembros y funciona a través de su Secretaría, que coordina las actividades que realiza. En la Secretaría, trabajan más de 600 funcionarios y sus expertos (abogados, economistas, estadísticos y especialistas en comunicaciones) que trabajan a favor de las negociaciones y de las normas de un libre comercio. Se dedican a:

- Realizar negociaciones comerciales entre diferentes países.
- Aplicar y vigilar los acuerdos, normas y políticas económicas.
- Solucionar las controversias comerciales. Los países someten sus diferencias a la OMC cuando estiman que se han infringido los derechos que les corresponden en virtud de los acuerdos.
- Crear capacidad comercial para los países en desarrollo con inclusión de plazos más largos y oportunidades comerciales para ellos.
- Trabajar por la proyección exterior de la OMC con el objeto de aumentar la cooperación entre los países y dar a conocer las actividades de la OMC.

Tanto los acuerdos como los documentos, los datos y los recursos de la OMC pueden encontrarse en su página web (https://www.wto.org).

Vocabulario

***Dumping* ecológico:** exportación a precios artificialmente bajos conseguidos por la aplicación de métodos de producción contaminantes.

***Dumping* social:** exportación a precios artificialmente bajos que se consiguen al sobreexplotar la mano de obra.

Figura 2.1. La Organización Mundial del Comercio es la única organización internacional que se ocupa de las normas que rigen el comercio entre los países. *Fuente:* https://www.wto.org.

2.2. La integración de bloques económicos

La integración de bloques económicos consiste en agrupar un conjunto de países con el objetivo de ir eliminando barreras comerciales y económicas entre ellos. Normalmente, se materializan en tratados internacionales que van dirigidos a la libre circulación de las mercancías entre los países que participan. Esta integración, a veces, puede llegar a la creación de un solo mercado.

La mayoría de los bloques económicos están constituidos por países próximos geográficamente. En algunos casos, se reagrupan a partir de intereses comunes en torno a la producción de un bien. Ejemplo del primer bloque podría ser el Mercado Común del Sur (MERCOSUR) y del segundo, la Organización de Países Exportadores de Petróleo (OPEP). Pueden encontrarse tanto agrupaciones de países cuyo interés sea el desarrollo económico y comercial (OCDE) como agrupaciones que fomentan la cooperación (ALADI).

Los bloques económicos y comerciales pueden clasificarse en función de su nivel de integración:

- **Zona de libre comercio:** consiste en la desaparición de aranceles entre los países que forman el bloque. Cada miembro mantendrá su arancel con los productos que provengan de otros países.
- **Unión arancelaria:** es un grado superior de integración. Es una zona de libre comercio que establece tarifas exteriores comunes e idénticas.
- **Unión aduanera:** este es otro grado de integración mayor. Además de lo anterior, se añade una legislación aduanera común para todos los países que forman esta integración.
- **Unión política y económica:** además de todo lo anterior, estos países tienen unas instituciones políticas propias y una moneda común, entre otros acuerdos.

Recuerda

La Unión Europea es una organización supranacional en la que los Estados miembros han renunciado parcialmente a su soberanía a favor de la cooperación entre sus miembros.

Actividad propuesta 2.2

Un bloque económico o bloque comercial es una forma de integración económica entre grupo de países que, normalmente, comparten una zona geográfica común. Nombra alguna ventaja que comporte la creación de un bloque económico.

Figura 2.2. Un bloque comercial realmente es una organización internacional que aglutina a un número de países con el objetivo de conseguir beneficios mutuos en el comercio internacional.

Los bloques económicos y comerciales que funcionan en la actualidad pueden mencionarse por continentes.

Tabla 2.1. División continental de los bloques de economía y comercio)

Continente	Siglas	Países
Europa	UE	Unión Europea.
	EFTA	Asociación Europea de Libre Comercio.
África	GAFTA	Zona Árabe de Libre Comercio.
América	MERCOSUR	Mercado Común del Sur.
	NAFTA	Canadá, los Estados Unidos y México.
	CARICOM	Barbados, Guyana, Jamaica y Trinidad.
Asia	ASEAN	Asociación de las Naciones del Sudeste Asiático.
Oceanía	PIF	Foro de la Islas del Pacífico.

En todos estos bloques, existe el enfoque común de obtener beneficios en el comercio entre los países integrantes. Ello se conseguirá con la eliminación de barreras económicas y comerciales y con la cada vez menor diferencia entre las transacciones nacionales y las internacionales a medida que avanza el proceso de integración.

2.3. Aspectos de un gran bloque económico: la Unión Europea

La Unión Europea es el bloque económico y comercial de mayor integración que existe hoy en día. Puede decirse que pasa por ser una zona de libre comercio, una unión arancelaria, una unión aduanera y una unión político-económica.

A diferencia de otros bloques, la Unión Europea tiene un ordenamiento jurídico propio de los Estados miembros. Está dotada de instituciones propias, de capacidad jurídica, de capacidad de representación internacional y de unos poderes reales transferidos por los Estados a la Unión. Los países miembros, por tanto, han renunciado parcialmente a su soberanía a favor de dicha unión.

En la Unión, se da un nuevo ordenamiento jurídico. El derecho comunitario es autónomo respecto a la legislación de los Estados miembros. Hay que resaltar:

- La aplicabilidad directa del derecho comunitario que confiere derechos e impone obligaciones a las instituciones comunitarias, a los Estados y, cómo no, a sus ciudadanos.
- La primacía sobre el derecho de los Estados miembros. No solo sobre el derecho nacional anterior, sino también sobre el derecho que pueda ser establecido posteriormente.

La Unión Europea es una asociación económica y política única. Toda su organización se basa en tratados acordados voluntariamente por los países miembros.

Recuerda

La Unión Europea se ha convertido en un bloque económico tan poderoso que, actualmente, compite con las principales potencias mundiales como pueden ser los Estados Unidos y Japón.

La Unión Europea es el **mayor bloque comercial del mundo.** Es la primera exportadora mundial de productos manufacturados y servicios y el mayor mercado de importación para más de 100 países. El **libre comercio** entre los países miembros es uno de sus principios fundamentales y es posible gracias al mercado único.

Figura 2.3. Actualmente, la mayor parte de los países de Europa están dentro de la Unión Europea, por lo que la política económica es común para todos, y aquellos que no se encuentran dentro mantienen tratos privilegiados en el espacio económico europeo.

¿Sabías que

En virtud del acuerdo sobre libre circulación de personas entre la Unión Europea y Suiza, los ciudadanos de este país gozan de libertad de residir y trabajar en la Unión.

2.4. La aduana, institución que obstaculiza los intercambios comerciales

Una de las características de la Unión Europea es la unión aduanera de los países que la componen: una sola aduana frente al resto de países. En todos los países miembros, hay una misma legislación aduanera, en la cual cada Estado es responsable de su aplicación. El organismo que llevará a cabo el cumplimiento de ello es la aduana.

La aduana es una oficina pública gubernamental situada en puntos estratégicos, que suele encontrarse en fronteras, puertos, aeropuertos, plataformas logísticas, etc. Sobre todo, su misión es controlar la entrada y salida a la Unión de mercancías de terceros países. Entre los quehaceres de una aduana, pueden nombrarse:

- **Fiscalidad:** recaudar el impuesto de los intercambios internacionales (arancel).
- **Seguridad:** luchar contra la falsificación, la piratería y prestar atención a las tecnologías sensibles de fabricación de armas químicas o nucleares.
- **Salud pública:** garantizar las normas que protegen la salud y el medioambiente en cada uno de los países miembros.
- **Estadística:** registrar los movimientos de las mercancías en el comercio internacional.

La aduana se ocupa de mantener en marcha el comercio entre los países de la UE. Por ejemplo, unas naranjas españolas podrán venderse en Rumanía sin controles aduaneros ni pago de derechos de arancel. Frente a ello, controlará el comercio con terceros países. Por ejemplo, un té chino pasará las inspecciones y el pago del arancel en la aduana en cuanto entre por cualquier lugar de la Unión.

Figura 2.4. La aduana controla la entrada y salida de mercancías de un país y ese encarga de combatir el fraude que pueda producirse, asegurando la no privación a la Administración Pública que corresponda de los ingresos fiscales.

2.5. Las barreras al comercio internacional

Se entiende por *barreras al comercio internacional* todo aquello que obstaculiza el intercambio de mercancías entre diferentes países. Concretamente, son obstáculos que ponen los gobiernos de un país a través de normas para evitar o limitar la entrada de productos extranjeros. La existencia de barreras por parte de los países puede responder a diferentes motivos:

- Proteger la producción de sus productos nacionales.
- Proteger una competencia en los intercambios con otros países.
- Preservar la salud de su población con el control sanitario a productos producidos fuera de sus fronteras.
- Aumentar sus ingresos a través de un impuesto a productos no nacionales.
- Conservar el medioambiente restringiendo el uso de componentes contaminantes en las mercancías.
- Garantizar la protección al patrimonio cultural de un país.

Los gobiernos suelen imponer diversas barreras al comercio internacional. Las barreras pueden clasificarse de diferentes formas, aunque, a la hora de enumerarlas, hay gran coincidencia. Una clasificación podría ser:

- **Arancelarias:** estas son las barreras más usadas y aparecen en todos los países. Tienen como objetivo impedir la entrada de mercancías por medio de un impuesto a la importación: el arancel. Su aplicación grava los productos extranjeros y hace encarecer su precio, lo que dificulta su compra frente a un producto similar nacional. No cabe duda de que, además, los impuestos de ámbito nacional —como los impuestos especiales o el IVA— pueden dificultar más la entrada de la mercancía a un país.
- **No arancelarias:** se refiere a medidas que obstaculizan el ingreso de mercancías a un país poniendo como requisito —para dejarlos entrar— que cumplan unas determinadas reglas o tengan una serie de características. Son las llamadas *barreras técnicas:* especificaciones sobre calidad, seguridad y salubridad que se exigen a ciertas mercancías de terceros países.
- **Barreras administrativas:** son aquellas que consisten en la existencia de complejidad en los trámites aduaneros y abuso en la solicitud de documentos precisos para la realización de la compraventa internacional.
- **Barreras proteccionistas:** estas son las que obstaculizan el comercio internacional al imponer cuotas de importación, boicot o embargo a ciertas mercancías o países. Dentro de estas barreras, habría que diferenciar:
  - El cupo como cantidad máxima de producto que puede entrar en un periodo de tiempo concreto a un país.
  - El contingente arancelario como limite a la cantidad de un producto libre de derecho arancelario durante un tiempo determinado.
  - El acuerdo de salvaguardia como restricción temporal de las importaciones cuando estas hayan aumentado de tal forma que causan grave daños a la producción nacional.
  - El boicot como negativa de un país a comprar o vender un producto de otro país con el objetivo de presionarlo para que realice concesiones en su ámbito interno o en el ámbito internacional. El bloqueo es una acción no solo comercial, sino política y militar, que impide a un país tener relaciones comerciales con otros países.

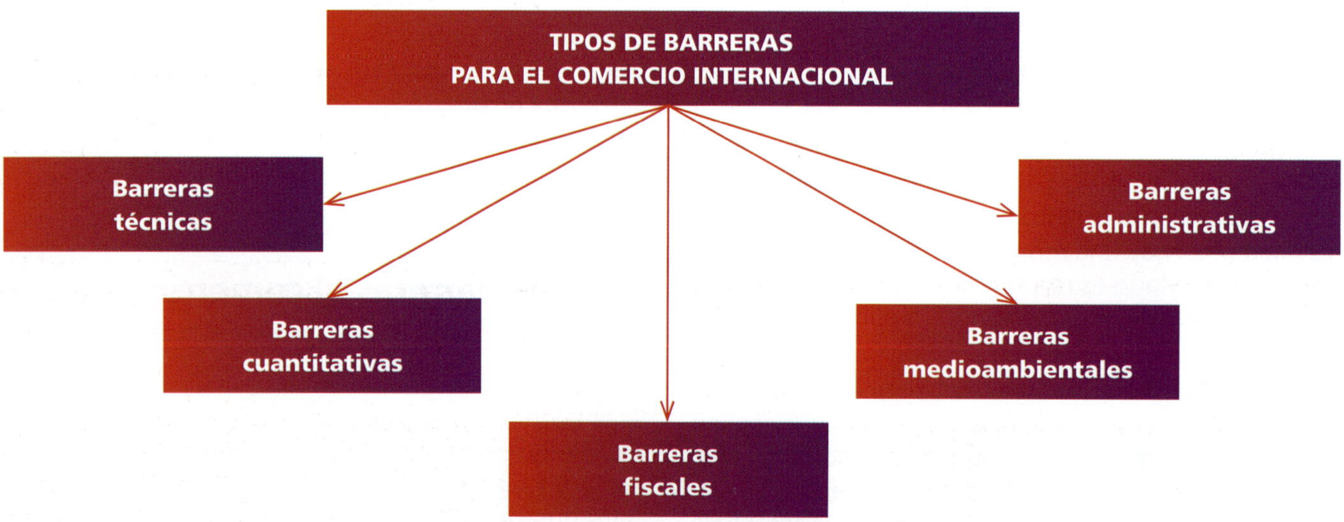

Figura 2.5. Algunos tipos de barreras existentes en el comercio internacional.

– **Barreras medioambientales:** son una serie de requisitos que se exigen a las mercancías relacionadas con el respeto y la conservación del medioambiente. Suelen estar relacionadas con procesos productivos, tipos de envases o embalajes y el tratamiento de residuos.

Actividad propuesta 2.3

Indica cuáles son las barreras comerciales en Bielorrusia. Para ello, consulta la web www.barrerascomerciales.es.

Actividad propuesta 2.4

Explica cuáles son las barreras comerciales en Bielorrusia una vez que hayas consultado la web http://madb.europa.eu/madb/barriers_crossTables.htm?isSps=false.

2.6. La inspección del SOIVRE, un ejemplo de la barrera administrativa española

El servicio del SOIVRE realiza inspecciones y controles de calidad de ciertas mercancías objeto de comercio exterior. En estos momentos, dichos productos están recogidos en la Orden ITC/2869/2009, de 21 de octubre, en la que se dictan las normas de inspección y control para las direcciones regionales y territoriales de Comercio, que actualmente son 31.

Cuando la mercancía sea objeto de inspección del SOIVRE, el interesado deberá notificárselo a la oficina que le corresponda. La notificación deberá presentarse por vía telemática y recogerá al menos los datos enumerados en el art. 5.4 de la Orden PRE/3036/2003, que son los siguientes.

Datos que hay que notificar **para solicitar el control:**

- Operador (exportador/importador). Nombre o razón social. Número de identificación fiscal (NIF).
- Destinatario.
- País de destino o procedencia.
- Localización de la/s partida/s por exportar o importar.
- Identificación del medio de transporte.
- Datos de la o las partidas que hay que controlar.
- Naturaleza del producto.
- Código de nomenclatura combinada (NC).
- Número de cajas, bultos o palés.
- Marca comercial y código del lote de fabricación.
- Categoría de calidad.
- Peso bruto o neto.
- Fecha y lugar de la notificación.

¿Sabías que

Toda mercancía tiene asignado un número o código para la entrada o salida de la Unión Europea. Su objetivo principal es la aplicación del arancel integrado de la Unión, una especie de impuesto que recae en mercancías provenientes de terceros países.

Tras la recepción de la solicitud, el servicio SOIVRE regional correspondiente llevará a cabo la inspección prevista para comprobar el cumplimiento de los requisitos de calidad comercial del producto indicados en las normas aplicables. Como resultado de esta, la mercancía será declarada conforme o no conforme, y será expedido el correspondiente «Certificado de control de calidad comercial SOIVRE», el «Certificado CEE /SOIVRE para frutas y hortalizas» o un «Acta de no conformidad» en su caso. Los certificados emitidos por el servicio SOIVRE de inspección son preceptivos para el despacho aduanero para la importación y exportación desde/a terceros países de los productos indicados en el anexo de la Orden ITC/72869/2009 anteriormente citada.

Otra forma de conocer cuándo hay que solicitar la inspección del SOIVRE es a través de la nomenclatura arancelaria del TARIC. Un ejemplo podría ser en un intercambio comercial internacional —ya sea de compra o de venta— de piñas. Su número TARIC es 0804.30.00.90. Puede verse que, en las inspecciones, hace referencia al:

- CONCAL (control de calidad a la importación).
- SOVEX (SOIVRE, exportación exclusivamente).

Esta inspección, con la correspondiente emisión de certificado de calidad, puede decirse que es una barrera administrativa.

El responsable de presentar los documentos ante la aduana dependerá del incoterm acordado entre el comprador y el verdedor de la mercancía.

Actividad propuesta 2.5

Una empresa española pretende exportar carne roja de ternera de los montes de Asturias a Hong Kong, ¿qué barreras podría encontrar? Argumenta tu respuesta.

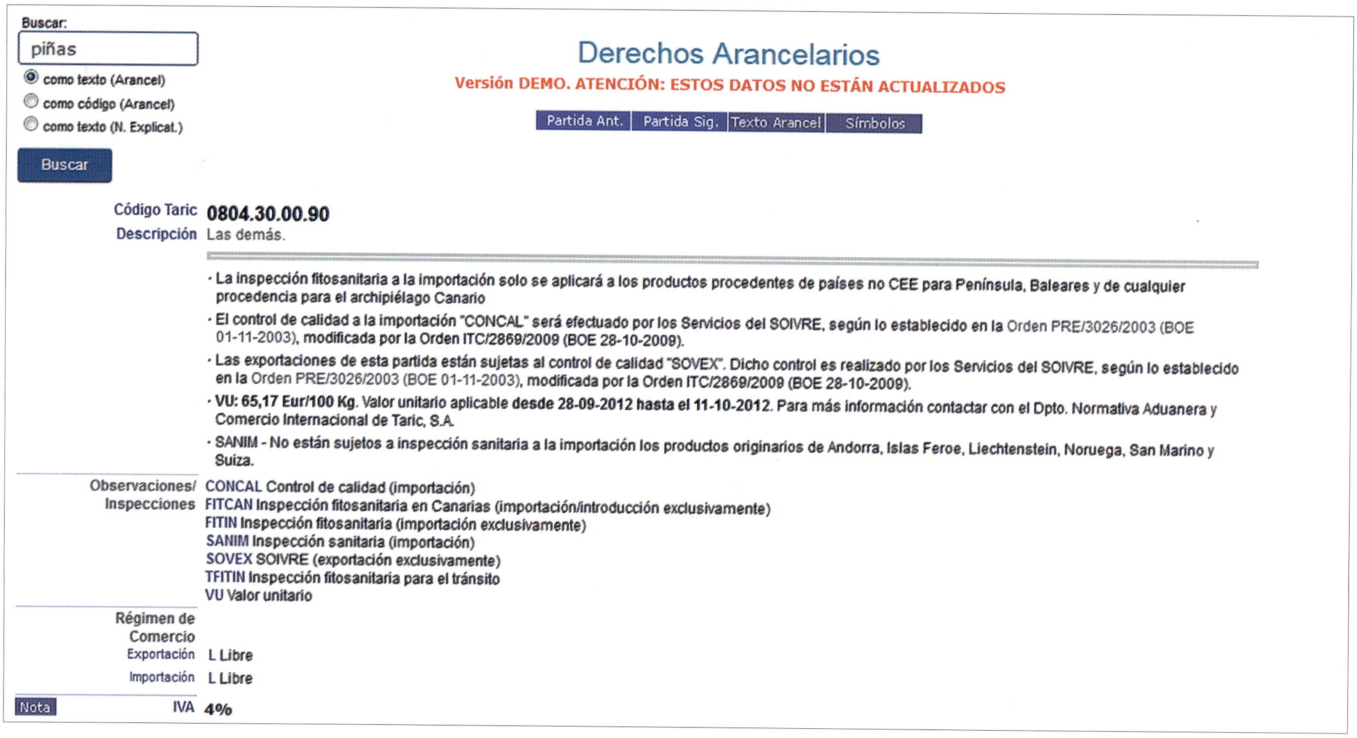

Figura 2.6. En los intercambios internacionales de piña, se realiza la inspección del SOIVRE (CONCAL/SOVEX), como puede verse (captura de pantalla, versión demo).

2.7. Cómo afrontar las barreras económicas y comerciales desde la Unión Europea

Toda compraventa internacional conlleva una serie de riesgos, entre los que se encuentran: la calidad del producto, el sistema legal, el transporte, el impago, el cambio de divisa, la pérdida o retraso de la mercancía, etc.

En este apartado, va a trabajarse con dos páginas web que ayudarán a conocer las barreras económicas y comerciales que pueden impedir que se lleve a cabo una operación internacional de un producto comunitario, aunque todos los demás riesgos estén controlados. Tener información sobre las barreras es fundamental, pues permite encontrar la forma de superarlas. Para ello, hay que tener en cuenta:

- **El portal de la Secretaría de Estado de Comercio,** dependiente del Ministerio de Economía, Industria y Competitividad (http://www.barrerascomerciales.es), donde pueden localizarse las barreras que tienen los productos en mercados exteriores. Esta página permite:
  - Buscar las barreras por países, sectores y tipos.
  - Resolver la detección de barreras a los productos en mercados exteriores.

  Además, ofrece la siguiente información:
  - Ficha del país con los flujos comerciales, donde se visualiza de forma rápida su localización, su bandera, su población, su PIB y su moneda.
  - Comercio exterior desde la Unión Europea y desde España en ambos sentidos.
  - Clientes y suministradores del país.
  - Enumeración de los principales productos que importa y exporta desde o hacia la Unión.
  - Marco institucional, que informa del tipo de relación comercial o acuerdo que tiene con la Unión.
  - Barreras comerciales del país con la Unión, con su enumeración y explicación.
- **El portal European Commission. Market Access Database** (http://madb.europa.eu/madb/indexPubli.htm), que permite consultar, entre otras cosas, el arancel aplicado en el país al producto que se desea exportar. Hay que recordar que la barrera arancelaria supone un incremento en el precio de los productos extranjeros —a través del impuesto del arancel— que no les deja ser competitivos frente al producto nacional. Con esta información, puede calcularse de manera más exacta el precio final del producto en el país al que quiere exportarse. A la hora de intentar posicionarse en ese mercado, tam-

bién podrá contarse con unos descuentos similares al arancel para obtener una cuota de mercado y estar en las mismas condiciones que el producto nacional de ese país.

Además de mostrar las tarifas *(tariffs)*, se detallan los procedimientos y formalidades aplicadas para la entrada de mercancías en los diferentes países (importaciones). Los procedimientos y formalidades se encuentran en tres columnas: una de visión general del país, otra de requerimientos generales y, por último, una de requerimientos especiales del producto concreto.

Para la búsqueda, es preciso introducir:

- El país al que quiere venderse la mercancía.
- Los 6 dígitos que identifican a toda mercancía, lo que se denomina el *sistema armonizado.* Es el sistema más básico de clasificación de mercancías que existe a nivel internacional (véase la Unidad 5).

Por ejemplo, si quisiera exportarse paleta ibérica sin deshuesar a Colombia, con la primera web, podría saberse que hay dos barreras y solo una de ellas afectaría en este caso: aranceles elevados.

Con la segunda web, podría conocerse el arancel que soportará a la entrada en Colombia, un 7,5 %.

Si quisiera profundizarse más, podría encontrarse otra barrera más: para la entrada a Colombia, sería necesario un análisis sanitario y fitosanitario de las paletas.

Figura 2.7. La información puede ayudar a superar barreras comerciales. Si no existieran barreras a las importaciones ni ayudas artificiales a las exportaciones, los movimientos internacionales de bienes y servicios se producirían exclusivamente por razones de precio y calidad.

Con toda esta información, podrán tomarse las medidas oportunas para la exportación del producto.

Colombia

Marco institucional con la UE — Flujos comerciales y de inversión

Barreras:

Título	Tipo de Barrera	Sectores	Última Actualización
Aranceles elevados	- B. ARC. - CRESTAS ARANCELARIAS O INCREMENTOS DE ARANCELES	- CEREALES - LÁCTEOS - AUTOMÓVILES - EQUIPOS, COMPONENTES Y ACCESORIOS DE AUTOMOCIÓN - CARNES FRESCAS Y CONGELADAS - JAMÓN Y PALETA - ACEITE DE OLIVA - VINOS	05/09/2012
Elevación del arancel aplicado a las motocicletas			18/01/2016

Figura 2.8. Las barreras comerciales en Colombia encontradas en la web barrerascomerciales.es.

madb

0210.11	- - Hams, shoulders and cuts thereof, with bone in	7.5%	15%	RoO
0210.12	- - Bellies (streaky) and cuts thereof	0%	20%	RoO
0210.19	- - Other	0%	20%	RoO
0210.20	- Meat of bovine animals	80%	80%	RoO

Figura 2.9. En el portal European Commission Market Access Database puede hallarse el arancel aplicable a la mercancía al ser importada a Colombia.

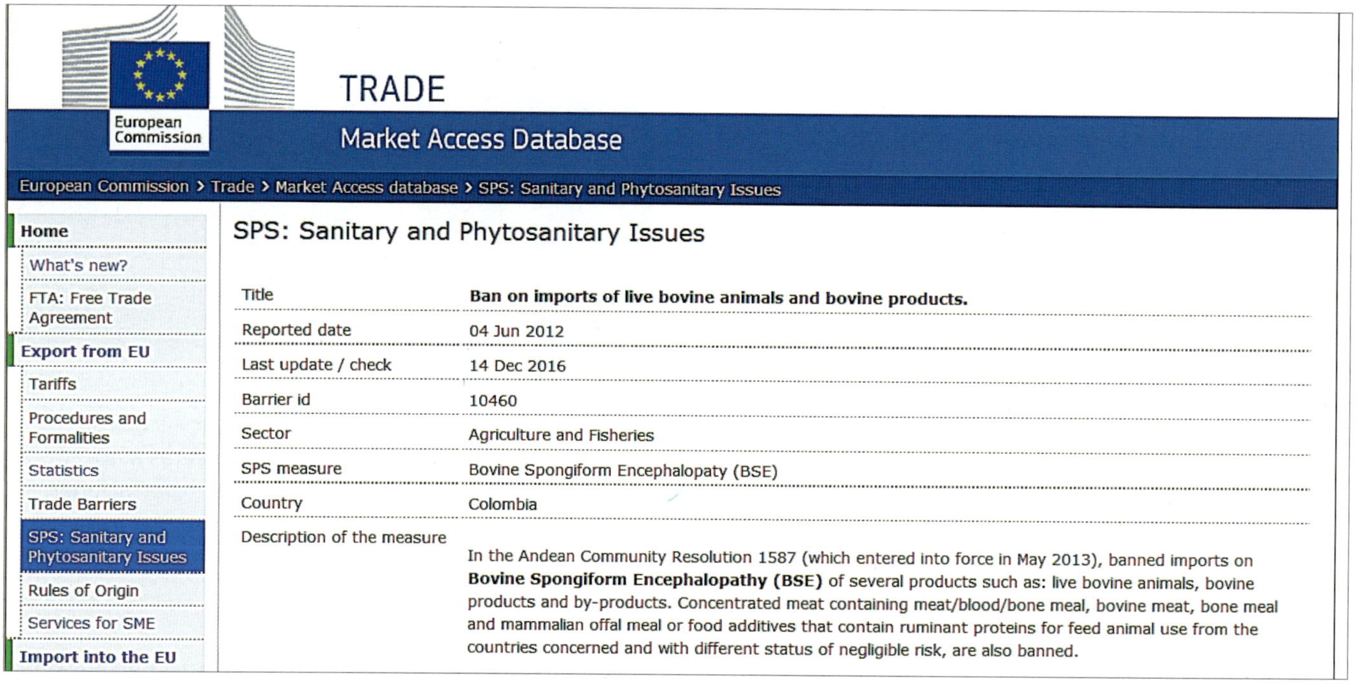

Figura 2.10. En el portal European Commission Market Access Database se obtiene información sobre las barreras para la introducción de los productos en los respectivos países.

Enlaces web

Organización Mundial del Comercio:
https://www.wto.org

Secretaría de Estado de Comercio, barreras comerciales que tiene la UE en terceros países:
http://www.barrerascomerciales.es/es-ES/Paginas/default.aspx

Market Access Database, barreras comerciales de todos los países del mundo:
http://madb.europa.eu/madb/indexPubli.htm

Normativa

Acta final de la Ronda de Uruguay (OMC).

Documento

SOIVRE: CONCAL/SOVEX.

ORGANIZACIÓN DEL COMERCIO INTERNACIONAL. PILARES Y BARRERAS ECONÓMICAS Y COMERCIALES

COMERCIO INTERNACIONAL

Organización Mundial del Comercio (OMC)

- **Todo acuerdo se hará con base en:**
  - La no discriminación
  - Disminución de barreras
  - Previsibilidad y transparencia
  - Competitividad
  - Beneficio para países en desarrollo
  - Protección del medioambiente

INTEGRACIÓN EN BLOQUES ECONÓMICOS

Agrupación de países para eliminar barreras

Clasificación de bloques económicos:

- Zona de libre comercio
- Unión arancelaria
- Unión aduanera
- Unión político-económica

Barreras

La aduana como institución que ejecuta las barreras

La información puede ayudar a superar las barreras

Clases de barreras:

- Arancelarias y no arancelarias
- Administrativas
- Proteccionistas
- Medioambientales

Actividades de comprobación

2.1. El objetivo de la OMC es...

a) ... ofrecer privilegios a las naciones más ricas.

b) ... abastecer de recursos a las naciones.

c) ... liberalizar el comercio mundial.

d) Todas las respuestas son correctas.

2.2. Uno de los principios de la OMC es...

a) ... hacer opaco el libre comercio.

b) ... proteger el medioambiente.

c) ... impedir el desarrollo de países menos favorecidos.

d) ... favorecer el *dumping* ecológico.

2.3. El *dumping* social es...

a) ... la exportación a precios artificialmente bajos debido al uso de mano de obra explotada.

b) ... la exportación a precios artificialmente bajo por la aplicación de métodos productivos contaminantes.

c) ... la creación de cupos que impiden importar una cantidad de mercancías.

d) ... la subvención y los beneficios a grandes empresas.

2.4. Los bloques económicos tienen por objetivo...

a) ... proteger la economía de los países integrantes.

b) ... eliminar barreras económicas.

c) ... eliminar barreras comerciales.

d) Las respuestas b y c son correctas.

2.5. La zona de libre comercio consiste en...

a) ... la creación de una moneda única.

b) ... la creación de un arancel y legislación aduanera común.

c) ... la creación de un arancel común.

d) ... la desaparición de aranceles entre países.

2.6. El MERCOSUR es un bloque económico de...

a) ... América.

b) ... Asia.

c) ... Europa.

d) Ninguna respuesta es correcta.

2.7. Los quehaceres de la aduana son...

a) ... legislación, fiscalidad y estadística.

b) ... fiscalidad, seguridad, salud pública y estadística.

c) ... seguridad y estadística.

d) ... salud pública, fiscalidad y seguridad.

2.8. Una barrera al comercio internacional es...

a) ... todo aquello que favorece el intercambio de bienes.

b) ... todo aquello que obstaculiza el intercambio de bienes.

c) ... todo aquello que preserva las fronteras un país.

d) ... todo aquello que la OMC hace para favorecer el comercio internacional.

2.9. Los tipos de barreras al comercio internacional son...

a) ... administrativas y fiscales.

b) ... administrativas, medioambientales y técnicas.

c) ... administrativas, técnicas, cuantitativas, fiscales y medioambientales.

d) Ninguna respuesta es correcta.

2.10. Uno de los motivos de la adopción de barreras al comercio internacional es...

a) ... proteger la producción de productos nacionales.

b) ... obstaculizar la producción de productos nacionales.

c) ... controlar las exportaciones de un país a otro.

d) Ninguna respuesta es correcta.

2.11. El servicio SOIVRE...

a) ... realiza inspecciones y controles de calidad a ciertas mercancías objeto de comercio exterior.

b) ... realiza inspecciones y controles de farmacia a ciertas mercancías objeto de comercio exterior.

c) ... realiza inspecciones y controles de sanidad a ciertas mercancías objeto de comercio exterior.

d) ... realiza inspecciones y controles fitosanitarios a ciertas mercancías objeto de comercio exterior.

Actividades de aplicación

2.12. Localiza en un mapa los países miembros y observadores de la OMC y nombra los países o zonas que no son ni miembros ni observadores.

2.13. Elige un país fuera de la Unión Europea y realiza una presentación en clase haciendo referencia a los tres bloques usando como recurso la página web de la Secretaría de Estado de Comercio:

a) Marco institucional con la Unión Europea.

b) Presentación de la ficha del país.

c) Barreras.

2.14. Copia y completa siguiente cuadro (integración de países en bloques):

Siglas	Definición	Países
CAN		
MERCOSUR		
EEE		
SPG-PMD		
MAGREG		
MACKREK		
EFTA		
NAFTA		
UE	Unión Europea.	28 países.
CEFTA		
UEE		
PIF		

2.15. Completa un mapa político de América del Norte, del Centro y del Sur con los nombres de los países que las conforman y sus capitales.

2.16. Identifica las siguientes barreras:

Barreras	Tipos de barreras
Arancel.	
Límite de importación de atún en época de campaña.	
Certificado fitosanitario.	
Producto en envases reciclables.	
Marcado CE en los juguetes de niños y niñas.	

Actividades de ampliación

2.17. Pon ejemplos de *dumping* social y ecológico.

2.18. Busca en la página web Market Access Database las barreras arancelarias de Cuba ante:

a) Una importación de unas cerraduras españolas de puerta para un hotel en La Habana. Código de identificación de las cerraduras 830140.

b) Una importación de un caballo de pura raza andaluz. Código de identificación del caballo de pura raza 010121.

2.19. Localiza en la página web Market Access Database —además de las barreras arancelarias— los procedimientos y las formalidades exigidas en Venezuela para las siguientes partidas:

a) Una importación de unas cerraduras españolas de puerta para un hotel en Caracas. Código de identificación de las cerraduras 830140.

Código	Producto	GEN	MFN
830140	*Other locks*	--	16 %

b) Una importación de un caballo de pura raza andaluz. Código de identificación del caballo de pura raza 010121.

Código	Producto	GEN	MFN
01012	*Racing horses*	--	2 %

2.20. Supón que quiere hacerse un envío de naranjas a Noruega. Busca las barreras comerciales a productos europeos en ese país y distingue cuáles afectarán a este envío.

2.21. Supón que quiere hacerse un envío a Japón de avellanas con cáscara tostadas. Busca las barreras comerciales a productos europeos en ese país y distingue cuáles afectarán a este envío.

¿Y si hubiesen sido avellanas recogidas directamente del árbol? ¿Qué barrera les hubiese afectado?

Extrae de lo leído sobre las barreras algo que te haya llamado la atención por su importancia y que tenga que ver con el reconocimiento de la UE.

3

Contrato de compraventa internacional. Incoterms 2010

CONTENIDOS

OBJETIVOS

- Acercarse y conocer la Cámara de Comercio Internacional.
- Identificar los elementos de un contrato de compraventa internacional.
- Interpretar diferentes cláusulas básicas que deben incluirse en los contratos.
- Utilizar las reglas de los Incoterms 2010.
- Valorar el arbitraje internacional como forma de resolución de incidencias en una compraventa.

INTRODUCCIÓN

El contrato de compraventa internacional es un documento fundamental en el intercambio de bienes entre operadores de diferentes países. Su importancia radica en que las partes tienen sus empresas en naciones diferentes, por lo que las normas que pueden regular el contrato no harán referencia a una sola normativa.

Por lo tanto, la operación será compleja. Estará sujeta a varios contratos, pues habrá que contratar a transportistas, seguros, responsables aduaneros, etc. Las grandes distancias hacen necesario concretar previamente la forma de pago, el modo de envío y la moneda de cambio. Así, cuanto mejor se recojan todas las características de la transacción en las cláusulas del contrato de compraventa, más posibilidades tendrá de éxito la operación.

Los incoterms son los términos internacionales de comercio utilizados en todo intercambio internacional. Con sus tres letras, reflejan usos entre empresas en los contratos de compraventa internacional.

Figura 3.1. Libre comercio: «Si los bienes no cruzan las fronteras, lo harán los soldados» Frédéric Bastiat (Bayona, 1801).

3.1. La Cámara de Comercio Internacional

El papel de la Cámara de Comercio Internacional (CCI) es facilitar el comercio internacional entre las empresas, por ello, puede decirse que es una organización empresarial mundial. En sus inicios, en 1919, se reunió en París un grupo de trabajo formado por líderes empresariales de diferentes países. Su misión era simplificar y uniformar en todo el mundo las operaciones comerciales. La CCI es hoy reconocida como una entidad que defiende el comercio abierto entre las naciones ideando, articulando y actualizando herramientas prácticas que facilitan las operaciones mercantiles. Su prestigio la ha convertido en una entidad consultiva de las Naciones Unidas.

La CCI está constituida con personalidad propia y con una naturaleza jurídica asociativa. Los miembros son empresas que efectúan transacciones internacionales y organizaciones empresariales. Sus principales actividades son las siguientes:

- **Elaboración de normas y formulación de políticas:** que faciliten las transacciones comerciales internacionales.
- **Resolución de controversias:** Corte Internacional de Arbitraje de la CCI.
- **Mantenimiento de la Federación Mundial de Cámaras y del Instituto de Derecho Mercantil Internacional:** ambos organismos tienen como objetivo ser un ámbito para el intercambio de información y de buenas prácticas.
- **Colaboración con organismos internacionales:** como el G20, la OCDE, la Comisión Europea, la Organización Mundial del Comercio, la Organización Mundial de la Propiedad Intelectual, la Organización Mundial de Aduanas, el Banco Mundial y el Fondo Monetario Internacional.
- **Prevención de delitos comerciales y fraudes:** en el comercio internacional.
- **Provisión de recursos:** ofrece a sus socios formación, conferencias y una amplia lista de publicaciones y documentos tipo sobre banca, comercio y arbitraje internacional.

En la actualidad, las empresas provienen de más de 130 países y se organizan en comités nacionales, que están establecidos en más de 120 países en el mundo. Se coordinan con sus socios para dirigir sus intereses y para hacer llegar a los gobiernos sus puntos de vista a través de la CCI. El Comité Español se constituyó en 1922 con sede en Barcelona y su finalidad es representar y defender los intereses de las empresas españolas ante la CCI.

Cabe destacar, entre sus funciones, la labor de elaboración de normas comerciales a través de las cuales se rigen las prácticas de las empresas a nivel internacional. Estas normas comerciales son de uso voluntario, aunque, debido a la autoridad que ejerce la CCI, se han convertido en parte de la estructura y del uso del día a día de las empresas hasta convertirse en estructura fundamental del comercio internacional.

A continuación, se enumeran algunas de ellas, de las cuales un par constituyen la base de esta unidad:

- Las reglas y usos uniformes relativos a los créditos documentarios para fianzas contractuales, obligaciones bancarias, garantía a primer requerimiento, las cobranzas, etc.
- Las reglas Incoterms, que definen las responsabilidades de las empresas compradoras y vendedoras en la entrega de mercancías al amparo de los contratos de compraventa.
- Los modelos de la CCI para el contrato de compraventa internacional.
- Los modelos de la CCI de contrato de agencia comercial, de concesión de venta, de fusión y adquisiciones internacionales.
- Las reglas de la CCI para combatir la corrupción.

Actividad propuesta 3.1

Indica qué es el Comité Español de la Cámara de Comercio Internacional.

3.2. Contrato de compraventa internacional

En los intercambios internacionales de mercancías, suelen concretarse los contratos de compraventa internacional. Hay que decir que no puede hablarse de una única normativa mundialmente aceptada.

En cuanto a la ley aplicable a los contratos de compraventa internacional, en principio, prima la autonomía de la voluntad, lo que implica que la ley aplicable es la libremente elegida por las partes.

La fuente de normativa de los contratos internacionales es diversa:

- Las clausulas y las estipulaciones del propio contrato.
- El Convenio de Viena, en caso de que las partes contratantes tengan domicilio en países adheridos a dicho convenio.
- La legislación del país que las partes contratantes hayan acordado.

También pueden ser fuente normativa los incoterms si las partes los usan a la hora de concretar el intercambio de la mercancía, pues estos detallan desde el lugar de entrega y la distribución de documentos hasta el momento de la transmisión de riesgo.

Figura 3.2. El contrato de compraventa recoge los derechos y obligaciones de las partes, es decir, del comprador y el vendedor de la mercancía.

3.2.1. Definición y elementos

El contrato de compraventa internacional es una operación en la que una de las partes (vendedor) se obliga a entregar a otra (comprador) una mercancía a cambio de un precio en unas condiciones anteriormente establecidas. La característica principal que da al contrato una categoría internacional es el hecho de que ambas partes pertenecen a países distintos.

Los elementos de un contrato de compraventa internacional pueden clasificarse como:

- **Elementos personales:** el comprador y el vendedor, cuyos establecimientos están en diferentes países.
- **Elementos reales:** la mercadería y el precio, junto con las condiciones de la compraventa.
- **Elemento formal:** el contrato de compraventa, aunque no se encuentre regulado. Puede estar expresado de forma oral o escrita.

3.2.2. Obligaciones del comprador y del vendedor

Las principales obligaciones del vendedor son:

- **Entregar la mercancía:** su obligación principal es ponerla a disposición del comprador. Las partes establecerán de mutuo acuerdo dónde se realizará la entrega de la mercancía.
- **Transmitir la propiedad:** constituye el núcleo de las obligaciones del vendedor, pues la finalidad del comprador es convertirse en propietario del bien que quiere adquirir.

- **Entregar los documentos relacionados con la mercancía:** se establecerá el momento, el lugar y la forma por contrato.

 Las principales obligaciones del comprador son:

- **Pagar el precio de las mercancías:** el precio es uno de los elementos básicos del contrato y será fijado de común acuerdo por ambas partes. El contrato determinará una fecha y un lugar para llevarlo a cabo.
- **Recibir las mercancías en las condiciones fijadas y pactadas en el contrato:** el comprador deberá realizar todo aquello que quepa esperar de él para que el vendedor pueda llevar a cabo la entrega y, a partir de ahí, hacerse cargo de ellas.

 Las obligaciones de ambas partes se resumen en:

- Conservar en buenas condiciones las mercancías durante el tiempo que se dispone de ellas, se corra con el riesgo o no de la mercancía en ese momento.
- Pagar intereses por cualquier suma adeudada, independientemente de la acción de indemnización de daños y perjuicios.
- Diferir el cumplimiento de obligaciones en los casos en que el incumplimiento de la otra parte sea previsible.

Actividad propuesta 3.2

¿Cómo se incorporan las reglas Incoterms 2010 al contrato de compraventa internacional?

3.2.3. Cláusulas generales de un contrato de compraventa internacional

Existe un modelo de contrato tipo propuesto por las Naciones Unidas que recoge las siguientes cláusulas:

- **Preámbulo:** personas contratantes y poderes.
- **Condiciones del contrato:** objeto y vigencia de este.
- **Obligaciones del vendedor:** condiciones de entrega de la mercancía, reserva de dominio, control de conformidad, garantía y reclamaciones, instrucciones sobre utilización y manuales.
- **Obligaciones del comprador:** formas de pago, crédito otorgado y garantías diversas.
- **Traspaso de propiedad y riesgo:** incoterms.
- **Servicio posventa:** garantía, reparación y mantenimiento.
- **Precio y modalidad de pago:** precio, divisa, revisión del precio y garantía de pago.
- **Arbitraje y tribunal competente.**
- **Otras cláusulas:** secreto profesional, propiedad industrial, idioma del contrato, derecho al que se somete el contrato y elección del domicilio.
- **Fecha y firmas autentificadas.**
- **Cláusulas específicas:** tendrán por objeto permitir a las partes que acuerden disposiciones propias en cada uno de los intercambios, a las cuales pondrán añadirse unas condiciones generales.

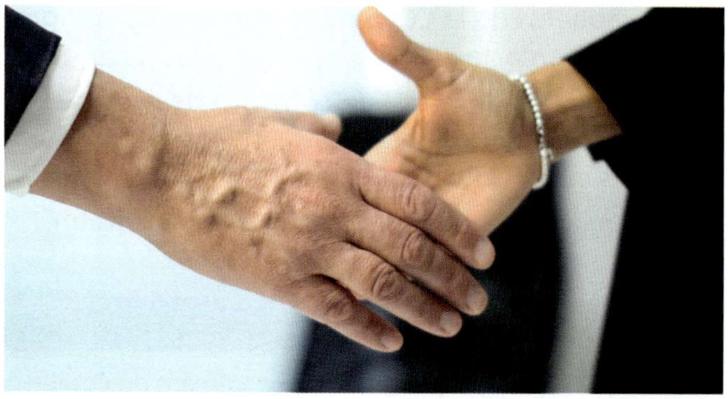

Figura 3.3. La elaboración del contrato de compraventa internacional normalmente surge de la iniciativa del exportador, pero también puede partir de un importador con gran experiencia que propone su propio modelo.

3.2.4. Resolución del contrato

La resolución de un contrato pone fin a su validez liberando a las partes de todas las obligaciones contraídas, excepto de las indemnizaciones que pudieran dar lugar a la causa de la resolución. Un contrato se extingue por diferentes causas:

- **Cumplimiento del contrato:** las partes cumplen las condiciones pactadas. En este caso, se dice que el contrato se perfecciona, puesto que ambas partes quedan satisfechas.
- **Finalización del plazo:** en algunos casos, se marca un plazo en el contrato. Cuando esto ocurre, finalizado el plazo, el contrato se extingue automáticamente.
- **Acuerdo entre las partes:** cuando, por alguna causa, se ponen de acuerdo ambas partes para dar por finalizado el contrato.
- **Novación:** una de las partes solicita un cambio sustancial en las condiciones del contrato, que pasa a ser sustituido por uno nuevo.
- **Rescisión:** por voluntad de una de las partes que se ve afectada negativamente por el incumplimiento de la otra parte.

- **Resolución:** por un supuesto previsto en el contrato o por incumplimiento de ambas partes.

La mejor de las causas por las que se da fin al contrato de compraventa es su cumplimiento. Esto quiere decir que se ha realizado satisfactoriamente para ambas partes, tanto para el comprador como para el vendedor. Por una parte, el vendedor ha entregado el bien al comprador en el lugar y plazo pactado y estando el bien en perfectas condiciones. Por otra parte, el comprador ha recibido el bien en condiciones perfectas y le ha entregado al vendedor el precio convenido. Esto implica que el contrato era válido porque los sujetos intervinientes llegaron a un acuerdo en cuanto al producto por entregar y el precio establecido. Además, ambos tenían capacidad de obrar, ya que el vendedor tenía plena disponibilidad del bien y el comprador era capaz de asumir la obligación de la compra de dicho bien.

3.3. Contrato de compraventa de la Cámara de Comercio Internacional

Otro recurso que aporta la CCI es el modelo de contrato de compraventa internacional de productos manufacturados destinados a la reventa. Fue publicado por primera vez en 1988 y, actualmente, se cuenta con la revisión del 2013. Esta versión tiene en cuenta los cambios en los negocios internacionales, las nuevas formas de financiación, incorpora los Incoterms 2010, la obligación de pagos bancarios (BPO) y el código SWIFT, entre otros.

Es un modelo de contrato justo, claro y equilibrado para ambas partes, vendedor y comprador, y presenta de manera simple el conjunto de derechos y obligaciones. El modelo se divide en dos partes:

- **Parte A:** recoge las condiciones específicas que equivalen a las disposiciones aplicables en un contrato concreto de compraventa. En ellas, el comprador y el vendedor van rellenándolo en función de los acuerdos establecidos en dicha compraventa.
- **Parte B:** incluye las condiciones generales que equivalen a las disposiciones genéricas comunes a todos los contratos que remitan a estas condiciones generales de compraventa de la CCI.

Al redactar el contrato, pueden utilizarse ambas partes o solo la parte B, relativa a las condiciones generales, añadiendo, en ese caso, una disposición: «El contrato se somete a las condiciones generales de compraventa de la Cámara de Comercio Internacional (productos manufacturados destinados a la reventa)».

¿Sabías que

Los siguientes libros son de gran interés para un buen profesional, pues deberán consultarse ante cualquier duda cada vez que se lleve a cabo una operación internacional:

- CCI (2010): *Incoterms 2010*. Barcelona: Comité Español de la CCI.
- CCI (2013): *Modelo de la CCI de contrato de compraventa internacional* (revisión 2013). Barcelona: Comité Español de la CCI.

Este modelo de contrato, además de estar destinado a productos manufacturados, también se usa en compraventas aisladas y no para el suministro sucesivo de productos. Es un modelo lo suficientemente flexible como para que las partes incluyan condiciones generales del contrato y condiciones específicas, lo que permite introducir términos particulares en cada compraventa de una forma sencilla. La CCI proporciona casilla a casilla una orientación, en algunos casos, aporta listas de términos que establecen claramente las responsabilidades de las partes. La ley aplicable es el Convenio de las Naciones Unidas sobre Compraventa Internacional de Mercaderías. Se presupone su aplicación tanto si el país del vendedor y el del comprador lo han ratificado como si no lo han hecho.

Actividad propuesta 3.3

Explica cuál es el ámbito de aplicación de los incoterms: ¿nacional o internacional?

Figura 3.4. Si bien existen infinidad de modelos de contratos, es preciso que cada empresa adapte algunos de ellos a las características concretas de cada operación.

3.4. Clases de gastos internacionales

Cuando se habla de compraventa internacional, suele ponerse la atención sobre el bien, producto o mercancía objeto del intercambio. Sin embargo, no debe olvidarse que el producto ha de llegar al destino; con todo ello, está haciéndose referencia a un aspecto clave del comercio internacional: la cadena de distribución.

Dentro del proceso de compraventa internacional, existe, junto con el valor del producto en las instalaciones del vendedor, una serie de gastos que permiten transportar la mercancía desde el punto de origen hasta el punto de destino. Ello conlleva una serie de actividades conexas que lo hacen posible y, en consecuencia, una serie de costos y gastos que van a repercutir en el precio final del bien. Por ello, es necesario poder determinar los costos, gastos y tributos en los que se incurrirá para que el intercambio de la mercancía, con un control de los gastos, acabe en una compra eficaz y la entrega exitosa del producto adquirido.

Por un lado, hay que tener en cuenta:

- La mercancía: valor en las instalaciones o fábrica del vendedor, donde se incluyen, además del producto, el envase, embalaje, etiquetado, etc.
- Las comisiones de venta.
- Los gastos de corretaje.
- Los gastos de documentación: certificados de origen (emitido por las cámaras) y certificados de calidad, entre otros.

Figura 3.5. Los costos de distribución repercuten en el precio del producto.

Por otro lado, hay que tener presentes los gastos de la cadena de distribución. Una forma ordenada de estos gastos desde el origen al destino podría ser:

- Gastos en origen:
  - **Recogida:** alquilar un contenedor, el precinto, el pesaje o el escaneo. Todo gasto que permite al vendedor poner a disposición del transportista la mercancía.
  - **Transporte interior:** recorrido desde el lugar de recogida hasta el punto de consolidación o exportación.
  - **Manipulación en terminal:** recoge todos los gastos hasta situar la mercancía en el transporte internacional. Carga y descarga, gastos de la terminal, almacenamiento, tributos (T3 y G4), escaneo, etc.
  - **Despacho de aduanas de exportación:** cumplimentación del documento único administrativo (DUA), honorarios y cumplimentación de otros documentos requeridos por la aduana (certificados sanitarios, certificados de origen, tránsito, etc.).
  - **Otros:** quebrantos de moneda y gestiones adicionales.
- Transporte internacional.
- Seguro.
- Gastos en destino:
  - **Manipulación en terminal:** recoge todos los gastos hasta situar la mercancía en el transporte internacional. Carga y descarga, gastos de la terminal, almacenamiento, tributos (T3 y G4), escaneo, etc.
  - **Despacho de aduanas de importación:** cumplimentación del documento único administrativo, honorarios y cumplimentación de otros documentos requeridos por la aduana (certificados fitosanitarios, tránsito, etc.).
  - **Impuestos:** arancel, impuestos especiales e IVA.
  - **Transporte interior:** recorrido desde la terminal (importación y desconsolidación) hasta el lugar de entrega.
  - **Otros:** quebrantos de moneda y obtención de licencias, entre otros.

Vocabulario

T3: tasa que pagan las mercancías por la utilización de las zonas de atraque, zona de manipulación, accesos, vías y otras instalaciones portuarias.

G4: tasa que pagan las mercancías por la utilización de las zonas de atraque, zona de manipulación, accesos, vías y otras instalaciones aéreas en los aeropuertos.

3.5. Incoterms 2010

Los incoterms son un conjunto estandarizado de términos comerciales que, con tres letras, recogen los usos entre empresas en los contratos de compraventa. Estos términos recogen, principalmente, las operaciones, los costos y los riesgos que implican la entrega de la mercancía. Se establecieron por primera vez en 1936 por la Cámara de Comercio Internacional de París. Desde entonces, han ido renovándose y, en estos momentos, están en vigor los Incoterms 2010. Hay que destacar que:

- Son de uso voluntario y facilitan el comercio internacional. Deberían estar indicados en el contrato de compraventa (el incoterm, el lugar designado, Incoterms 2010). Un ejemplo de esta precisión: FCA, Transglory B.° Juncal s/n Aparkabisa 48510 Valle de Trapaga, Incoterms 2010.
- Regulan costes, riesgos y documentación. Hay que recordar que estas reglas no proporcionan un contrato de compraventa completo.
- Hoy por hoy, se reconocen como reglas que pueden aplicarse tanto a los contratos de compraventa nacional como al intracomunitario e internacional.
- Los Incoterms 2010 han impuesto obligaciones a las empresas tanto compradoras como vendedoras en lo relativo a obtener o prestar ayuda en la obtención de acreditaciones relacionadas con la seguridad y toda documentación que fuese necesaria para llevar a cabo el intercambio.
- Las reglas Incoterms 2010 no recogen el contenedor como forma de embalaje. Por ello, las partes deben concretarlo en el contrato de compraventa.
- Cuando se habla de entrega en los incoterms, se hace referencia al lugar donde el riesgo de pérdida o daños causados a la mercancía se transmite de la empresa vendedora a la compradora.
- Suele entenderse erróneamente que los incoterms afectan al contrato de transporte.

Las once reglas de los Incoterms 2010 se presentan en dos grupos:

1. **Reglas de cualquier modo de transporte o polivalentes,** con independencia de que se use uno o más.

EXW	Ex Works	En fábrica
FCA	Free Carrier	Franco porteador
CPT	Carrier Paid To	Transporte pagado hasta
CIP	Carriage and Insurance Paid to	Transporte y seguro pagados hasta
DAT	Delivered At Terminal	Entrega en terminal
DAP	Delivered At Place	Entrega en lugar
DDP	Delivered Duty Paid	Entrega con derechos pagados

2. **Reglas para el transporte marítimo o vías navegables interiores,** las mercancías se entregan en el puerto, ya que son el punto de entrega.

FAS	Free Alongside Ship	Franco al costado del buque
FOB	Free On Board	Franco a bordo
CFR	Cost and Freight	Coste y flete
CIF	Cost, Insurance and Freight	Coste, seguro y flete

Actividad propuesta 3.4

Nombra los incoterms que no incluyen el flete o transporte internacional.

Para la utilización de estos términos, es una lectura imprescindible el libro *Incoterms 2010* de la Cámara de Comercio Internacional. Las obligaciones del vendedor y del comprador se encuentran confrontadas, donde la columna A corresponde a las obligaciones del primero y la columna B, a las del segundo.

¿Sabías que

Los *liner terms* son términos usados en el transporte marítimo. Se trata de términos de línea o compañía marítima que implica, que las operaciones de carga, estiba, desestiba y descarga están cotizadas dentro del flete.

En la Tabla 3.1, se muestran unas notas más detalladas sobre cada uno de ellos, que pueden ayudar a conseguir elegir con precisión y eficiencia la regla más apropiada para una transacción concreta.

Al consultar la tabla, puede valorarse:

- **Usar el FCA (fábrica) frente al EXW (fábrica),** pues incluye la carga y el despacho de exportación.
- **Usar el FCA (puerto de origen) frente o DAT (puerto de destino) con contenedores,** pues su entrega y la recogida se realizan en las terminales de contenedores.

Tabla 3.1. Tabla de costos de los Incoterms 2010

Incoterms	Modalidad	Costes	Riesgos	Sujetos[1]
EXW	Polivalente. Entrega de mercancía en el origen.	Envase y embalaje.	Mínimo, acaba en la fábrica de origen.	V
		Desde la carga en origen hasta la descarga en destino.	Desde el origen hasta el destino.	C
FCA (fábrica)	Polivalente. Entrega en la fábrica.	Envase y embalaje, aduana de exportación y carga.	Mínimo, acaba en el origen.	V
		Desde el transporte interior hasta el destino.	Desde el origen hasta el destino.	C
FCA (lugar acordado)	Entrega en el lugar acordado.	Envase y embalaje, aduanas, carga y transporte interior.	Desde el origen hasta el puerto de origen o lugar acordado.	V
		Desde la manipulación en el puerto de origen o lugar acordado hasta el destino.	Desde la manipulación en el puerto de origen o lugar acordado hasta el destino.	C
FAS	Marítimo. Entrega al costado del buque.	Desde el origen hasta el costado del buque, incluye aduanas de exportación.	Desde el origen hasta el costado del buque.	V
		Desde la manipulación en el puerto de origen hasta el destino.	Desde la manipulación en el puerto de origen hasta el destino.	C
FOB	Marítimo. Entrega a bordo del buque.	Desde el origen hasta que la mercancía está a bordo del buque.	Desde el origen hasta que la mercancía está a bordo del buque.	V
		Desde que la mercancía está a bordo del buque hasta el destino.	Desde que la mercancía está a bordo del buque hasta el destino.	C
CFR	Marítimo. Entrega a bordo del buque.	Desde el origen hasta el transporte principal (no descarga).	Desde el origen hasta que la mercancía está a bordo del buque.	V
		Desde la descarga (manipulación en el puerto de destino) hasta el destino.	Desde que la mercancía está a bordo del buque hasta el destino.	C
CIF	Marítimo. Entrega a bordo del buque.	Desde el origen hasta el transporte principal y el seguro obligatorio.	Desde el origen hasta que la mercancía está a bordo del buque.	V
		Desde la manipulación en el puerto de destino hasta el destino.	Desde que la mercancía está a bordo del buque hasta el destino.	C
CPT	Polivalente. Entrega en la empresa de origen o terminal de contenedores.	Desde el origen hasta el transporte principal.	Acaba en el origen, en el momento de la entrega al transportista de la mercancía.	V
		Desde la manipulación en el puerto de destino hasta el destino.	Desde el origen y cargada la mercancía en el transporte hasta el destino.	C
CIP	Polivalente. Entrega en la empresa de origen.	Desde el origen hasta el transporte principal y el seguro obligatorio.	Acaba en el origen, en el momento de la entrega al transportista de la mercancía.	V
		Desde la manipulación en el puerto de destino hasta el destino.	Desde el origen y cargada la mercancía en el transporte hasta el destino.	C

[1] La V corresponde al vendedor y la C, al comprador.

DAT	Polivalente. Entrega en la terminal de destino, mercancía descargada.	Desde el origen hasta la manipulación en el puerto de destino; el seguro no es obligatorio.	Desde el origen hasta la descarga en el puerto de destino.	V
		Desde la aduana de importación hasta el destino.	Desde la descarga hasta el destino.	C
DAP	Polivalente. Entrega en el destino.	Desde el origen hasta el transporte interior, sin aduanas de importación.	Desde el origen hasta el destino.	V
		Aduanas de importación.	En el destino.	C
DDP	Polivalente.	Todo coste de origen a destino.	Desde el origen al destino.	V
			En el destino.	C

INCOTERMS 2010

● Costes y riesgos del vendedor
○ Costes y riegos del comprador

SIGLAS	INCOTERMS	Embalaje y verificación (Control de Calidad, Medida, Peso, etc.)	Carga (Camión, Vagón) Llenado Contenedor en Fábrica o Almacén	Transporte Interior De fábrica a Puerto, Aeropuerto o Terminal. Contenedor, Grupajes, etc.	Formalidades Aduaneras de Export	Coste Manipulación Mercancía en Puerto, Aeropuerto, Terminal TIR Term. Grupaje. Contenedor, Almacén, etc.	Transporte Principal	Seguro de la Mercancía en el transporte Internacional	Costes Manipulación Puerto, Aeropuerto, Terminal TIR Terminal Grupaje, Contenedores, Almacén, Frontera	Fromalidades Aduaneras de importación	Transporte Interior De Puerto, Aeropuerto o Terminal TIR a Fábrica o Almacén	Recepción y descarga en Fábrica o Almacén	Modo transporte M = Marítimo P = Polivalente
EXW	Ex Works En fábrica	●	○	○	○	○	○	○	○	○	○	○	P
FCA	Free Carrier-named place Franco Transportista (punto convenido)	●	●	●	●	○	○	○	○	○	○	○	P
FAS	Free Alongside Ship (named port of shipment) Franco o Libre al Costado del Buque	●	●	●	●	○	○	○	○	○	○	○	M
FOB	Free On Board (named port of shipment) Franco a Bordo (puerto de embarque convenido)	●	●	●	●	●	○	○	○	○	○	○	M
CFR	Cost and Freight (named port of destination) Coste y Flete (puerto de destino convenido)	●	●	●	●	●	●	○	○	○	○	○	M
CIF	Cost, Insurance and Freight (named port of destination) Coste, Seguro y Flete (puerto de destino convenido)	●	●	●	●	●	●	●	○	○	○	○	M
CPT	Carriage Paid to (named place of destination) Transporte Pagado (hasta el lugar de destino convenido)	●	●	●	●	●	●	○	○	○	○	○	P
CIP	Carriage and Insurance Paid to (named place of destination) Transporte y Seguro pagados (hasta el lugar de destino convenido)	●	●	●	●	●	●	●	○	○	○	○	P
DAT	Delivered At Terminal (named terminal) Entregada en Terminal (terminal designado)	●	●	●	●	●	●	●	●	○	○	○	P
DAP	Delivered At Place (named place) Entregada en Lugar (lugar de destino)	●	●	●	●	●	●	●	●	○	●	○	P
DDP	Delivered Duty Paid (named place of destination) Entregada libre de Derechos (punto de destino convenido)	●	●	●	●	●	●	●	●	●	●	○	P

1) Recordar que los seguros que recogen algunos incoterms son de cobertura mínima
2) Cuando la mercancía sea transportada en un contenedor los incoterms apropiados son FCA, CPT y CIP frente a los específicos marítimos
3) El Incoterm DAP aunque implica preparada para descarga, si existiese un gasto de descarga en el contrato de transporte el coste lo asumirá el venderdor

3.ª PROMOCIÓN DE TECNIC@S DE COMERCIO INTERNACIONAL 2009/2011

Figura 3.6. En este mundo globalizado, hay una demanda creciente de formación en el comercio internacional. Hay que desarrollar las capacidades y habilidades de los profesionales en esa área a partir de la innovación y la creatividad.

Vocabulario

Incoterms *(international comercial terms):* son los términos internacionales de comercio. Están compuestos por tres letras cada uno y reflejan las normas de aceptación voluntaria entre el comprador y vendedor sobre las condiciones de entrega de la mercancía.

No hay incoterms mejores que otros, por ello, a la hora de elegir, es preciso tener en cuenta lo siguiente:

- El incoterm se adaptará al medio de transporte elegido. Para contenedores, se usa los polivalentes y, para mercancía a granel, los marítimos.
- Si es una primera venta o se tiene poca experiencia, se utilizará un incoterm con responsabilidad mínima (EXW o FCA). A medida que se multiplican las ventas, se va hacia incoterms de más recorrido. Las grandes empresas intentan vender en DAP y comprar en EXW.
- Lo habitual es que el vendedor se encargue de los gastos del país de origen y el comprador de los de destino. No obstante, habrá que tener un cuidado especial con los despachos de exportación y los de importación. De los primeros, es aconsejable que se responsabilice el vendedor y, de los segundo, el comprador.
- Tal y como se ha dicho, el uso de los incoterms es voluntario, lo mismo que la versión. Por ello, es aconsejable que, junto a las tres letras y el lugar de entrega, aparezca la versión de incoterms a la que se acoge la compraventa.

En el libro publicado por la CCI de las reglas Incoterms 2010, pueden encontrarse las obligaciones del vendedor y del comprador confrontadas, reflejando bajo la columna A las obligaciones del vendedor y bajo la columna B y las obligaciones del comprador.

Actividad propuesta 3.5

Indica el incoterm más adecuado para los siguientes contextos:

- Transporte marítimo para mercancía a granel en puerto de origen.
- Transporte carretera con mínimos gastos para el comprador con seguridad de despacho en la exportación del producto.
- Transporte por carretera a portes pagados.
- Transporte multimodal con contenedor a un tercer país con la mayor responsabilidad para el vendedor.

3.6. El arbitraje internacional

La Corte Internacional de Arbitraje es parte de la Cámara de Comercio Internacional. Desde su creación en 1923, tiene como misión fomentar el arbitraje como método principal para resolver controversias internacionales. Cuenta con más de 100 miembros procedentes de diferentes países con un avalado prestigio mundial. Resuelve desde grandes controversias a pequeñas, desde un simple contrato de compraventa a un asunto de propiedad intelectual, desde incidencias de ventas a través de internet a grandes conflictos de proyectos de construcción en los que intervienen los Estados.

Lo destacable del uso del arbitraje internacional a la hora de resolver los conflictos derivados de una relación comercial es:

- Las partes se someten al arbitraje voluntariamente y no es necesario ser socio de la CCI para hacer uso de él. Podrán elegir tanto la institución arbitral como la ley aplicable.
- El arbitraje sustituye a los tribunales de justicia. Es un procedimiento más rápido, sencillo, y puede ser menos costoso al no necesitar abogados ni procuradores.
- La unificación, la uniformidad y la autonomía en el procedimiento de arbitraje.
- La aplicación del laudo es inmediata (6 meses) y confidencial.
- En el contenido (cláusulas) del contrato, deberá aparecer el arbitraje, la jurisdicción por la que se regirá, la ley nacional aplicable, el número de árbitros y el idioma del arbitraje.

El reglamento que se utiliza para resolver controversias empresariales a través del arbitraje es el Reglamento de Arbitraje de la Cámara de Comercio Internacional (1989). En él, se encuentran las normas procedimentales que regulan la tramitación de los casos que se someten a la Corte Internacional de Arbitraje de la CCI. Rige la tramitación de los procedimientos de arbitraje desde el comienzo hasta el final y regula:

- La presentación de las demandas.
- La constitución de los tribunales arbitrales.
- La tramitación del procedimiento.
- El pronunciamiento del laudo.
- La determinación de los costes.

De esta forma, se garantiza a las partes un marco neutral para el desarrollo de sus actividades empresariales de compraventa internacional.

Habría que remarcar que, para facilitar una resolución ante una controversia entre las partes, estas deberían incluir una cláusula de arbitraje cuidadosamente redactada al objeto de evitar cualquier posible ambigüedad. La cláusula modelo de arbitraje de la CCI: «Todas las desavenencias que deriven del presente contrato que guarden relación con este serán resueltas definitivamente de acuerdo con el Reglamento de Arbitraje de la Cámara de Comercio Internacional por uno o más árbitros nombrados conforme al reglamento».

Figura 3.7. El arbitraje internacional se realiza con árbitros privados, es consensual, neutral, obligatorio, privado y ejecutable para resolver controversias comerciales.

¿Sabías que

El conjunto normativo Lex Mercatoria Internacional que se aplica en los contratos internacionales, tiene entre sus tres pilares:

1. Los usos y costumbres mercantiles.
2. Los modelos de contratos elaborados por instituciones internacionales como la CCI.
3. La jurisprudencia arbitral, laudos arbitrales dictados por diferentes cortes con competencias en la materia.

Documento

Contrato de Compraventa Internacional de la Cámara de Comercio Internacional.

Enlaces web

Cámara de Comercio Internacional de España:
http://www.iccspain.org

Cámara de Comercio Internacional de España, modelo de contrato compraventa internacional:
http://www.iccspain.org/product/modelo-de-la-icc-de-contrato-de-compraventa-internacional-revision-2013-publicacion-cci-no-738es-isbn-978-84-89924-55-0

Incoterms 2010, cálculo de precios de exportación:
http://www.incoterms-2010.es/calculo-precios-exportacion

Aduana Argentina, modelos de contratos:
http://www.aduanaargentina.com/md.php

Normativa

Convenio de Viena, Convención de las Naciones Unidas sobre los contratos de compraventa internacional de mercancías (UNCITRAL).

***BOE* núm. 26,** de 30 de enero de 1991, páginas 3170-3179, Instrumento de Adhesión de España a la Convención de las Naciones Unidas sobre los contratos de compraventa internacional de mercaderías, hecha en Viena el 11 de abril de 1980.

Reglamento (CE) 593/2008 del Parlamento Europeo y del Consejo, de 17 de junio, sobre la ley aplicable a las obligaciones contractuales (Roma I).

Incoterms 2010 de la Cámara de Comercio Internacional.

CONTRATO DE COMPRAVENTA INTERNACIONAL. INCOTERMS 2010

La cámara de Comercio Internacional es una entidad privada empresarial cuyo objetivo es facilitar el comercio internacional (ICC)

- **Contrato de compraventa internacional:** sirve para operaciones de intercambio de mercancía entre países distintos
  - Elementos personales reales y formales
    - Clases de gastos: mercancía, gastos en origen, transporte internacional, seguro y gastos en destino
  - Obligaciones que deben cumplir las partes que suscriben un contrato
    - Vendedor: la obligación principal es entregar la mercancía
    - Comprador: la obligación principal es pagar el precio acordado
  - Cláusulas del contrato: las condiciones del propio contrato
    - Los modelos de contrato aconsejables son el de la Cámara de Comercio Internacional y el de las Naciones Unidas
- **Incoterms 2010** (entre comprador y vendedor):
  - Su uso es voluntario
  - Se renuevan cada 10 años
  - Polivalentes: para cualquier tipo de transporte
    - EXW, FCA, CPT, CIP, DAT, DAP y DDP
  - Marítimos: para transporte marítimo y por vías navegables
    - FAS, FOB, CFR y CIF
- **Arbitraje Internacional:** cláusula modelo de arbitraje CCI en los contratos de compraventa internacional
  - Es el método principal para resolver las controversias comerciales
  - Puede acudirse a la Corte Internacional de Arbitraje de la CCI y al Reglamento de Arbitraje

Actividades de comprobación

3.1. El papel de la CCCI es...

a) ... facilitar el comercio internacional entre las empresas.

b) ... abastecer de recursos a las naciones.

c) ... liberalizar el comercio mundial.

d) Todas las respuestas son correctas.

3.2. La CCI es responsable de la edición cada diez años de...

a) ... reglamentos de la Unión Europea.

b) ... elecciones presidenciales.

c) ... las reglas Incoterms.

d) ... favorecer el *dumping* ecológico.

3.3. Las reglas Incoterms definen...

a) ... las responsabilidades de las empresas compradoras y vendedoras en la entrega de mercancías.

b) ... los derechos de los vendedores de mercancías.

c) ... las obligaciones de los compradores de mercancía.

d) Todas las respuestas son correctas.

3.4. En el contrato de compraventa internacional,...

a) ... el vendedor decide unilateralmente las condiciones.

b) ... una de las partes se obliga frente a otra a entregar una mercancía a cambio de un precio.

c) ... el comprador opta por un incoterm determinado, en general, CIF.

d) Las respuestas b y c son correctas.

3.5. Los elementos de un contrato de compraventa internacional son...

a) ... los personales y los formales.

b) ... los personales, reales y formal.

c) ... los personales.

d) ... los reales y los formales.

3.6. Los incoterms...

a) ... dificultan el comercio internacional.

b) ... facilitan el intercambio gratuito de bienes.

c) ... son de uso obligatorio.

d) ... son de uso voluntario.

3.7. El incoterm Ex Works implica...

a) ... riesgo mínimo para el vendedor.

b) ... riesgo máximo para el vendedor.

c) ... riesgo mínimo para el comprador.

d) ... costes excesivos para el vendedor.

3.8. En el incoterm Delivered At Terminal...

a) ... la entrega de la mercancía se hace en la terminal de destino.

b) ... la entrega de la mercancía se hace en la terminal de origen.

c) ... la entrega de la mercancía se hace en fábrica de destino.

d) ... la entrega de la mercancía se hace a bordo del buque.

3.9. El sometimiento al arbitraje internacional es...

a) ... obligatorio.

b) ... voluntario.

c) ... complementario a los tribunales de justicia ordinaria.

d) Ninguna respuesta es correcta.

3.10. El laudo arbitral es...

a) ... de aplicación voluntaria.

b) ... sustituible por una sentencia ordinaria.

c) ... de aplicación obligatoria.

d) Ninguna respuesta es correcta.

Actividades de aplicación

3.11. Responde a las siguientes cuestiones:

a) ¿Quién contrata al transportista en un FCA (fábrica)?

b) ¿Quién puede rellenar el CMR en un DAP (París)? Señala dos.

c) ¿Quién contrata al representante aduanero para hacer el despacho de exportación en un EWX?

d) ¿Quién es el beneficiario de una póliza de seguro en un DDP?

e) En el FCA (puerto Bilbao), ¿se entrega encima del camión o descargada la mercancía?

3.12. Señala en el siguiente cuadro si el gasto mencionado está incluido o no en el incoterm:

Tipo de gasto	FCA	FOB	CIP	DAT
Certificado de origen.				
Flete marítimo.				
Despacho de importación.				

3.13. La empresa Mecanizadas Coop., ubicada en Valencia, posee un agente comercial en Bielorrusia para realizar una operación de compraventa en dicho país.

El pedido se compone de diversos componentes de submarino y el envío puede realizarse en camión completo. Exige que sea transportado en contenedor precintado y que los componentes sean de origen europeo.

Datos de la operación en euros:

- Precio componentes submarino (fábrica): 2000000.
- Comisión del agente comercial: 40 000.
- Certificado origen de la cámara: 50.
- Alquiler contenedor: 150.
- Precinto numerado: 40.
- Transporte internacional: 5000.
- Prima seguro: 600.
- Despacho de exportación: 30.
- Despacho de importación: 100.
- Aranceles e impuestos: 20 000.

Por su parte, el comprador bielorruso ha solicitado los siguientes incoterms:
EXW (fábrica Valencia), FCA (fábrica Valencia), DAP (Minsk) y DDP (Minsk).

3.14. Va a realizarse una exportación de 4 motores de yate de alta gama desde Bilbao a Marruecos. Cada motor pesa 1 t y tiene un valor total de 50 000 €.

Calcula los siguientes incoterms: EXW (fábrica), FCA (fábrica), FCA (puerto Bilbao), CPT (puerto Casablanca), CIP (puerto Casablanca), DAT (terminal Marsa Maroc), DAP (fábrica) y DDP (fábrica).

Para hacerlo más sencillo, se presupone que todos van en un contenedor y que son unas cantidades fáciles:

Gastos	Euros
Despacho de exportación.	50
Transporte interior en el país de origen.	600
Alquiler de contenedor (40 ft).	150

Gastos	Euros
Manipulación en el puerto de origen.	80
Flete.	500
Seguro.	0,20 %
Manipulación en el puerto de destino.	48
Despacho de importación.	8000
Transporte interior en el país de destino.	300

3.15. Una fábrica de chocolate ubicada en Villaviciosa (Asturias) compra cacao a una empresa radicada en Malabo (Guinea Ecuatorial).

La mercancía sale embalada de los almacenes de la empresa guineana en un camión que la traslada al aeropuerto de Malabo (Guinea Ecuatorial), donde se fleta con destino al aeropuerto de Madrid (España).

Los gastos generados en esta operación en euros se muestran en el siguiente cuadro:

Tipo de gasto	Gastos
Precio de la mercancía, incluyendo carga, embalaje y certificado de origen.	3 000 000
Transporte desde la fábrica hasta el aeropuerto de Malabo.	6000
Flete.	165 000
Transporte desde el aeropuerto de Madrid hasta Villaviciosa.	900
Gastos de la carga en el aeropuerto de Malabo.	540
Gastos de descarga en el aeropuerto de Madrid.	615
Gastos de descarga en Villaviciosa.	150
Derechos y despacho de exportación.	1050
Derechos de importación.	1800
Despacho de importación.	75
Seguro de transporte principal.	3500

Halla:

a) EXW (fábrica Malabo).

b) FCA (aeropuerto Malabo).

c) CIF (aeropuerto Madrid).

d) DAT (terminal Iberia Madrid).

e) Supón que el cliente Fábrica del Chocolate elige DAT (terminal Iberia Madrid) y llama (empresa de Transitarios Unidos) para que se acerque la mercancía hasta su empresa. Calcula la tarifa que ha de establecerse.

3.16. La empresa Chatarrería Alvarer, ubicada en Lezo (Guipúzcoa) tiene una oferta de compra de 300 t de chatarra de la empresa AtlantChatar (San Petersburgo).

La chatarra (mercancía a granel en lingotes) se encuentra en el muelle Molinao, puerto Pasajes (Guipúzcoa).

En el siguiente cuadro, se muestran los gastos que pueden generarse en esta operación en rublos:

Tipo de gasto	Gastos
Chatarra (puerto Pasajes)	30 000 000
Transporte interior en el origen	4800
Carga puerto Pasajes	1 rublo/tonelada
Flete	30 000
Descarga en el puerto de San Petersburgo	0,5 rublo/tonelada

Tipo de gasto	Gastos
Despacho de exportación	40
Despacho de importación	70
Aranceles e impuestos	25 000
Transporte interior en el destino	3600
Descarga en la fábrica Vsévolozhsk	0,2 rublo/tonelada

Se han solicitado los incoterms FAS (puerto Pasajes), FOB (puerto Pasajes), CFR (puerto San Petersburgo), DAT (puerto San Petersburgo) y DDP (fábrica Fundición Vsévolozhsk).

Al final, se acuerda un DAT (puerto San Petersburgo) en euros. Considerando el cambio del día: 1 euro = 64,782 rublos.

Actividades de ampliación

3.17. Encuentra el modelo de contrato internacional propuesto por la Cámara de Comercio Internacional y cumpliméntalo con los siguientes datos:

Vendedor	Chatarrería Alvarer Coop. Polígono Sagasti 12, 20100 Lezo (Guipúzcoa)
Comprador	AtlantChatar, SA 123 Voskova, 198332 San Petersburgo

Agente comercial del vendedor: Carmen Paraninfo

Producto vendido:	Lingotes de Chatarra 7204.50.
Precio estipulado:	30 000.340.
Divisa:	Rublos.
Incoterm:	FOB (puerto Pasajes).
Transportista y contacto:	Buque Promise VI. Contacto: Fernando Artaza.
Momento de entrega:	23 de julio del 2016, puerto Pasajes.
Momento de control del producto por comprador:	Antes de la expedición. Muelle Molinao.
Cláusula de reserva de dominio:	Sí.
Fecha de pago:	60 días tras el embarque en puerto Pasajes.
Modo de pago:	Transferencia bancaria.
Documentos:	Factura comercial, póliza de fletamento, certificado de control y documento único administrativo de exportación.
Plazo de conformidad del producto:	1 mes.
Arbitraje:	Cámara de Comercio Internacional. Lugar: París.

3.18. Estás trabajando en una empresa transitaria, TransComer, SL, y el cliente GUKOR, SA, te llama hoy y te pide precios del envío su mercancía a Caracas.

Características de la mercancía:

- Motores diésel de propulsión de barcos destinados al transporte de mercancías (motores de embolo encendido por compresión).
- Valor EXW mercancía: 60 000 €.
- Marca F180-SP76. Potencia 175 kW.
- Peso bruto unitario 5000 kg y peso neto unitario 4540 kg.
- Dimensiones unitaria 3 × 2,30 × 1,50.
- 4 motores.
- Contenedor de 40 ft n.º MSC U 123456 0.

Teniendo en cuenta la tabla de las tarifas generales (moneda euros EUR):

— Alquiler de contenedor de 40 ft:	150
— Transporte interior (país de origen):	600
— Carga en puerto de origen:	20 €/tn peso de mercancía
— Seguro:	0,2 % valor de mercancía EXW
— Flete:	1200
— Descarga en puerto de destino:	12 €/tn peso de mercancía
— Despacho de importación:	80
— Despacho de exportación:	50
— Escáner para embarque:	30
— Aranceles:	1500
— Transporte interior (puerto de destino):	150
— Canal de Panamá:	450

- Calcula:
  - — FCA (fábrica).
  - — FAS (puerto de Algeciras).
  - — CIF (puerto de Caracas).
  - — DAP (plaza 2 de mayo, Caracas).
- ¿Cuáles de los incoterms anteriores no son los adecuados? ¿Por qué?

3.19. Si el incoterm acordado entre el vendedor y el comprador fuese DAP (plaza 2 de mayo, Caracas), ¿cuál sería la tarifa que se cobraría en caso de ser el transitario del comprador teniendo en cuenta las tarifas del ejercicio anterior?

¿Y si en un temporal el contenedor volcase en el mar con la consabida pérdida de la mercancía? ¿Quién correría con el riesgo?

3.20. Copia y completa la tabla de Incoterms 2010. Ten en cuenta que en cada incoterm, primero, se refleja el coste y, después, el riesgo.

	SIGLAS INCOTERMS					
	EXW	FCA	FAS	FOB	CFR	CIF
Embalaje.						
Carga.						
Transporte interior.						
Despacho de exportación.						
Manipulación de origen en puerto/aeropuerto.						
Flete.						
Seguro.						
Manipulación de destino en puerto/aeropuerto.						
Despacho de importación.						
Transporte interior.						
Descarga.						

	SIGLAS INCOTERMS				
	CPT	CIP	DAT	DAP	DDP
Embalaje.					
Carga.					
Transporte interior.					
Despacho de exportación.					
Manipulacion de origen en puerto/aeropuerto.					
Flete.					
Seguro.					
Manipulación de destino en puerto/aeropuerto.					
Despacho de importación.					
Transporte interior.					
Descarga.					

Responde a estas cuestiones:

- Cuando nos referimos a los embalajes, ¿cuáles están incluidos en los incoterms y cuáles no?
- Cuando las partes, comprador-vendedor, no han acordado nada, ¿dónde se efectúa la entrega en los incoterms CPT y CIP?

4

Clasificación arancelaria de las mercancías

CONTENIDOS

OBJETIVOS

- Conocer la utilización de los sistemas de clasificación de mercancías de los países para el intercambio de bienes entre ellos y valorar dichos sistemas de codificación.
- Poder buscar la nomenclatura del TARIC de las mercancías.
- Comprender la estructura general del arancel de aduanas de cualquier producto.
- Comprobar el sistema único arancelario que se aplica en la Unión Europea y cotejar con las diferentes nomenclaturas existentes en otros países.

INTRODUCCIÓN

Otra herramienta básica destinada a facilitar el comercio internacional es aquella que permite identificar una mercancía con una serie de números en cualquier país, es decir, una clasificación de mercancías susceptibles de intercambios económicos. Todas ellas reciben un código a través del cual pueden unificarse reglas y procedimientos para llegar a disponer de un lenguaje comercial común usado por todas las naciones del mundo en sus intercambios comerciales.

La evolución del comercio internacional del siglo XX ha llevado a la búsqueda de recursos que lo faciliten. La clasificación de mercancías comenzó por un primer sistema clasificatorio en 1937, pero hasta 1988 no se consiguió elaborar un lenguaje que respondiese a las necesidades y a los retos que exigía el comercio internacional.

El sistema armonizado de codificación de mercancía de 1988 se aplica hoy en la mayoría de los países del mundo. Es una herramienta precisa y eficaz que está en constante revisión para adaptarse al desarrollo económico y tecnológico de las naciones, lo que ha permitido el crecimiento de los intercambios internacionales.

Figura 4.1. Todo producto, ante una compraventa internacional, necesita ser identificado con una nomenclatura arancelaria: un código numérico.

4.1. Generalidades: mercancía, nomenclatura y código

Es preciso recordar que el elemento básico de todo comercio lo constituye la mercancía, que, según la Real Academia Española, es toda «cosa mueble que se hace objeto de trato o venta». Esta definición resalta varias acepciones:

- Que cualquier cosa, por el hecho de poder venderse, se identifica como una mercancía. La libre circulación constituye un elemento fundamental para recibir este apelativo.
- Que una cosa no es mercancía si no es objeto de compraventa. Las cosas se catalogan como mercancía en la medida en que se incluyen en el circuito mercantil.
- Que la cosa debe ser mueble. Por ello, los inmuebles se consideran bienes y no mercancías, aunque puedan ser susceptibles de compraventa.

Antes de pasar a los sistemas de identificación de mercancías, habría que definir también lo que se entiende por *nomenclatura* y *código* o *partida.*

Una nomenclatura es un orden clasificatorio o lista de cosas de una disciplina, es decir, por un lado, es una lista y, por otro, es un método que permite su clasificación. La eficacia de una nomenclatura que sirva para identificar las mercancías pasa, además de por incluirlas a todas, por encontrarse en un único lugar.

En el comercio internacional, intervienen no solo el comprador y el vendedor, sino un gran número de operadores (transitarios, comerciales, transportistas, compañías de seguro, aduanas, etc.) que no tienen un conocimiento profundo de la mercancía, por lo que la nomenclatura que se utilice deberá reunir unos requisitos:

- Utilización de un lenguaje fácil y comprensible, no especializado.
- Sencillez en la forma de organizarla para que pueda ser utilizada correctamente, no solo por los sectores profesionales, sino también por todos los agentes que participan en la cadena de distribución.

¿Sabías que

En mayo de 1927, fue presentada la idea de una estructura común para las tarifas aduaneras en forma de recomendación por la Conferencia Económica Mundial celebrada por la Liga de las Naciones.

Un comité de expertos preparó un proyecto de nomenclatura aduanera que se completó en 1931 y se revisó en 1937.

Es conocido como *Nomenclatura de Ginebra* y constaba de 991 partidas, agrupadas en 86 capítulos, que a su vez se agrupaban en 21 secciones.

- Versátil en su estructura para que permita su acomodación a las necesidades de todos los usuarios de diferentes países.
- Objetividad y rigor para que su aplicación sea independiente de la personalidad del usuario.

  Toda lista estará compuesta por:
- **Códigos o partidas:** sirven para identificar las mercancías. Es la parte básica de la nomenclatura.
- **Designación de las mercancías:** esta debe recoger las características de la mercancía de forma que facilite su identificación.
- **Estructuración de las mercancías en grupos y en subgrupo:** para ello, se utilizará un método lógico según el tipo de mercancía de la que se trate.
- **Un índice:** que permita una fácil localización de la mercancía en la lista. Se divide en secciones, capítulos, grupos, subgrupos y partidas.

Toda nomenclatura —cuando se hace referencia al comercio internacional— está vinculada al arancel. Cuando se hablado anteriormente de clasificación de mercancías, no se han desarrollado los aranceles, puesto que son competencia nacional y las clasificaciones o nomenclaturas tienen aplicación internacional. Su estructura respondería a este esquema:

Nomenclatura		Arancel
Código	Designación	17 %
6402.12.10	Calzado de esquí	

Vocabulario

Arancel: tarifa oficial determinante de los derechos que han de pagarse sobre las mercancías en el momento en que atraviesan las aduanas.

Actividad propuesta 4.1

Explica dónde radica la eficacia de una nomenclatura.

4.2. Convenio del sistema armonizado

Un par de apuntes históricos harán la introducción al convenio del sistema armonizado:

- El Acuerdo General sobre Aranceles de Aduanas y Comercio (GATT) en Ginebra en el año 1947 fue el gran impulsor del establecimiento de uniones aduaneras.
- La Nomenclatura Combinada del Consejo de Cooperación Aduanera (NCCA) aparece como instrumento del que pueden valerse los países para codificar sus productos de exportación e importación.

El desarrollo del comercio internacional y la aparición de nuevas medidas de política comercial hicieron que surgiese la necesidad de disponer de un número superior de partidas. Además, también se veía conveniente el uso de la nomenclatura para otros fines, no solo los arancelarios. Ello supuso la aparición de una nueva versión.

El sistema armonizado comenzó a elaborarse en 1983 y entró en vigor en 1988. La Organización Mundial de Aduanas (OMA) —con sede en Bruselas— fue la encargada de llevar adelante semejante tarea. Su nombre completo es el *convenio del sistema armonizado de designación y codificación de mercancías.* A este convenio están adheridos alrededor de 160 miembros, pero el uso de esta nomenclatura ronda los 200. Periódicamente, es revisado por un comité de la OMA para tener en cuenta la evolución del comercio y las tecnologías.

El sistema armonizado está organizado en función del origen de las mercancías, de su grado de elaboración, de sus usos y de las aplicaciones. Está compuesto por un código de seis cifras, y una mercancía se identifica con el mismo código del sistema armonizado en todos los países. Su composición es la siguiente:

- **Capítulo:** los dos primeros dígitos.
- **Partida:** los dos siguientes.
- **Subpartida:** los dos siguientes.

  El sistema armonizado funciona así:

Sistema armonizado		Capítulo	08
Código	Designación	Partida	05
0805.10	Naranjas	Subpartida	10

Hay que añadir que hay tantas nomenclaturas derivadas del sistema armonizado como países usuarios de dicho sistema. Sin embargo, en esta unidad, solo va a hacerse referencia a las utilizadas en la UE: nomenclatura combinada (NC) y arancel integrado de las comunidades europeas (TARIC).

Actividad propuesta 4.2

Supón que tienes la mercancía «pastas alimenticias rellenas» con el código del sistema armonizado 1902.20. Indica cómo está configurado estructuralmente.

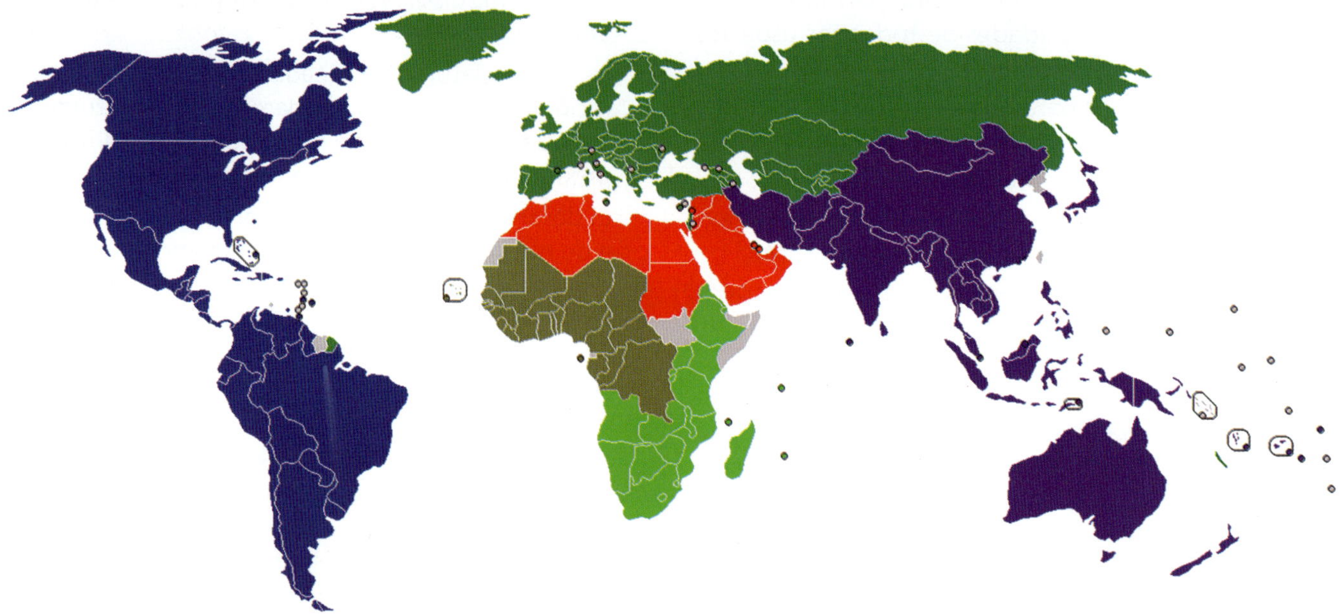

Figura 4.2. Situación de la Organización Mundial de Aduanas.

4.3. Nomenclatura combinada

La UE creó la nomenclatura combinada para aplicar un arancel común en todos los países miembros frente a las importaciones de mercancías de terceros países. El 23 de julio de 1987, a través del Reglamento (CEE) 2658/1987, se implantó como sistema de codificación de las mercancías en la toda la Unión. Pero ¿para qué sirve?

- Para clasificar los productos.
- Para establecer los derechos arancelarios.
- Para controlar y elaborar las estadísticas del comercio, tanto a nivel comunitario como extracomunitario.

La nomenclatura combinada está compuesta por:

- **Secciones:** clasifican la mercancía en función de su naturaleza o desarrollo tecnológico.
- **Capítulos:** clasifican la mercancía de forma muy genérica con el objeto de facilitar su búsqueda.
- **Partidas:** clasifican la mercancía en torno a un denominador común.
- **Subpartidas:** diferencian las partidas con más precisión.
- **Subpartidas NC:** hacen referencia al arancel aplicado en la Unión Europea por la entrada de la mercancía. En caso de no ser necesario, se añaden dos ceros.

Actividad propuesta 4.3

Nombra los capítulos de la nomenclatura combinada en los que podrías encontrar las siguientes mercancías:

- Cabezas de bogavante.
- Esponja de mar.
- Peces de colores.

La nomenclatura combinada está dividida en 22 secciones enumeradas con números romanos; estas secciones, a su vez, se dividen en 99 capítulos. Su desarrollo puede buscarse tanto en la página web de Aduanas como en la demo del TARIC. Las mercancías están clasificadas en:

- Productos naturales (reino animal y reino vegetal) y su grado de elaboración (fresco, congelado y deshidratado).
- Los demás productos, atendiendo a su composición, a su grado de elaboración (productos terminados, productos semielaborados, etc.) y a su función.

Su código está formado por ocho cifras y se compone de la siguiente forma:

- Los 6 primeros dígitos son los que corresponden al sistema armonizado, es decir, los 2 primeros para el capítulo, los 2 siguientes para la partida y los otros 2 para la subpartida.

- Los 2 últimos dígitos subpartida NC.

La nomenclatura combinada funciona así:

Nomenclatura combinada			
Código	**Designación**	Código del sistema armonizado	0805.10
0805.10.20	Naranjas dulces frescas	Subpartida NC	20

El organismo encargado de su gestión y renovación es el Comité del Código de Aduanas, Sección de Nomenclatura y Estadística, formado por delegados de todos los países miembros de la UE.

Figura 4.3. Cualquier mercancía puede identificarse en todos los países del mundo a través de seis números, gracias al sistema armonizado.

4.4. TARIC

La codificación del TARIC se creó para poder aplicar el arancel integrado de las comunidades europeas y todas las medidas de política comercial, tales como los contingentes, derechos *antidumping,* elementos agrícolas, restituciones, etc.

Para comprender mejor esta codificación de mercancías, puede destacarse que:

- Es una nomenclatura polivalente donde pueden clasificarse todas las mercancías. Existe una subpartida residual —«las demás»— donde poder clasificar un producto que no se encuentra incluido de forma específica.
- Su estructura está basada en subpartidas y partidas agrupadas en 97 capítulos y en 21 secciones donde la lógica de su organización viene determinada por el grado de elaboración del producto —siempre de menor a mayor— desde materias primas, productos brutos y semiproductos hasta los productos terminados.

Su código está formado por 10 cifras, a las cuales pueden añadírseles unos dígitos de control. Su composición es la siguiente:

- Los 8 primeros dígitos son los que corresponden a la nomenclatura combinada, es decir, los 6 primeros dígitos del sistema armonizado y los 2 siguientes de la subpartida NC.
- Los 2 últimos dígitos de la subpartida TARIC.
- El código adicional TARIC: son bloques de 4 dígitos utilizados para la aplicación de disposiciones comunitarias específicas que no se han recogido en los diez dígitos TARIC. Pueden ser dígitos de cifras o de letras que hacen referencia al tipo de medida aplicable y las subdivisiones adicionales:
  - — 1.º código adicional CEE (4 dígitos más).
  - — 2.º código adicional CEE (4 dígitos más).
  - — 3.º código adicional Estados miembros (4 dígitos más).

Las disposiciones comunitarias pueden estar referidas a restricciones de ozono y bienes culturales, derechos *antidumping,* precios de referencia en pescado y productos agrícolas, restituciones a la exportación o suspensión de productos farmacéuticos.

Actividad propuesta 4.4

Indica si existen códigos distintos para la misma mercancía en los diversos países de la Unión Europea.

La codificación TARIC funciona así:

- **Designación:** naranjas frescas navel de calidad superior recogidas el 15 de enero con un precio de entrada por 100 kg de peso neto de 40 €.
- **Código:** 08.05.10.20.11.

En el TARIC, aparecerá de la siguiente manera:

0805.10	- Naranjas
0805.10.20	- - Naranjas dulces y frescas
	- - - Navel, navelinas, navelates, salustianas y vernas
0805.10.20.11	- - - - De calidad superior
	- - - - - Del 1 de enero al 31 de mayo
	- - - - - - Con un precio de entrada por 100 kg de peso neto
	- - - - - - - Superior o igual a 35,4 €
0805.10.20.11	- - - - - - - - Del 1 al 31 de enero

La Comisión Europea es la encargada de elaborar el TARIC, cuya publicación corresponde al Departamento de Aduanas e Impuestos Especiales de cada país miembro en el boletín oficial de cada nación. Además, este departamento también se encarga de publicar mensualmente la actualización de códigos y las medidas que puedan afectarle.

¿Sabías que

Los productos que España vende al exterior, por orden de mayor a menor, son: automóviles, productos químicos, componentes de automoción, productos textiles y combustibles.

Los productos que España compra al exterior, por orden de mayor a menor, son: productos químicos, combustibles, componentes de automoción, automóviles y prendas textiles.

4.5. Cómo buscar el código TARIC de una mercancía

El código es un conjunto de números asignados a las posiciones que ocupan en el TARIC las mercancías. A continuación, aunque va a hacerse referencia a la búsqueda de códigos TARIC, hay que recordar que la nomenclatura universal es el sistema armonizado, por lo que, ante la duda, es remontarse a él para buscar después el código TARIC.

Para aprender a buscar el código, existen diferentes recursos en internet, entre otros:

- La Comisión Europea (medidas, información geográfica y reglamentos).
- Las cámaras de comercio (buscador de partida arancelaria).
- La empresa privada Taric, SA, fundada en España en 1987.

Como ejemplo, va a realizarse la búsqueda a través de la empresa Taric, SA. Para empezar, se busca en internet «demo Taric». Al acceder al sitio web, se dispone de la opción de buscar como texto (arancel), como código (arancel) y como texto (n. explicativa).

¿Sabías que

La exportación y la importación en España han variado en los últimos años. Los destinos de las exportaciones suelen ser Francia, Alemania, Portugal, Italia y el Reino Unido, mientras que los países de donde proceden los productos que importa España son Alemania, Francia, Italia, China y los Países Bajos.

Figura 4.4. El código TARIC de los huevos frescos de gallina doméstica es 0407.21.00.00.

Demo Arancel netTaric

Este servicio gratuito les permite conocer de primera mano las características y funcionalidad del Arancel on-line netTaric.
Esta demo tiene todas las prestaciones del servicio netTaric reservado a clientes, excepto que no incluye Notas Explicativas y que los datos presentados no están actualizados.
Taric, s.a no se hace responsable de las consecuencias que pudieran derivarse del uso de los mismos.

[Entrar en la demo de netTaric]

Figura 4.5. Demo netTaric es un servicio gratuito (demo) que permite buscar los códigos de las mercancías gracias a la empresa Taric (empresa privada fundada en España en 1987).

Para buscar como código, es preciso conocer el código de la mercancía. Una vez localizado, se introduce y se verifica el número, además de recoger la información que se busca.

Para buscar como texto, van a ponerse dos ejemplos: primero, se introduce la palabra *champán* (con tilde o sin tilde), cuya búsqueda es muy sencilla porque solo aparecerá un código.

Segundo, va a realizarse la búsqueda de un caballo de pura raza.

Es aconsejable pinchar en el código de cuatro cifras (las 2 primeras hacen referencia al capítulo y las 2 siguientes, a la partida).

Los guiones indican el nivel de división dentro de una partida y suplen al texto que aparece al principio. Ha de buscarse lo general e ir hacia la definición exacta de la mercancía. Siempre se clasifica la mercancía con la subdivisión del nivel más bajo, pues es donde se encuentra su descripción más completa. Cuando se elige un guion y hay subdivisión, hay que volver a elegir dos guiones. Si esos dos guiones volviesen a elegirse, se escogería la partida correspondiente con los tres guiones, y así sucesivamente hasta encontrar la que identifique la mercancía en cuestión.

En este caso, se encuentra en la partida 0101, que hace referencia a los «Caballos, asnos, mulos y burdéganos,

Figura 4.6. Pantallazo al introducir *champán* en el recuadro *Buscar como texto*.

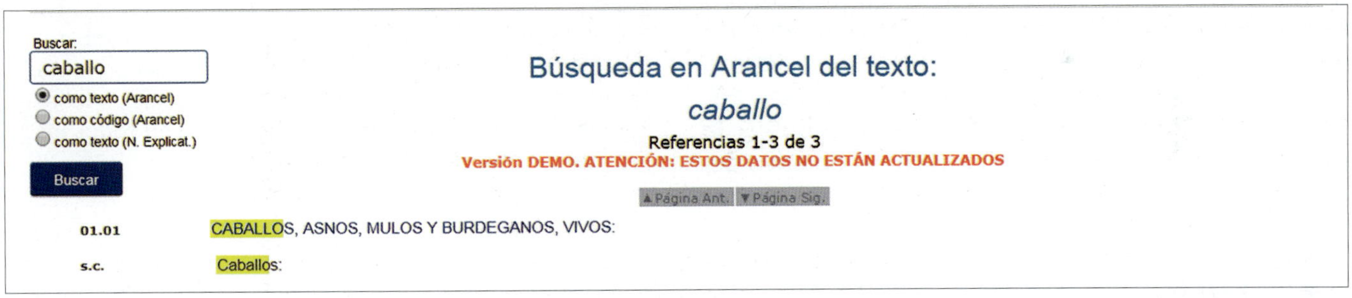

Figura 4.7. Pantallazo al introducir *caballo* en el recuadro *Buscar como texto*.

Figura 4.8. Pantallazo al hacer clic en *01.01 Caballos, asnos, mulos y burdéganos vivos*.

vivos». Ahora, aparecen dos guiones y ha de elegirse «Reproductores de raza pura» (dos guiones). También con dos guiones, se encuentran «Los demás», que, a su vez, se subdivide (tres guiones) en «Que se destinen a matadero» y «Los demás». En el primer caso, estarían los caballos destinados al matadero para carne de consumo y, en el segundo, los caballos sin raza definida (SRD) para uso diverso (hípica, agricultura, etc.).

¿Sabías que

Cuando la mercancía no está recogida en las partidas que presenta el TARIC, una vez posicionados en el capítulo, partida y subpartida correspondientes, se eligen «Las demás» en dicha clasificación.

Para buscar como texto (nota explicativa): siguiendo con el último ejemplo, donde no se busca como texto *caballo pura raza,* puede buscarse en nota explicativa poniendo todo el texto mencionado.

Entonces, aparecerá el código 01.01, que sirve para encontrar el número TARIC y, además, explica el término *pura raza*: «en la subpartida 0101.21, la expresión reproductores de raza pura comprende solamente los animales reproductores que se consideren de raza pura por las autoridades nacionales competentes». Por otra parte, siempre quedará el índice para buscar la mercancía por secciones y capítulos con el objetivo de, una vez localizados, encontrar la partida.

Figura 4.10. El plátano fresco tiene la codificación 0803.90.10.00.

Recuerda

En la web de Market Access Database, http://madb.europa.eu, con los 6 primeros dígitos puedes encontrar la nomenclatura arancelaria de toda mercancía con la información necesaria para su importación en todos los países del mundo.

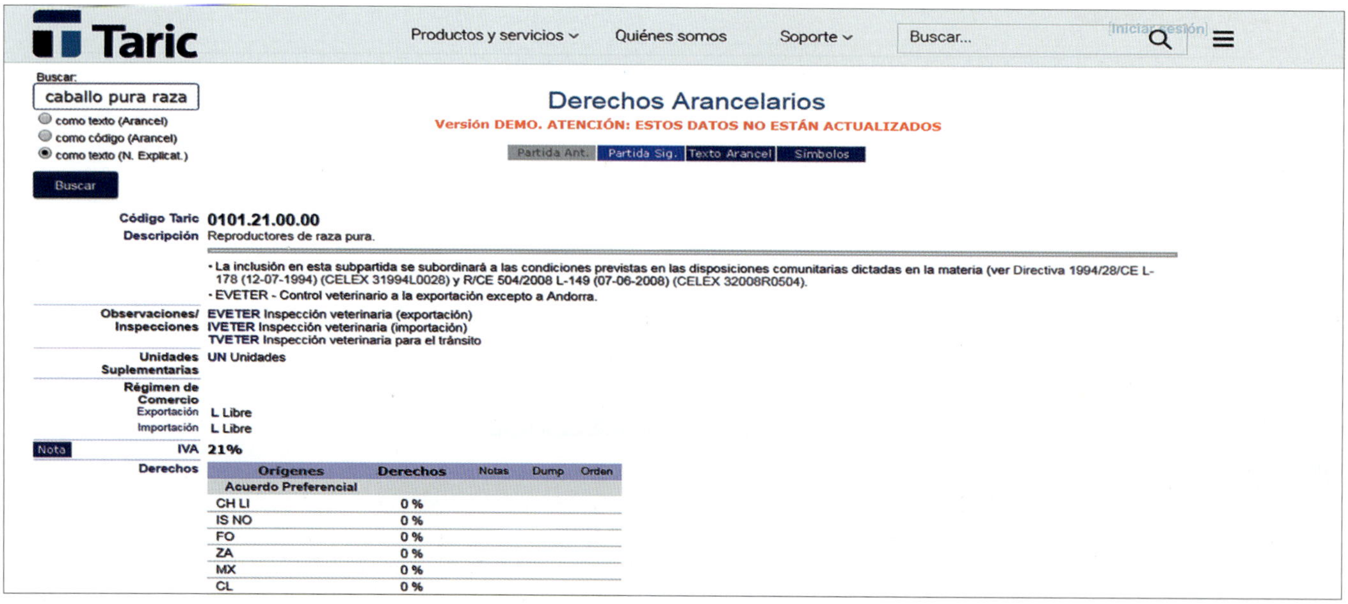

Figura 4.9. Pantallazo al introducir *caballo* en el recuadro *Buscar como texto (nota explicativa).*

Actividad propuesta 4.5

Explica qué es el código adicional cuando se hace referencia al TARIC.

4.5.1. Información arancelaria vinculante

El artículo 14 del Código Aduanero de la Unión obliga a las autoridades aduaneras a facilitar información sobre la aplicación de la legislación aduanera, incluida la clasificación de las mercancías.

En el momento en el que va a exportarse o importarse una mercancía en un país y quiere confirmarse el código TARIC de la mercancía, puede acudirse a las autoridades aduaneras del país para solicitar la información arancelaria vinculante (IAV), que se referirá a un solo producto.

Los solicitantes deben indicar su número EORI en las solicitudes. El EORI es un número de registro e identificación de los operadores económicos. Se habla de un número de identificación único en el territorio aduanero de la Unión, asignado por una autoridad aduanera a un operador económico o a otra persona con el fin de registrarlo a efectos aduaneros.

La Administración debe emitir la decisión información arancelaria vinculante en un plazo de 120 días a contar desde la fecha de aceptación de la solicitud. Una vez obtenida, es válida en todo el territorio de la Unión Europea, independientemente del país que ha ofrecido este servicio. Obtener la información arancelaria vinculante aporta al vendedor y al operador de la mercancía una seguridad jurídica sobre la clasificación arancelaria de su producto y la necesidad o no de documentación que debe acompañar a la compraventa.

Una información arancelaria vinculante es, pues, una petición por escrito que hace el importador o exportador a las autoridades aduaneras para que le indiquen la clasificación correcta de una mercancía.

La información arancelaria vinculante es válida durante 3 años si no hubiese ningún cambio en la clasificación del TARIC durante ese tiempo. Todas ellas formarán parte de la base de datos de la información arancelaría europea vinculante, pero no son transmisibles. Cuando quiera utilizarse una IAV, hay que declararla en la casilla 44 del documento único administrativo (DUA) utilizando el código C 626.

Recuerda

Usar la codificación TARIC de la mercancía y contrastarla con su nomenclatura en el país de destino con la web http://madb.europa.eu (Market Access Database) es imprescindible, pues nos aportará:

- **Información básica a los exportadores de la UE** sobre sus mercancías en mercados exteriores.
- **Enumeración de los obstáculos** que puedan afectar a las exportaciones de la Unión Europea por país y por sector.
- **Un medio interactivo de comunicación** entre las empresas y las autoridades europeas.

Se utilizarán seis dígitos para la identificación de la mercancía (sistema armonizado). Podrán conocerse los aranceles, los impuestos internos, los trámites y la documentación requerida y las barreras comerciales, así como los obstáculos sanitarios y fitosanitarios.

Este paso habría que darlo siempre antes de exportar una mercancía desde la Unión Europea a un tercer país.

Vocabulario

Casilla 44 del documento único administrativo: en ella, se hacen constar los documentos que acompañan a la mercancía con un número de referencia (factura de compraventa N380) y es de obligada cumplimentación.

DUA: siglas del documento único administrativo que debe cumplimentarse ante la entrada o salida de mercancías de terceros países en la Unión Europea y ser presentado ante la aduana correspondiente.

Figura 4.11. El importador o el exportador pueden solicitar por escrito a las autoridades aduaneras la clasificación de su mercancía para poder exportarla o importarla.

Enlaces web

Organización Mundial del Comercio:
https://www.wto.org

Organización Mundial de Aduanas:
http://www.wcoomd.org

ICEX, España Exportación e Inversión:
http://www.icex.es/icex/es/Navegacion-zona-contacto/revista-el-exportador/en-cifras/index.html

Demo Taric:
https://www.taric.es/productos-y-servicios/utilidades/nettaric/nettaric-demo

Market Access Database, barreras comerciales de todos los países del mundo:
http://madb.europa.eu

Seterra, juegos de geografía:
https://online.seterra.com/es

Acceso a la información arancelaria vinculante:
http://ec.europa.eu/taxation_customs/dds2/ebti/ebti_home.jsp?Lang=es

Normativa

Reglamento (CEE) 2658/87 del Consejo Europeo, de 23 de julio.

Documento

Información Arancelaria Vinculante (IAV).

CLASIFICACIÓN ARANCELARIA DE LAS MERCANCÍAS

Es una herramienta que permite indentificar la mercancía con una serie de números válidos para el comercio internacional

Nomenclatura:
- Orden identificatorio de mercancías

Código/partida:
- Elemento identificador de la mercancía

Designación:
- Característica de la mercancía que permite la indentificación

Sistemas de indentificación de la mercancía

Sistema armonizado:
- Código de 6 dígitos
- Son de referencia internacional

Nomenclatura combinada:
- Es la base de la codificación actual de 8 dígitos
- Se usa en el Intrastat

TARIC:
- Código de 10 dígitos
- Los dígitos de control se dan en grupos de 4
- Son 3 códigos adicionales

Actividades de comprobación

4.1. La mercancía es objeto de...

a) ... modificaciones.

b) ... clasificación.

c) ... favores.

d) ... trato o venta.

4.2. La nomenclatura sirve para...

a) ... identificar a las mercancías.

b) ... admitir la entrada de mercancías en un país.

c) ... ofrecer un origen a las mercancías.

d) Las respuestas a y b son correctas.

4.3. Uno de los requisitos de la nomenclatura utilizada es...

a) ... subjetividad a la hora de aplicar la codificación.

b) ... que sea entendible por el comprador y el vendedor.

c) ... utilización de un lenguaje fácil y comprensible, no especializado.

d) Ninguna respuesta es correcta.

4.4. El sistema armonizado está organizado...

a) ... en función del origen de las mercancías.

b) ... en función de los datos de compraventa mundial.

c) ... en función de lo que dicta la OMC.

d) ... en función de los aranceles de la Unión.

4.5. Los dos primeros dígitos del sistema armonizado corresponden a...

a) ... partida.

b) ... subpartida SA.

c) ... capítulo

d) ... subpartida NC.

4.6. La nomenclatura combinada sirve para...

a) ... clasificar los productos.

b) ... establecer los derechos arancelarios.

c) ... controlar y elaborar las estadísticas de comercio.

d) Todas las respuestas son correctas.

4.7. En el código de la nomenclatura combinada, los seis primeros dígitos...

a) ... corresponden al sistema armonizado.

b) ... son la Subpartida SA.

c) ... son la Subpartida NC.

d) ... son de productos naturales.

4.8. El código adicional TARIC sirve para...

a) ... cálculo del arancel.

b) ... cumplimentar el documento único administrativo.

c) ... aplicación de medidas adicionales.

d) Todas las respuestas son correctas.

4.9. El TARIC es elaborado por...

a) ... el Departamento de Aduanas e Impuestos Especiales.

b) ... la Comisión Europea.

c) ... el Gobierno de cada nación.

d) ... la OMA.

4.10. La información arancelaria vinculante sirve para...

a) ... confirmar el código TARIC de una mercancía.

b) ... importar mercancía de un Estado miembro de la Unión Europea.

c) ... aplicar el arancel antes del despacho de la mercancía.

d) ... rellenar la casilla 44 del documento único administrativo.

4.11. El arancel es...

a) ... la forma que tienen los países de atraer el comercio exterior.

b) ... la forma de clasificar la mercancía según la composición de esta.

c) ... la tarifa oficial determinante de los derechos que han de pagarse ante una importación de las mercancías en el momento en que atraviesen las aduanas.

d) ... la organización que rige el comercio internacional.

Actividades de aplicación

4.12. Copia y completa el siguiente cuadro con las siglas de los organismos que han impulsado la normalización del comercio internacional e indica también el año de inauguración.

Siglas	Organismo	Año
G_ _ _		
ON_		
OM_		
OM_		

4.13. Completa un mapa político de África con los nombres de sus países y capitales.

4.14. Suponiendo que quieren exportarse semillas de trigo de alta calidad:

a) Busca el número TARIC.

b) Indica si tiene códigos adicionales y por qué.

c) Realiza la operación en caso de que se tratase de una importación procedente de Argentina vía aérea.

4.15. Una empresa situada en las faldas del Moncayo (Soria), hace 1 año y medio, solicitó a la aduana de Soria (ES004200) la información vinculante de uno de sus productos estrella: la trufa. Tiene una serie de dudas y, antes de llamar a la aduana, prefiere indagar. Ayúdala en lo que puedas:

a) Busca la nomenclatura TARIC que se le ha remitido.

b) ¿A qué documento la remitirías?

c) Enumera los artículos que hacen referencia a la información arancelaria vinculante en ese documento.

d) Las dudas serían las siguientes:

- ¿Cuántos años de validez tiene una información arancelaria vinculante?
- Si no se está de acuerdo con la información arancelaria vinculante que le ha remitido la aduana, ¿podrían solicitar otra en una aduana diferente?

Actividades de ampliación

4.16. La empresa Karmen Coop. —ubicada en Polígono Industrial n.° 7, P, Z. 4620 Picassent, Valencia— quiere vender 25 000 kg de naranja navel de gran calidad a una empresa suiza. El precio de entrada, hoy 20 de enero, es de 40 €/100 kg neto de mercancía. Busca con la web que te resulte más cómoda el código TARIC de la mercancía.

4.17. Está preparándose la campaña de Navidad en un pueblo de Málaga, El Borge, y tiene la intención de exportarse a los Estados Unidos su producto estrella: las pasas. Averigua el código TARIC de todas sus variedades:

a) Pasas de Corinto.

b) Pasas sultaninas envasadas con un contenido neto 500 g.

c) Pasas sin denominación.

4.18. Encuentra con la web que te resulte más cómoda los códigos TARIC de las siguientes mercancías:

Mercancía	Partida arancelaria
Limpiaparabrisas.	
Sidra natural en botella de 75 cl, vol. 5° alcohol.	
Vermú en garrafa de 5 l, vol. 15° alcohol.	
Porras.	
Mesas de metal para oficina con altura de 80 cm.	
Ravioli de carne ternera (40 %) en paquete de 250 kg.	
Vajilla para servicio de mesa de porcelana.	
Cepillos de dientes.	
Máquinas eléctricas con funciones de traducción.	
Máquina empaquetadora de mercancía.	
Pieles en bruto de visón.	
Libro de texto de GACI.	

4.19. Localiza las nomenclaturas de los siguientes productos en los diferentes países y completa la tabla una vez que la hayas copiado en tu cuaderno. ¿A qué conclusión llegas?

Mercancía	Unión Europea	Argelia	Australia
Martillo. *Hammers and sledge hammers.*			
Limpiaparabrisas. *Windscreen wipers.*			
Sidra 5 % alcohol. *Cider.*			

4.20. Una vez que has buscado el número TARIC de las siguientes mercancías, busca su código arancelario en Australia con su arancel y completa la tabla una vez que la hayas copiado en tu cuaderno:

Mercancía	N.° TARIC	Código en Australia	Arancel
Plátano			
Trufa			
Pasas de Corinto			

Puedes consultar para ello las siguientes páginas web:

- http://madb.europa.eu/madb/datasetPreviewFormATpubli.htm?datacat_id=AT&from=publi.
- https://www.taric.es/productos-y-servicios/utilidades/nettaric/nettaric-demo.

4.21. Investiga sobre la IAV y responde a las siguientes preguntas: ¿Qué es? ¿Quién y a quién se solicita? ¿Es transferible? ¿Es obligatoria? ¿Es aplicable solo en el país miembro en el que se solicita?

4.22. Busca el número TARIC del plátano de Canarias. Si una empresa de Galicia compra una partida de 10 t a un productor canario, ¿de qué operación comercial se trata? ¿La factura vendría con IVA? Argumenta la respuesta.

5

Origen de las mercancías

CONTENIDOS

5.1. Qué se entiende por origen de la mercancía
5.2. Origen de las mercancías no comunitarias
5.3. Métodos para determinar el origen de la mercancía
5.4. Acuerdos de la Unión Europea en relación con el origen de la mercancía
5.5. Los certificados de origen
5.6. La factura comercial como prueba de origen: factura visada

OBJETIVOS

- Saber qué se entiende por origen de la mercancía y su clasificación.
- Reconocer los distintos acuerdos que tiene la Unión Europea con los diferentes países.
- Relacionar, identificar y aplicar el origen de la mercancía con los acuerdos que tiene establecidos la Unión Europea con esos países.
- Cumplimentar la prueba documental: el certificado de origen.

INTRODUCCIÓN

Toda mercancía tiene un origen. El origen es la nacionalidad económica de un bien a la hora de ser comercializado. Determinar y probar el origen de toda mercancía es esencial en las operaciones de comercio internacional.

De nuevo, hay que tratar con la barrera fiscal del comercio internacional: el arancel. Dependiendo del origen, a la mercancía se le aplicarán unos u otros derechos arancelarios, unas inspecciones u otras y una serie de requisitos o no.

Para aplicar un arancel u otro, unas inspecciones u otras, una serie de requisitos documentales o no a una mercancía, todo está en función de su origen. La Unión Europea exige presentar una documentación en sus aduanas: el certificado de origen.

Figura 5.1. Todas las mercancías con origen en un país miembro de la Unión Europea tienen el mismo origen: Origen Europeo.

5.1. Qué se entiende por origen de la mercancía

Cuando se hace referencia al origen de la mercancía, no se habla de su procedencia ni de dónde vienen, sino de dónde son producidas u obtenidas. Una mercancía puede proceder de un país, pero forzosamente no tiene por qué ser originaria de allí. Por ejemplo, una mercancía importada en España que viene desde los Estados Unidos, pero cuyo origen es México. Por lo tanto, una mercancía es originaria de allí de donde ha sido obtenida.

La determinación del origen es esencial en los intercambios internacionales, ya que de él dependen el tipo de arancel, el régimen de comercio aplicable, las inspecciones que han de realizarse y los requisitos exigibles para su importación.

Dependiendo de su origen, un mismo producto puede estar sujeto a distintos derechos arancelarios. Si el país de origen no tiene ninguna relación preferencial con la UE, se le aplicará el arancel de terceros países (el más alto). En cambio, si existe una relación preferencial, el producto se verá beneficiado de una reducción en su arancel, junto con la no aplicación de medias de defensa comercial o derechos *antidumping,* etc.

Debido a su importancia, el origen de una mercancía está regulado a nivel internacional por una serie de normas recogidas en el Convenio de Kyoto Revisado (CKR) y desarrollado en la Unión Europea en el Código Aduanero Modernizado.

En el marco del comercio exterior comunitario, es preciso distinguir dos orígenes:

1. **Las mercancías originarias de Estados miembros:** aquellas obtenidas enteramente en territorio aduanero comunitario. Estas podrán circular libremente por la Unión, por lo que no hay necesidad de certificados de origen. Tienen estatuto comunitario las mercancías de terceros países importadas y que hayan pagado los aranceles al entrar en el territorio aduanero comunitario.
2. **Las mercancías no comunitarias:** aquellas originarias de terceros países. Estas, a su vez, pueden dividirse en dos grandes grupos:
   - Mercancías originarias de países que no pueden acogerse a los regímenes arancelarios preferenciales. Se les aplicarán los aranceles más altos. Por ejemplo, productos con origen norteamericano.
   - Mercancías originarias de países que sí pueden acogerse a los beneficios derivados de regímenes arancelarios preferenciales. No se les aplicarán aranceles o, en su caso, un arancel más reducido. Por ejemplo, productos con origen noruego.

En esta unidad, va a tratarse sobre las mercancías no comunitarias.

Vocabulario

Arancel: tarifas que gravan a las mercancías que se importan en un país.

Barrera comercial fiscal: el arancel.

5.2. Origen de las mercancías no comunitarias

Dada la importancia del origen de las mercancías, se ha visto la necesidad de su regulación a nivel internacional y se han establecido unas reglas de origen que constituyen un conjunto de disposiciones específicas que determinan dónde se ha producido un bien. Pueden encontrarse en el Convenio de Kyoto Revisado (CKR), el principal convenio de facilitación del comercio aduanero. Fue elaborado por la Organización Mundial de Aduanas, proporciona estándares y prácticas recomendadas para los procedimientos y técnicas aduaneras y entró en vigor el 3 de febrero del 2006. En el caso de la Unión Europea, se encuentra desarrollado en el Código Aduanero para ser aplicado en todos y en cada uno de los países miembros.

Las normas de origen podrían definirse como un conjunto de reglas establecidas por un país o grupo de países que llevan a la determinación del país que debe ser considerado como originario de la mercancía obtenida o elaborada. El origen de la mercancía puede llevar a dos situaciones distintas: por un lado, a que las mercancías originarias sean de un solo país y, por otro, a que sean de varios países.

Mercancías originarias de un solo país

En el Convenio de Kyoto Revisado, anexo específico K, capítulo 1. Reglas de origen, norma 2, se indica que: «Las mercancías producidas íntegramente en un país determinado serán consideradas como originarias de ese país.

Únicamente las mercancías siguientes serán consideradas como producidas íntegramente en un país determinado:

a) Productos minerales extraídos de su suelo, de sus aguas territoriales o del fondo de sus mares u océanos.

b) Productos del reino vegetal cosechados o recogidos en este país.

c) Animales vivos nacidos y criados en este país.

d) Productos obtenidos de animales vivos en este país.

e) Productos de caza o de pesca practicadas en este país.

f) Productos de pesca marítima y otros productos extraídos del mar por embarcaciones de este país.

g) Mercancías obtenidas a bordo de buques-factorías de este país, solamente a partir de los productos indicados en el párrafo f) anterior.

h) Productos extraídos del suelo o del subsuelo marino situado fuera de aguas territoriales del país, siempre y cuando este país tenga derechos exclusivos de explotación de este suelo o subsuelo.

i) Los desechos y desperdicios provenientes de operaciones de transformación o de perfeccionamiento y artículos fuera de uso, recogidos en este país y útiles únicamente para la recuperación de materias primas.

j) Mercancías producidas en este país solamente a partir de los productos indicados en los párrafos de a) a i) anteriores».

Figura 5.2. La granadilla *(Passiflora edulis)* o maracuyá es un fruto originario de los Andes, del cual Colombia es su principal productor. Por lo tanto, es una mercancía originaria de un solo país.

Actividad propuesta 5.1

Teniendo un jamón de Guijuelo procedente de la especie porcina de pura raza, ¿podría considerarse de origen de un solo país o de varios? ¿Su origen sería España o se consideraría de origen europeo?

Mercancías producidas en varios países

En el citado anexo específico K del Convenio de Kyoto Revisado (CKR), pero en la norma 3, se propone un criterio para decidir cuál es el origen de una mercancía en caso de que hayan intervenido varios países en su producción: «Cuando dos o más países han intervenido en la producción de una mercancía, el origen de la mercancía debería ser determinado de acuerdo con el criterio de transformación sustancial».

Se entiende por *transformación sustancial* aquella elaboración que confiera a la mercancía una composición o una propiedad fundamental de la que carecía antes de realizar la transformación. La práctica más recomendada es adjudicarle el origen cuando la mercancía cambia el código en el sistema armonizado.

Centrándose en la Unión Europea y la aplicación del origen a las mercancías no comunitarias, siempre hay que referirse al Código Aduanero, en cuyo título II, capítulo 2, sección 1, artículo 60 se indica: «Adquisición del origen:

1. Se considerará que las mercancías enteramente obtenidas en un solo país o territorio tienen su origen en este país o territorio.
2. Se considerará que las mercancías en cuya producción intervenga más de un país o territorio tienen su origen en aquel en el que se haya producido su última transformación o elaboración sustancial, económicamente justificada, efectuada en una empresa equipada a tal efecto, y que haya conducido a la fabricación de un producto nuevo o que represente un grado de fabricación importante».

Por lo mencionado en el artículo 60, párrafo 2 del Código Aduanero de la Unión, para determinar el origen de una mercancía en cuya producción han intervenido dos o más países, habrá que tener en cuenta:

1. Transformación sustancial. El Tribunal de Justicia de la Unión Europea ha sentado jurisprudencia a la hora de interpretar el término *sustancial.* Habrá que tener en cuenta dos criterios:
   a) **Criterio técnico:** en la producción de un bien, el producto nuevo y el producto de base presentarán propiedades y composiciones propias. El producto nuevo poseerá propiedades y composiciones que no tenía el producto antes de la transformación.
   b) **Criterio económico:** este es un criterio secundario. Hace referencia a porcentajes de valor añadido incorporado al producto nuevo.
2. Transformación económicamente justificada. Las actividades económicas de todas las empresas tienen como objetivo conseguir mayores beneficios económicos.
3. Transformación efectuada en una empresa equipada al efecto. Las empresas que transforman los productos están equipadas con recursos humanos y técnicos para conseguir la transformación.
4. Transformación que haya conducido a la fabricación de un producto nuevo o que represente un grado de fabricación importante. De todos los requisitos, este es el principal. El objeto de la transformación es la obtención de un nuevo producto.

5.3. Métodos para determinar el origen de la mercancía

Cuando una mercancía se produce enteramente en un país, el país de origen de tal mercancía es, sin lugar a dudas, ese país. En el comercio internacional actual, si se dejan a un lado los productos de la agricultura, pesca y minería, esta situación es una excepción. La globalización de la producción ha llevado a una separación geográfica de las diferentes fases de producción.

En la actualidad, a la inmensa mayoría de las mercancías comercializadas, o bien se les han incorporado materias no originarias que han sido importadas de otros países, o bien han sufrido parte de su proceso de fabricación fuera del país. Por ello, la determinación del origen de tales mercancías no es fácil. Como se ha indicado, la principal premisa que determina el origen de una mercancía es que el país de origen sea el del país donde se ha realizado la última transformación sustancial.

¿Sabías que

Los documentos de transporte son pruebas que pueden permitir identificar el origen de la mercancía.

Los métodos o criterios básicos para establecer si la transformación sustancial ha sido suficiente para determinar el origen son cuatro:

1. **Método de materias enteramente obtenidas:** este método obliga a que determinadas materias utilizadas deban ser obtenidas en su totalidad. Se utiliza fundamentalmente en productos agrícolas, ganaderos y pesqueros, exigiendo a todo producto transformado que las materias de las que está compuesto sean totalmente originarias.

   Ejemplo: para obtener los jamones secos clasificados en la partida arancelaria 0210.11.31.00, los cerdos que han de utilizarse para su elaboración deben ser cerdos nacidos y criados en el país en el que se efectúa la operación.
2. **Método de cambio de partida arancelaria:** el origen se concede cuando, tras la transformación de una o varias mercancías importadas, el producto elaborado que ha de exportarse se clasifica con otra partida originaría diferente a la que corresponde a cada una de las mercancías que han formado parte de la elaboración. Este es un criterio objetivo y de fácil aplicación en algunos productos.

Ejemplo: un vehículo turismo con la partida arancelaria 8703.21.10.00 será de origen europeo independientemente del origen de sus componentes (faros, ruedas, batería, etc.).

3. **Método de fase del proceso productivo:** también denominado *método de análisis técnico*. En él, se indican las operaciones que determinan el cambio o no de origen de las mercancías en el país donde han sido efectuadas. Se establece una lista de transformaciones que confieren cambio de origen y se utiliza en productos textiles en los cuales suele emplearse materia prima no originaria.

   Ejemplo: un abrigo de algodón de mujer con la partida arancelaria 6102.20.10.00 será de origen europeo independiente del origen de la lana.

4. **Método del valor añadido:** en este caso, se tiene en cuenta el porcentaje mínimo que debe ser añadido en el país donde se efectúa la elaboración. Este criterio de porcentaje se formula en función del contenido de importación imponiendo un tope en el valor de los productos no originarios permitidos para la elaboración con el objeto de conferirles el origen. Suelen expresarse los porcentajes en función del precio del producto fabricado.

   Ejemplo: aquí podría hablarse de productos farmacéuticos como las vacunas 3002.20.00.00.

Sin embargo, no existe un método eficaz para la determinación del origen de todos los productos. En la práctica, no se utiliza solo un método, sino la combinación de todos los que van a permitir a los países clasificar el origen de las mercancías.

Tabla 5.1. Métodos para la identificación del origen de la mercancía

Métodos	Ejemplos
Cambio de clasificación arancelaria.	Una empresa francesa adquiere cacao de Colombia para elaborar un chocolate con una receta tradicional francesa.
Materias enteramente obtenidas.	Zumo de naranja elaborado con naranjas recogidas en Valencia entre el 1 y el 31 de enero.
Fase del proceso productivo.	Cremas de cosmética con laurilmetilisetionato de sodio procedente de Suiza.
Valor añadido.	Zapatos producidos en Elda (Alicante) con cuero bovino procedente de Marruecos.

Actividad propuesta 5.2

Supón que una empresa española que fabrica sidra con la partida arancelaria 2206.00.31.00 ha utilizado manzana de Polonia con la partida 0808.10.80.10 y botellas de vidrio de Rumanía con la partida 7010.90.53.00. ¿Cuál es su origen?

¿Y si la manzana proviniese de Serbia y las botellas, de Ucrania?

Figura 5.3. El calzado de calidad español pisa fuerte fuera de las fronteras.

Actividad propuesta 5.3

Supón que desean importarse diamantes no industriales en bruto de Rusia. Si se cuenta con un arancel del 0 %, tanto para este país como para terceros países (información TARIC 7102.31.00.00), ¿es necesario algún certificado de origen en su importación?

5.4. Acuerdos de la Unión Europea en relación con el origen de la mercancía

El origen de la mercancía es uno de los tres elementos fundamentales a los que se hace referencia en el Código Aduanero de la Unión. Los otros dos son el valor en aduana de la mercancía y el arancel. La Unión Europea diferencia dos clases de orígenes:

1. **El no preferencial:** son mercancías originarias de países con los que la Unión no tiene ningún acuerdo comercial y, por ello, no se les otorga ninguna clase de preferencias arancelarias ni un trato más beneficioso en el intercambio. Está hablándose de los *terceros países*. Por ejemplo, una compra de pantalones vaqueros a los Estados Unidos.

2. **El preferencial:** son mercancías originarias de países que sí pueden acogerse a los beneficios derivados de acuerdos con la Unión. Estas preferencias arancelarias tienen su arranque en:
   - Mercancías originarias de países con los que la Unión ha suscrito acuerdos preferenciales bilaterales, como los intercambios con México (MX).
   - Mercancías originarias de países con acuerdos de cooperación y desarrollo con la Unión, como Haití (HT).
   - Mercancías originarías de países a los que se les aplica una política comercial autónoma, en muchos casos, a través del sistema de preferencias generalizadas (SPG), como los intercambios con Bielorrusia (BY).

Actividad propuesta 5.4

Si importas merluzas pescadas en aguas de Somalia por un barco español y transportadas a la Unión a través del aeropuerto de las Seychelles, ¿cuál será el origen de la mercancía?

Figura 5.4. Los intercambios de mercancías entre Brasil y la Unión Europea están incluidos dentro de los acuerdos de sistema de preferencias generalizadas (SPG).

Si, con un país, la Unión Europea mantiene varios acuerdos, siempre prevalece el que más beneficie al país, es decir, se le aplicará el arancel más bajo.

¿Cómo se distinguen los acuerdos que mantiene la Unión con los diferentes países? Con el TARIC, puede reconocerse cada uno de ellos, pues un listado de cada uno de ellos resultaría demasiado extenso. Para ello, va a usarse la demo de la página web de Taric, SA (http://www.taric.es), y a buscar una mercancía —tractor agrícola nuevo— como ejemplo.

Figura 5.5. Un tractor agrícola nuevo con potencia de más de 90 kW tendrá una nomenclatura TARIC 8701.90.39.00.

Derechos

Orígenes	Derechos	Notas	Dump	Orden
Acuerdo Preferencial				
CH IS LI NO	0 %			
FO	0 %			
ZA	0 %			
MX	0 %			
CL	0 %			
MD	0 %			
KR	10,6 %			
Mediterráneos	0 %			
TR	0 %	D		
ACP	0 %			
Terceros	16 %			
SPG	0 %			
CN	16 %			
BY	16 %			
SPG-PMD	0 %			

Partida Ant. | Partida Sig. | Texto Arancel | Símbolos

Figura 5.6. En esta captura de pantalla, se muestran los derechos del tractor al buscar su nomenclatura TARIC.

Al realizar la búsqueda, se obtiene que los orígenes están clasificados en:

- Acuerdo preferencial.
- Mediterráneo.
- ACP.
- Terceros.

- SPG.
- SPG-PMD.

Si se pincha en *Terceros,* aparecen todos los países y cada uno seguido de los acuerdos con la Unión Europea. Si se pincha en cada acuerdo, aparecerán los países de ese acuerdo. Supóngase que el tractor posee diferentes orígenes que lo introducirán en diferentes acuerdos y ello implicará distintos aranceles. Por ejemplo:

Se importa el tractor desde...	Siglas	Origen	Arancel
Estados Unidos	US	Terceros	16 %
Suiza	CH	Preferencial	0 %
Marruecos	MA	Mediterráneo	0 %
China	CN	SPG especial	16 %

Figura 5.7. La sede de la Cámara de Comercio de España se encuentra en Madrid, pero los diferentes programas que diseña y coordina son accesibles a través de las 88 cámaras de comercio situadas por todo el territorio español y de las 35 cámaras en el exterior.

5.5. Los certificados de origen

El certificado de origen es el documento que justifica y acredita el origen de las mercancías. La importancia del certificado radica en que es el documento que hará posible, en los casos previstos, aplicar a los productos un tipo arancelario preferencial, es decir, menor al aplicado a terceros países (el máximo aplicado).

¿Sabías que

Los certificados de origen que elaboran las cámaras sirven para certificar el origen de la mercancía que en ellos se detalla. Se utilizan solo para las exportaciones e importaciones con países extracomunitarios.

Cuando las exportaciones e importaciones son con países con los que existen acuerdos comerciales, se utilizan los EUR-1, FORM-A o ATR, según convenga.

5.5.1. Reglas generales

Los certificados de origen se solicitan en el país de origen a las autoridades aduaneras del país exportador. Se cumplimentarán por el exportador mecanográficamente o con letras mayúsculas. Para su realización, se necesitará la factura comercial definitiva. El número de dicha factura aparecerá en el certificado de origen, junto con la fecha de su expedición. No es obligatorio que aparezca el código TARIC o del sistema armonizado de la mercancía, pero sí aconsejable. Además, deberá estar firmado por el exportador.

El certificado de origen deberá presentarse tras la declaración del documento único administrativo de exportación en el país de origen ante la autoridad aduanera responsable de validar el documento. El ejemplar principal (1.ª hoja) se entrega sellado, fechado y firmado por el funcionario de la aduana al exportador. El duplicado quedará en la aduana.

Prácticamente, todos los certificados de origen tienen un plazo de validez de cuatro meses desde su expedición. Existen certificados que tienen plazos mayores, por ejemplo, el FORM-A, cuyo plazo de presentación a la importación es de diez meses desde la fecha de expedición. También el EUR-1, que se expide conforme a los acuerdos de la Unión Europea, con México y Chile, en estos momentos, es de diez meses.

El certificado de origen deberá presentarse igualmente en el país de destino a la aduana para su importación. La determinación y prueba del origen es esencial. Dependiendo de su origen, la importación de un mismo producto puede estar sujeta a distintos derechos arancelarios. Si un país de origen no tiene concedida ninguna preferencia por la Unión, se aplicará el derecho de terceros países. En cambio, si resultan de aplicación las preferencias arancelarias, el tipo aplicable será el que corresponda en virtud de la reducción, suspensión o contingente establecidos para las importaciones del país de origen en cuestión.

5.5.2. Clases de certificados de origen

Los certificados de origen que están en circulación en el día de hoy son:

- **FORM-A:** para los intercambios en el sistema de preferencias generalizadas (SPG). Para poder aplicar las preferencias a la importación de las mercancías de los países beneficiarios, es necesario obtener el certificado A en el país de origen, que se extenderá en inglés o francés. Para poder solicitarlo, deberá disponerse tanto de la factura comercial como del documento de transporte directo.

Son **acuerdos unilaterales,** lo que supone que solo se benefician a las mercancías importadas a la UE procedentes de terceros países con acuerdo SPG. Este certificado siempre se cumplimenta en el país de origen (tercer país).

El 1 de enero del 2017, entró en vigor el nuevo sistema de registro de exportadores (REX), lo que supone la **certificación del origen** por el propio exportador. Una vez puesto en marcha en todos los países, será necesario acreditar el origen mediante una comunicación electrónica denominada *comunicación sobre el origen,* sustituyendo a la emisión del actual modelo FORM-A. En estos momentos, se está realizando por bloques de países con acuerdos SPG.

- **Certificados EUR-1/EUR-MED:** para el resto de acuerdos. La Unión Europea tiene suscritos acuerdos bilaterales con diferentes países.
- **Certificado ATR:** para los intercambios con Turquía. Certificados de origen para importación y exportación entre los Estados miembros y Turquía. Con los productos agrícolas y siderúrgicos, se utilizará el EUR-1.

La prueba de origen es imprescindible para aplicar una preferencia arancelaria. Un mismo país pude tener distintos acuerdos en relación con el origen. Puede haber suscrito un acuerdo preferencial con la Unión Europea y, a la vez, ser beneficiario del SPG. Todo dependerá del certificado de origen que se presente para la aplicación de un régimen u otro. Si se presenta el certificado A, se aplicará el derecho previsto para los países SPG. Si se presenta el EUR-1 o un ATR, el tipo aplicado sería el que corresponde a dicho acuerdo preferencial. Si no se presenta ningún certificado aun existiendo un acuerdo preferencial, el país de origen será considerado como un tercer país y se le aplicará el derecho correspondiente.

Sabías que

El sistema de registro de exportadores (sistema REX) se basa en el principio de auto certificación por parte de los operadores económicos que realizarán sus propias declaraciones sobre el origen de las mercancías que van a exportar. Se espera que, para el 2020, sea de aplicación.

Actividad propuesta 5.5

¿En qué condiciones se declaran nulos los certificados de origen?

5.5.3. Cumplimentación de los certificados de origen

Se cumplimentarán por el exportador mecanográficamente o con letras mayúsculas y deberá contener los datos necesarios para identificar las mercancías y, en particular:

- Número, naturaleza, marcas y numeración de los bultos.
- Naturaleza de la mercancía.
- Pesos brutos y netos de las mercancías.
- Nombre del expedidor.

El certificado de origen deberá ser mencionado en el documento único administrativo en la casilla 40. En ella, debe ser declarada la documentación que se adjunta con el despacho. Todo documento se identifica con un código alfanumérico. En lo que respecta a los certificados de origen, son los siguientes:

Certificado SPG	N865	Modelo A
Certificado EUR-1	N864	Certificado de origen preferencial
Certificado ATR	N018	Acuerdo entre Unión Europea y Turquía
Certificado de origen	N861	Visado por la Cámara de Comercio

Los tres primeros son sellados por las aduanas de origen, mientras que el último debe serlo por la Cámara de Comercio.

En casos excepcionales, podrá expedirse el certificado después de la exportación de la mercancía. La aduana hará las comprobaciones oportunas en relación con el expediente de exportación y el exportador deberá acreditar que no se ha expedido ningún otro certificado. Deberá incluirse en el documento una mención expresa que los identifique como expedidos *a posteriori.* En caso de robo o pérdida del certificado, el exportador podrá solicitar un duplicado a las autoridades aduaneras que le hayan expedido el certificado. Llevará una mención expresa de que es duplicado.

1. Expedidor, *Expéditeur,* Consignor المرسل 发货人	N.º 2693497	**ORIGINAL**
2. Destinatario, *Destinataire,* Consignee المرسل اليه 收货人	**COMUNIDAD EUROPEA** *COMMUNAUTE EUROPEENNE* EUROPEAN COMMUNITY المجموعة الاقتصادية الاوروبية 欧洲共同体 **CERTIFICADO DE ORIGEN** *CERTIFICAT D'ORIGINE* CERTIFICATE OF ORIGIN شهادة المنشأ 原产地证明	
	3. País de origen, *Pays d'origine,* Country of origin بلد المنشأ 原产国	
4. Informaciones relativas al transporte (Mención facultativa) *Informations relatives au transport (Mention facultative)* Transport details (Optional) مرسلة بواسطة 运输情况	**5. Observaciones,** *Remarques,* Remarks ملاحظات 注备	
6. Nº de orden, marcas, numeración, número y naturaleza de los bultos, designación de las mercancías *N° d'ordre, marques, numeros, nombre et nature des colis, désignation des marchandises* Item number, marks, number and kind of packages, description of goods مواصفات البضاعة : رقم التسلسل، العلامة، رقم الطرود، عدد وطبيعة الطرود 序号；商标；号码；包装件数量和性质；商品种类；	**7. Cantidad** *Quantité* Quantity الكمية 数量	
8. La autoridad que suscribe certifica que las mercancías designadas son originarias del país que figura en la casilla n°. 3 *L'autorité soussignée certifie que les manchandises designées ci-dessus sont originaires du pays figurant dans la case n° 3* The undersigned authority certifies that the goods described above originate in the country shown in box 3 تشهد السلطة الموقعة أدناه أن البضائع المذكورة أعلاه مصدرها البلاد المذكورة في الحقل رقم ٣ 签发该证当局证实上述商品原产于第3栏内所注明的国家 **Lugar y fecha de expedición, nombre, firma y sello de la autoridad competente** *Lieu et date de délivrance, désignation, signature et cachet de l'autorité compétente* Place and date of issue, name, signature and stamp of competent authority مكان وتاريخ وتسمية وتوقيع وختم السلطة المختصة. 发证地点和日期；发证当局的名称，签字和印章		

Poligraf, S.A. · Jesús del Valle, 28 · 28004 Madrid · Depósito Legal: M-14823-1995

Figura 5.8. En el certificado de origen de la Unión Europea, la descripción de la mercancía deberá coincidir con la de la factura comercial y la lista de contenidos.

La cumplimentación de los diferentes certificados de origen es muy similar en cuanto a los datos que hay que aportar. A continuación, se cumplimenta el de origen de la Unión Europea que tiene por finalidad satisfacer requisitos comerciales y aduaneros (Figura 5.6):

- Casilla 1. Expedidor, normalmente el exportador.
- Casilla 2. Destinatario, es el receptor de las mercancías.
- Casilla 3. País de origen, este es el dato más importante, pues es el motivo del certificado.
- Casilla 4. Información relativa al transporte, puede dejarse sin rellenar. En caso de hacerlo, se hace referencia al medio de transporte: marítimo, aéreo, carretera o ferroviario.
- Casilla 5. Observaciones, no es obligatorio rellenar. Se utiliza cuando la Cámara de Comercio necesita hacer alguna indicación en el certificado o cuando el solicitante debe incluir en el certificado una información adicional. En este último caso, es frecuente cuando el medio de pago es el crédito documentario, entonces se debe hacerse referencia al número y a la entidad bancaria.
- Casilla 6. Descripción de la mercancía y otros datos, marcas y numeración de bultos del envío (si fuese en contenedor, su número de identificación). Seguidamente, se hace referencia al número y tipo de embalaje utilizado. La designación de la mercancía debe hacerse según su denominación comercial usual con detalle suficiente para poder identificarla.
- Casilla 7. Cantidad, dato que sirve para establecer una relación entre el certificado y el envío.
- Casilla 8. Espacio reservado para la autentificación de la Cámara de Comercio una vez comprobados los datos. Se indicará el lugar, la fecha, la firma y sello de la entidad competente.

5.6. La factura comercial como prueba de origen: factura visada

Los exportadores de la Unión Europea, los de países beneficiarios del SPG y los de países con acuerdos preferenciales podrán probar el origen de las mercancías mediante una mención en sus facturas. De esta forma, sustituirán a los certificados de origen.

El Código Aduanero establece lo siguiente:

- Se concede al exportador cuyos envíos no superen los 6000 €.
- Cada factura como prueba de origen irá con cada envío.
- La autorización para realizar la factura como prueba de origen la conceden las autoridades aduaneras, las cuales otorgarán al exportador un número de autorización aduanera que deberá figurar en la factura comercial.
- Se le añadirá a la factura una especie de membrete: «La empresa .... con el número de exportador .... hace constar que la mercancía de esta factura es de origen europeo».

Este tipo de factura se denomina *factura visada* o *factura aduanera*.

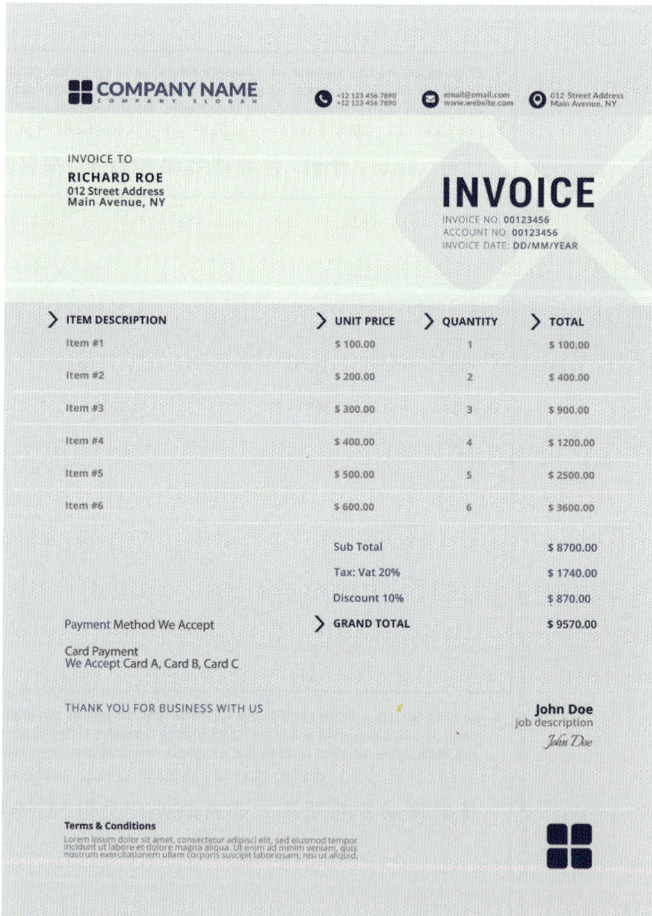

COMPANY NAME
COMPANY SLOGAN

+12 123 456 7890
+12 123 456 7890

email@email.com
www.website.com

012 Street Address
Main Avenue, NY

INVOICE TO
RICHARD ROE
012 Street Address
Main Avenue, NY

INVOICE
INVOICE NO: 00123456
ACCOUNT NO: 00123456
INVOICE DATE: DD/MM/YEAR

ITEM DESCRIPTION	UNIT PRICE	QUANTITY	TOTAL
Item #1	$ 100.00	1	$ 100.00
Item #2	$ 200.00	2	$ 400.00
Item #3	$ 300.00	3	$ 900.00
Item #4	$ 400.00	4	$ 1200.00
Item #5	$ 500.00	5	$ 2500.00
Item #6	$ 600.00	6	$ 3600.00
	Sub Total		$ 8700.00
	Tax: Vat 20%		$ 1740.00
	Discount 10%		$ 870.00
Payment Method We Accept	GRAND TOTAL		$ 9570.00

Card Payment
We Accept Card A, Card B, Card C

THANK YOU FOR BUSINESS WITH US

John Doe
job description
John Doe

Terms & Conditions
Lorem ipsum dolor sit amet, consectetur adipisci elit, sed eiusmod tempor incidunt ut labore et dolore magna aliqua. Ut enim ad minim veniam, quis nostrum exercitationem ullam corporis suscipit laboriosam, nisi ut aliquid.

Figura 5.9. La factura visada o factura aduanera es un documento que emite el exportador y es exigible en las aduanas de algunos países.

Figura 5.10. La UE tiene un acuerdo bilateral, por un lado, con Gaza y Cisjordania y, por otro, con Israel, por el que las mercancías, para beneficiarse de reducciones arancelarias, deberán ir acompañadas del EUR-1.

Enlaces web

Demo Taric, inicio de sesión:
http://www.taric.es/services/nettaric/getTariffPage.asp?lang=0&Can=0&sNot=0&sAc=0&Level=2&ID=0&count=100

Market Access Database, barreras comerciales de todos los países del mundo:
http://madb.europa.eu

Plan cameral de las exportaciones, documentos aduaneros y certificados de origen:
http://www.plancameral.org/web/portal-internacional/documentos-importacion-exportacion#despliega

ICEX, información sobre comercio internacional:
http://www.icex.es

Secretaría de Estado de Comercio, comercio exterior:
http://www.comercio.gob.es/es-ES/comercio-exterior/Paginas/comercioExterior.aspx

Aplicación del sistema del registro de exportadores en SPG:
https://www.taric.es/noticias/aplicacion-del-sistema-de-registro-de-exportadores-rex-en-el-spg-a-partir-del-01012017

Normativa

Convenio de Kyoto Revisado (CKR) y el **Anexo General del CKR.**

Reglamento (UE) 952/2013 del Parlamento Europeo y del Consejo, de 9 de octubre, por el que se establece el Código Aduanero de la Unión.

Documento

Certificados de origen: EUR-1, certificado A y ATR.

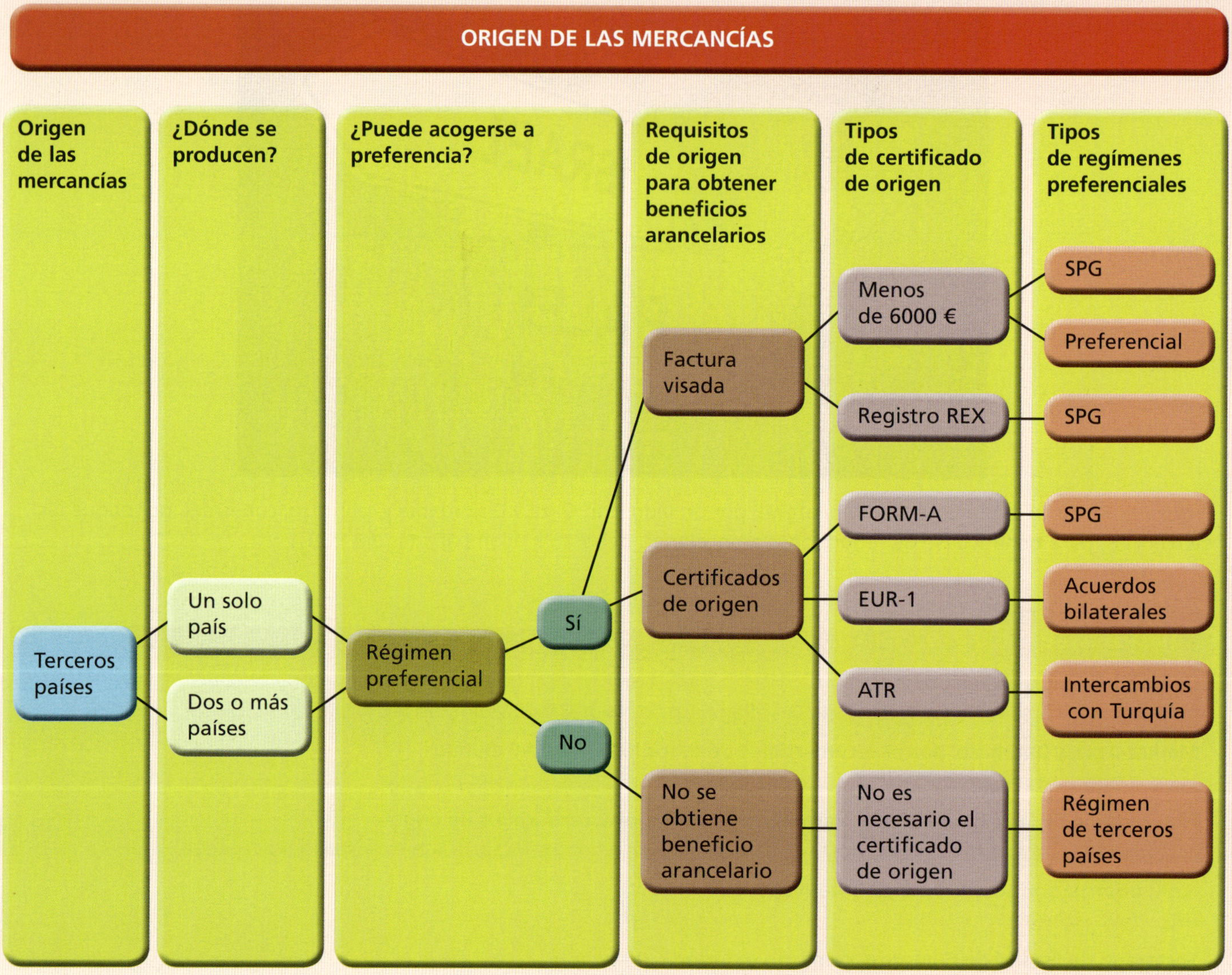
ORIGEN DE LAS MERCANCÍAS
Origen de las mercancías
¿Dónde se producen?
¿Puede acogerse a preferencia?
Requisitos de origen para obtener beneficios arancelarios
Tipos de certificado de origen
Tipos de regímenes preferenciales
Terceros países
Un solo país
Dos o más países
Régimen preferencial
Sí
No
Factura visada
Certificados de origen
No se obtiene beneficio arancelario
Menos de 6000 €
Registro REX
FORM-A
EUR-1
ATR
No es necesario el certificado de origen
SPG
Preferencial
SPG
SPG
Acuerdos bilaterales
Intercambios con Turquía
Régimen de terceros países

Actividades de comprobación

5.1. Al hacer referencia al origen de la mercancía...

a) ... se habla del intercambio de bienes entre países.

b) ... se habla de expedición y adquisición.

c) ... se habla de dónde son producidas u obtenidas.

d) ... se habla de aranceles.

5.2. Las mercancías no comunitarias...

a) ... son originarias de terceros países.

b) ... son originarias de la Unión Europea.

c) ... son originarias de América.

d) ... son productos agrícolas.

5.3. El conjunto de reglas establecidas por un país o países que determinan el país que debe ser considerado como originario de la mercancía son...

a) ... los reglamentos de la CEE.

b) ... las normas de origen.

c) ... las disposiciones adicionales del TARIC.

d) Ninguna respuesta es correcta.

5.4. Los animales vivos nacidos y criados en el país son...

a) ... mercancías aptas para el consumo.

b) ... mercancías de terceros países.

c) ... mercancías originarias de varios países.

d) ... mercancías originarias de un solo país.

5.5. La transformación sustancial confiere a la mercancía...

a) ... origen en un tercer país.

b) ... ventajas arancelarias y fiscales.

c) ... origen en un país de la Unión Europea.

d) ... una propiedad que antes no tenía.

5.6. El requisito principal para determinar el origen de una mercancía en cuya producción han intervenido dos o más países es...

a) ... transformación que haya conducido a la fabricación de un producto nuevo.

b) ... transformación sustancial.

c) ... transformación bajo control aduanero.

d) ... transformación económicamente justificada.

5.7. El certificado de origen...

a) ... sirve para cambiar el código TARIC de las mercancías.

b) ... es obligatorio para despachar la mercancía.

c) ... justifica y acredita el origen de las mercancías.

d) Ninguna respuesta es correcta.

5.8. Los certificados de origen que están en circulación hoy son...

a) ... certificados A.

b) ... certificados EUR-1.

c) ... certificado ATR.

d) Todas las respuestas son correctas.

5.9. La prueba de origen es imprescindible para...

a) ... el tránsito de la mercancía.

b) ... aplicar una preferencia arancelaria.

c) ... el envío de mercancía a un tercer país.

d) Las respuestas c y b son correctas.

5.10. El certificado de origen puede ser sustituido por...

a) ... el documento único administrativo de importación.

b) ... la factura visada.

c) ... una autorización del gobierno.

d) ... es insustituible.

5.11. En el acuerdo no preferencial...

a) ... las mercancías se acogen a un beneficio menor, son los designados SPG-PMD.

b) ... las mercancías no pueden acogerse a ningún beneficio arancelario.

c) ... la exportación o la importación de ciertos productos está prohibida.

d) ... la mercancía debe pasar por la aduana para su reconocimiento físico.

Actividades de aplicación

5.12. Identifica las mercancías de origen comunitario y extracomunitario:

a) Mermelada de arándanos de origen peruano y fabricada en Francia.

b) Destornilladores fabricados en China.

c) Piña recogida en la República Dominicana.

d) Pantalones de seda fabricados en Tailandia que han sido importados definitivamente en Italia.

5.13. Teniendo en cuenta la compraventa internacional, la empresa comercial Arruti, SA, con CIF ES.A12345678 y situada en el parque empresarial Boroa. Parcela 3B. Barrio Ugarte 42110 Olvega (Soria), vende a su cliente peruano Eduardo Huarniz Rodríguez, con domicilio en Supe (Perú), un tractor de la marca John Deere 7420 de precisión con mando central/potencia 138. La denominación de la empresa es «Eduardo y hermanos, SL» con el CIF PE/B123456.

Para esta actividad, se tendrá en cuenta la factura de compraventa internacional de la Actividad de aplicación 1.14.

Elige y rellena el certificado de origen que debería acompañar a la mercancía. Fecha de expedición 15 de octubre del 2016 y sellado en la aduana de Bilbao Marítima.

CLIENTE:

Eduardo y hermanos S.L.
CIF: PE/B123456
Zona Industrial Che Guevara
15.161 SUPE (PERU)

LOGO EMPRESA
Arruti S.A.
CIF: ES.A12345678
Parque Empresarial Boroa,
Parcela 3BBarrio Ugarte
42110 OLVEGA (SORIA) ESPAÑA

FACTURA Nº: 28929/16 FECHA: 12 de Octubre de 2016.

CONCEPTO	IMPORTE
DIVISA: ....Euro (€). CARACTERISTICAS: EXPEDICATIONS Tractor, marca John Deere 7420 de precisión con mando central/potencia 138 Kw Volumen 2.35 X 4.70 X 2.5 m. PARTIDA ARANCELARIA: .... 870120.00.00 FACTURACION:1 1Tractor / 70.000 unidad CONTENEDOR DRY VAN 20´ PACKING LIST Nº Bultos: 1 Peso Neto: 5540 Kg. Peso Bruto: 7790 Kg. Volumen: 33´30 M³ Nº HOYU 751013 6 CONDICIONES DE ENTREGA: .... EXW (OLVEGA. SORIA) FORMA DE ENVIO: ....Transporte marítimo Buque Cuzco II ADUANA DE DESPACHO: ....Puerto Bilbao (Vizcaya) Valor FOB (PUERTO BILBAO) 70.600 €	**70.000 €**
TOTAL FACTURA	**70.000 €**
FORMA DE PAGO: Transferencia a 30 días fecha factura/fecha entrega Nº C/C ES.34.12345678901234567890 BASKES2BXXX	

5.14. Teniendo en cuenta los siguientes datos:

Exportador	EUROMÁSTER IRÚN Ed. Velasco 7 y 8
	20300 Irún, Guipúzcoa, España. NIF ES B.12345678
Importador	FRANCES, SA San Pierre s/n
	Ciudad de México, México. NIF MX B12345678

Mercancía:

- 10 europalés neumáticos de caucho para turismos de alta gama, que contienen 20 unidades/europalé.
- Peso neto 1000 kg/europalé y peso bruto 1050 kg/europalé.
- No apilable. Cada uno contiene 4 neumáticos. Desea un contenedor de 20 ft (pies).

Transporte:

- Puerto de Bilbao a Puerto Ensenada (México) en la Compañía MSC. Buque Cecile.

Otros datos:

- Factura 17/3302.
- Valor EXW 120 000 €.
- Medio de pago transferencia bancaria a la entrega de la mercancía. IBAN ES 74 01234567489012345 6789.

Tarifas (moneda euro):

- Transporte interior en origen: 60 €/europalé (ámbito País Vasco), máx. 450 €.
- Gasto carga (puerto/aeropuerto): 60€/contenedor.
- Despacho de aduanas exportación: 120 €.
- Flete: 300 €/europalé (grupaje contenedor), máx. 2500 €/1 contenedor de 20 ft.
- Seguro: 200 €.
- Gastos de descarga: 40 €/contenedor.
- Transporte Interior destino: 200 €.
- Despacho aduanas importación: 100 €.
- Derechos arancelarios: 2140 €.
- Documento (certificado origen, B/L): 30 €/unidad.

Se pide:

a) Halla los incoterms FCA (fábrica), FOB (puerto Bilbao), CIF (puerto Ensenada), DAT (puerto Ensenada) y DDP (fábrica).

b) Busca el TARIC e interpreta para este envío.

c) Comprueba los aranceles que tendrá esta mercancía al ser importada en México.

d) Indica si es preciso rellenar o no el certificado de origen. En caso afirmativo, rellénalo.

5.15. Elabora un mapa político de Asia con los nombres de sus países y capitales.

5.16. Identifica el origen de las siguientes mercancías:

a) Naranja cultivada en los campos de Valencia.

b) Merluza pescada por un barco ruso en el mar territorial de Namibia.

c) Montaje de un vehículo en Zaragoza con piezas marroquís.

d) Chocolate belga elaborado con un 75 % cacao colombiano.

e) Merluza pescada a 20 millas por el mismo barco y en la misma zona que en el apartado b) (razona tu respuesta).

Actividades de ampliación

5.17. Busca los países y territorios con los que la Unión Europea tiene régimen preferencial en el intercambio de mercancías.

5.18. Para exportar tractores de carretera para semirremolque nuevos:

a) Localiza el TARIC.

b) Rellena el siguiente cuadro haciendo mención al acuerdo con el país al que se exporta y el certificado de origen a rellenar en cada caso:

País	Sigla	Acuerdo	Arancel	Certificado de origen
Estados Unidos				
Islandia				
Turquía				
Bielorrusia				
Perú				

5.19. De las siguientes mercancías, encuentra su número TARIC y, según su origen, determina la necesidad o no del certificado de origen, identificando la clase de certificado que habría que presentar en la aduana.

Mercancía	Origen	TARIC	Arancel	Certificado de origen
Arándano rojo	Perú			
	Estados Unidos			
	Islandia			
Aguacate	Perú			
	Estados Unidos			
	Islandia			
Piña seca	Perú			
	Estados Unidos			
	Islandia			

5.20. En una compraventa entre una empresa española y otra colombiana, España compra cacao y Colombia compra una fresadora. En el acuerdo SPG, ¿qué país se beneficiaría del acuerdo? ¿Qué país emitiría el certificado de origen y cuál?

6

Destinos y regímenes aduaneros de las mercancías en la Unión Europea

CONTENIDOS

6.1. Entrada y salida de la mercancía en la aduana comunitaria
6.2. Los destinos aduaneros
6.3. Los regímenes aduaneros: generales y especiales
6.4. Introducción al régimen aduanero general: exportación

OBJETIVOS

- Conocer los diferentes destinos aduaneros que reciben las mercancías a la salida y a la entrada de la Unión Europea.
- Clasificar e identificar los regímenes aduaneros de las mercancías y diferencias los suspensivos de los no suspensivos.
- Saber elegir qué destino o qué régimen solicitar a la aduana en función de las necesidades del propietario de la mercancía.
- Poder cumplimentar un documento único administrativo de exportación y acudir a la resolución publicada cada año en el *BOE* sin gran dificultad.

INTRODUCCIÓN

Toda mercancía comunitaria que vaya a salir del territorio aduanero comunitario y toda mercancía no comunitaria que vaya a entrar en él deben de presentarse ante la aduana para que se le asigne un destino aduanero.

El nuevo Código Aduanero de la Unión tiene como objetivo establecer disposiciones y procedimientos para aplicar a las mercancías introducidas en la Unión Europea o a la mercancía comunitaria que salga de ella, para posibilitar de manera eficaz un buen funcionamiento de su unión aduanera. En todo el mercado interior de la Unión, es de aplicación en un solo acto jurídico toda la normativa aduanera: el nuevo Código Aduanero Modernizado.

El régimen de exportación es un conjunto de normas que regula la salida de las mercancías del territorio aduanero comunitario. Este régimen va a depender de la naturaleza de la mercancía y del país de destino.

6.1. Entrada y salida de la mercancía en la aduana comunitaria

Las mercancías entran o salen del territorio aduanero comunitario a través de diferentes medios de transporte: marítimo, aéreo, carretera o ferrocarril. Esta salida o entrada de mercancías tiene que realizarse obligatoriamente a través de recintos aduaneros habilitados por el Estado miembro llamado *depósito temporal*. A partir de ese momento, la mercancía quedará bajo control aduanero. No presentarlas conllevaría contrabando según la Ley Orgánica 12/95: «Se comete delito de contrabando cuando se importen o exporten mercancías sin presentarlas para su despacho en las oficinas de aduanas o en los lugares habilitados por la Administración aduanera».

¿Sabías que

Son recintos aduaneros los siguientes espacios físicos perfectamente delimitados: aeropuertos, puertos, terminales interiores de transporte por carretera o ferrocarril, zonas francas, depósitos aduaneros, recintos autorizados en empresas y los almacenes de depósito temporal.

Toda mercancía que se presenta en la aduana para su salida o entrada a la Unión Europea debe recibir un destino aduanero. Esta obligación tiene unos plazos límites fijados en el Código Aduanero de la Unión de su permanencia en el depósito temporal. Antes los plazos eran:

- **Mercancías introducidas por vía marítima:** 45 días de permanencia en el puerto desde la fecha de presentación de la declaración sumaria.
- **Mercancías introducidas por otros medios de transporte** (avión, carretera y ferrocarril): para estas, el plazo de permanencia será 20 días.

El nuevo plazo de depósito temporal establecido en el CAU es: las mercancías que se encuentren en depósito temporal se incluirán en un régimen aduanero o se reexportarán antes de que transcurran 90 días. Este plazo es improrrogable.

A la espera de realizar el despacho de aduanas —recibir un destino—, la mercancía estará localizada en un lugar que se identifica por un código. Ejemplo: depósito temporal público Zaisa (Irún) 2045IRU001. Este deberá ser declarado en el DUA en la casilla 30, de localización de la mercancía.

Actividad propuesta 6.1

El territorio fiscal muchas veces no coincide con el territorio aduanero de la Unión. Para el caso de España, señala los tres tipos de territorios.

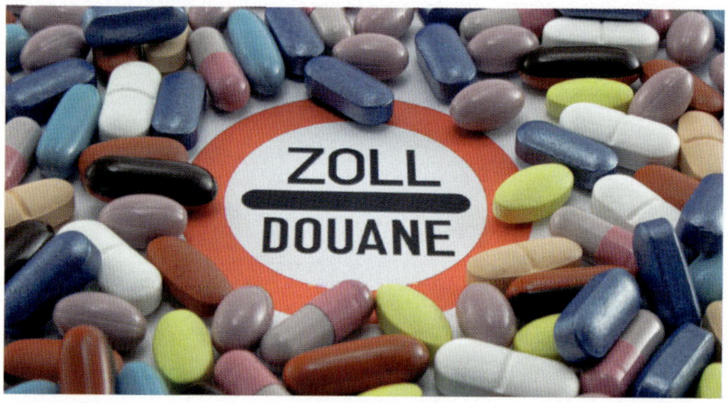

Figura 6.1. La palabra aduana viene del árabe *al-diwan* y este, del persa *dewan*. El *dewan* era una sala con cojines en el suelo donde los turcos se sentaban a hacer justicia.

6.2. Los destinos aduaneros

El Código Aduanero Modernizado (CAU) clasifica los destinos aduaneros en cuatro:

1. **Introducción a un régimen aduanero:** se entiende por *régimen aduanero* el conjunto de operaciones orientadas a dar un destino aduanero específico a la mercancía de acuerdo con la declaración

presentada por el interesado o su representante a través del documento único administrativo (DUA). Los diferentes regímenes se verán en el apartado siguiente.

2. **Reexportación:** es la salida fuera del territorio aduanero de la Unión Europea de mercancías no comunitarias que hayan sido con anterioridad importadas temporalmente o introducidas en un depósito aduanero a la espera de un destino definitivo. La reexportación llevará consigo la aplicación de las formalidades previstas para la salida de las mercancías, incluidas las medidas de política comercial. Se hará el despacho de aduanas con la cumplimentación del documento único administrativo correspondiente.
3. **Abandono:** el Código Aduanero de la Unión se refiere al término *abandono* para determinar que este se realizará de conformidad con las disposiciones nacionales y sin ocasionar perjuicio alguno al erario público. Las mercancías no comunitarias podrán, con la autorización de las autoridades aduaneras, ser abandonadas en beneficio del Estado. El abandono puede ser expreso o tácito.
   - **Abandono expreso:** el interesado hace renuncia de la mercancía mediante un escrito dirigido al administrador de la aduana.
   - **Abandono tácito:** se deduce de actos del interesado que no dejan lugar a dudas sobre su intencionalidad, tales como el fallecimiento del consignatario de la mercancía, incumplimiento de plazos concedidos para el almacenaje o depósito dándole los avisos oportunos, el no pago de los derechos, en los casos de mala voluntad del interesado ante la ocultación de la mercancía y en cualquier otro caso no previsto en el que la voluntad del interesado pueda inferirse tan claramente como lo indicado hasta ahora.

   Subrayar el abandono de la mercancía cuando ha superado el plazo de permanencia en el depósito temporal (90 días) y no se le ha dado otro destino.
4. **Destrucción:** antes de que haya sido expedido el levante, los servicios de aduanas podrán autorizar al declarante para proceder a la destrucción de las mercancías bajo su control, corriendo con los gastos el declarante. La destrucción de las mercancías bajo control aduanero liberará al declarante del pago de los derechos, pero no de las sanciones. Los desechos o residuos que puedan resultar de esta destrucción deberán recibir uno de los destinos aduaneros contemplados para mercancías no comunitarias. La solicitud de destrucción deberá hacerse por escrito y firmada por el interesado.

Figura 6.2. Toda mercancía que entra a la Unión Europea por cualquier medio de transporte debe ser presentada ante la aduana.

Hay que destacar que, en el nuevo Código Aduanero, la zona franca deja de ser destino aduanero y se convierte en un régimen aduanero. La diferencia es importante, ya que, cuando era destino, no estaba sometido a vigilancia aduanera, en cambio, al ser régimen aduanero, pasará a estar sometido a vigilancia y control aduanero para verificar que el propietario de la mercancía cumple con los requisitos del régimen.

6.3. Los regímenes aduaneros: generales y especiales

Todas las mercancías que vayan a incluirse en un régimen aduanero (salvo el de zona franca) serán objeto de una declaración aduanera. La declaración aduanera, es decir, la cumplimentación del documento único administrativo es un acto a través del cual el consignatario de la mercancía expresa, en la forma y modo establecidos, la voluntad de incluir las mercancías en un determinado régimen aduanero, según las normas aplicables.

Recuerda

La clasificación de los regímenes aduaneros en generales y especiales es reciente, antes recibían el nombre de *no suspensivos* y *suspensivos* o, lo que es lo mismo, *definitivos* y *no definitivos*.

Los regímenes aduaneros pueden clasificarse en generales y especiales. Cuando no se conoce el destino final de la mercancía o esta debe ser transformada, se suspende el pago de derechos aduaneros y se entra en un régimen especial. Los requisitos son los siguientes:

- Petición de autorización de inclusión en el régimen a través del documento único administrativo.
- Autorización aduanera.
- Solicitud de un nuevo destino aduanero, si procede con la liquidación de los impuestos.

Regímenes generales

Una vez declarados estos regímenes ante la Administración, se convierten en definitivos, pues ya no están pendientes de recibir otro destino aduanero. Las mercancías no están sujetas a control aduanero al no existir ya la obligación de pago de derechos o impuestos.

Existen dos tipos de regímenes. Con el fin de simplificar los regímenes aduaneros, con el nuevo CAU, se han concentrado dentro de los regímenes generales la exportación y la importación a libre práctica:

- **Exportación** (explicada en el siguiente apartado): es el envío de mercancía desde la Unión Europea con destino a un tercer país.
- **Importación a libre práctica** (explicada en la Unidad 7): es la entrada de una mercancía al TAC (territorio aduanero comunitario) procedente de un tercer país.

Regímenes especiales

Estos se utilizan cuando se desconoce el régimen al incluir la mercancía o no interesa incluirla en los generales. Las mercancías están sujetas a control aduanero al existir obligación de pago de derechos o impuestos, pues estos quedan suspendidos en estos regímenes. Existen diferentes tipos que son agrupados de la siguiente forma:

- Tránsito interno y externo.
- Almacenamiento. Aquí se encuentran el depósito aduanero y la zona franca.
- Destinos especiales en los que se recoge la importación temporal y el destino final.
- Perfeccionamiento, que incluye tanto el perfeccionamiento activo como el pasivo.

  Todos ellos deben cumplir unos requisitos:

  — Deberán pedir una autorización de inclusión en estos regímenes a la Administración y debe ser concedida.

  — Cuando la mercancía reciba un nuevo régimen aduanero, deberán abonarse los derechos arancelarios correspondientes.

Van a destacarse algunas características de cada uno de ellos:

- **Importación temporal:** es la entrada de una mercancía no comunitaria en la Unión Europea para su uso durante un periodo de tiempo y destinada a la reexportación o reexpedición a su país de origen sin transformación, salvo que se produzca su depreciación durante el periodo de tiempo en que esté importada temporalmente. La exención de los derechos arancelarios puede ser total o parcial. A modo de ejemplo, podría ser un 3 % del valor de la mercancía por cada mes de permanencia. El plazo de permanencia en este régimen es de un máximo de 24 meses.

  Este régimen se ultima cuando se efectúa la reexportación, despacho a libre práctica o despacho a consumo.

Actividad propuesta 6.2

Supón que el titular e importador de la autorización de la importación temporal de una grúa torre *(renting)* desea optar a su compra. Explica qué debe hacer.

- **Tránsito:** permite evitar los controles de las mercancías en las aduanas dentro del territorio aduanero de la comunidad. La finalidad de este régimen es facilitar la circulación de las mercancías por la Unión Europea. En este régimen, intervienen dos oficinas aduaneras: Aquella en la que se inicia la operación que será la aduana de partida y la aduana de destino en la que terminará la operación.

  Existen dos clases de tránsito:

  — **Interno:** la mercancía comunitaria va de un punto a otro del territorio aduanero, traslado en el que puede atravesar un tercer país sin que su estatus de mercancía comunitaria se modifique.

  Para realizar este tránsito, se usará el DUA con el indicador T2.

  — **Externo:** la mercancía no comunitaria puede recorrer países del territorio aduanero sin estar sujeta a gravámenes ni medidas de política comercial, pero sujeto a la constitución de una garantía:

  - El documento utilizado es el documento de acompañamiento de exportación (DAE) (control mínimo).
  - Documento único administrativo de tránsito (mayor control) con el indicador T1.
  - Para facilitar la libre circulación de mercancías en el transporte, existen convenios internacionales como el TIR o los cuadernos ATA.

Actividad propuesta 6.3

Da una definición de qué es el cuaderno ATA. A continuación, indica quién los emite, para qué mercancía y cuándo se utiliza.

- **Depósito aduanero:** son recintos habilitados por la Administración para el almacenaje de mercancías hasta que reciben un destino definitivo. Pueden ser públicos o privados. Las mercancías obtienen los siguientes beneficios:
  - Las mercancías no comunitarias no pagan los derechos de importación.
  - No se le aplican las medidas de política comercial.
  - No se aplican los impuestos indirectos II. EE. ni el IVA.
  - A las mercancías comunitarias, se les devuelven los impuestos indirectos interiores.

  El plazo de permanencia es ilimitado, salvo productos comunitarios agrícolas. Entre las actividades permitidas en el depósito están: la venta y de conservación, manipulaciones corrientes, traslado de un depósito aduanero a otro.

  Las mercancías, tanto comunitarias como no comunitarias, cuando abandonan este régimen, salen a la exportación. En caso de ser despachadas a libre práctica, deberán abonar los aranceles. Los gastos ocasionados por la permanencia en el depósito no entrarán a formar parte del valor de aduana.

Actividad propuesta 6.4

Identifica al depositante y al depositario en un depósito aduanero.

- **Perfeccionamiento activo:** consiste en la importación temporal de mercancías extracomunitarias para una elaboración de productos compensadores con el objeto de que estos se exporten al país de origen o la introducción a un régimen aduanero de la UE. Características:
  - Este régimen requiere la no disponibilidad de las mercancías producidas en la Unión Europea o la diferencia de precio entre las mercancías producidas en la Unión y las mercancías de importación.
  - Las mercancías extracomunitarias no estarán gravadas por los derechos de importación.
  - Pueden identificarse las mercancías extracomunitarias de los productos compensadores obtenidos.
  - La aduana fija el coeficiente de rendimiento, la cantidad de mercancía de importación que se considera exportada por cada unidad de producto compensador que se obtiene.

  El plazo de validez de una autorización general es de 2 años.

- **Perfeccionamiento pasivo:** exportación temporal de mercancías comunitarias fuera del territorio aduanero comunitario para someterlas a operaciones de perfeccionamiento activo en otro país. A su retorno, deben ser despachadas a libre práctica con exención total o parcial de derechos de importación.

  A la salida a terceros países de estos productos, se les exigirá lo mismo que a la exportación en referencia a las medidas de política comercial y de los demás trámites establecidos para la salida de una mercancía comunitaria.

  En ambos perfeccionamientos con el nuevo Código Aduanero de la Unión, habrá que realizar la solicitud de autorización previa a la declaración, pues no se despacha hasta que esté concedida (en un plazo máximo de 120 días). En las autorizaciones, se señalará el plazo para realizar la operación de transformación.

- **Zona franca (también denominada *zona económica libre neutra*):** las mercancías introducidas en esta área geográfica se consideran como si no estuviesen en el territorio aduanero comunitario a efectos de pago de impuestos y a la aplicación de medidas de política comercial.

  Los países miembros podrán designar determinadas partes del territorio aduanero como zona franca, delimitando el espacio y concretando el punto de acceso y de salida. Las entradas y salidas de las mercancías estarán bajo la supervisión aduanera.

  El importador no tiene que presentar en la aduana de entrada ningún documento aduanero, pero estará obligado a: informar del destino de la mercancía entregando a la aduana una copia del documento de transporte y a registrar la entrada en un programa informático.

  El plazo de permanencia es ilimitado y podrán llevarse a cabo las siguientes operaciones: perfeccionamiento activo, transformaciones, destrucción, abandono y manipulaciones usuales. La autoridad aduanera podrá autorizar cualquier tipo de actividad industrial, comercial o de prestación de servicios.

- **Régimen de destino final:** aquí se hace referencia a una importación a libre práctica con exención de derechos o con un tipo reducido de estos atendiendo a su destino especial y permanecen bajo control aduanero hasta que se utilicen en su destino final.

  Las mercancías que pueden acogerse a este destino están establecidas en la clasificación arancelaria (nomenclatura combinada) de la mercancía que vaya a establecer para el despacho.

  La autorización para solicitar este destino normalmente es en el momento del despacho del DUA de importación. En casos excepcionales, se solicita la autorización ante el Departamento de Aduanas e II. EE. Plazo de resolución 120 días.

En este apartado, solamente se han enumerado y definido brevemente los regímenes aduaneros, pero su desarrollo puede buscarse en el Código Aduanero de la Unión.

6.4. Introducción al régimen aduanero general: exportación

Se entiende por *exportación* la salida de las mercancías originarias de la Unión Europea con destino a un tercer país. El régimen comercial de exportación se aplica en la península, Islas Baleares y Canarias. Quedan excluidas las exportaciones o expediciones que se realicen desde Ceuta y Melilla, que se rigen por su propia normativa.

Toda exportación se hace a través de un despacho aduanero. El despacho aduanero es un control que los servicios de aduanas ejercen sobre las mercancías exportadas. El exportador tiene que presentar una declaración de exportación firmada (DUA), acompañada de la factura de compraventa internacional, del documento de transporte internacional y de otros documentos, dependiendo de la clase de mercancía.

Recuerda

Expedición es la salida de mercancías con destino a la Unión Europea, tanto de las que son originarias de la Unión como de las que, siendo originarias de un tercer país, hayan sido despachadas a libre práctica en el territorio aduanero.

En la exportación, lo fundamental para la aduana de salida es la presentación y tramitación de los documentos. Los aspectos fiscales no son tan importantes como en la importación, ya que, en la exportación, no está gravada ni por arancel ni por los impuestos indirectos interiores (IVA e II. EE). Toda exportación se rige por el principio de libertad comercial.

Vocabulario

Despacho a consumo: mercancías de terceros países que, tras presentarse en la aduana de la Unión Europea, han pagado tanto los aranceles como los impuestos indirectos del país (IVA, II. EE, etc.).

Despacho a libre práctica: mercancías de terceros países que, tras presentarse en la aduana de la Unión Europea, han pagado los aranceles correspondientes.

Actividad propuesta 6.5

Explica cómo se emiten las facturas de exportación en lo que se refiere a impuestos.

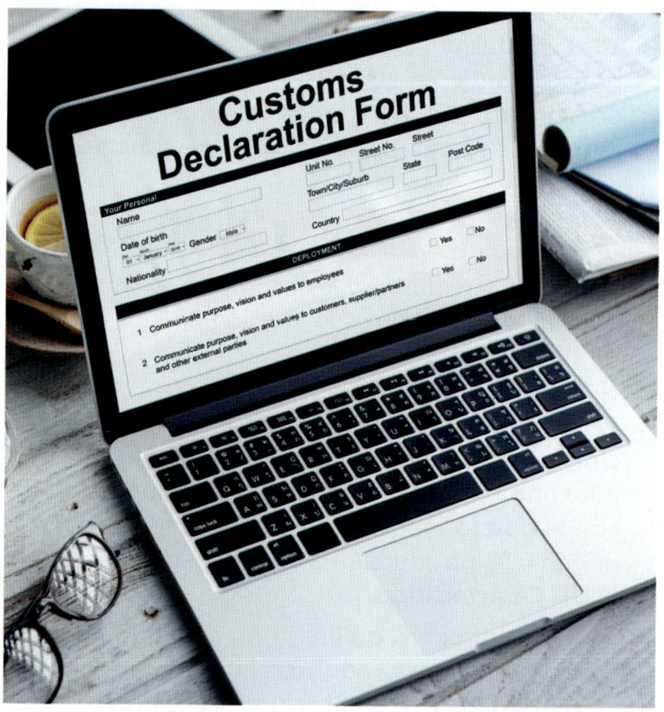

Figura 6.3. Los representantes aduaneros que cuenten con demostrados conocimientos se registran de oficio en el Registro de Representantes Aduaneros, con residencia legal en España o en otro Estado miembro de la Unión Europea.

6.4.1. EL documento único administrativo de exportación

El documento fundamental en toda exportación es el documento único administrativo de exportación. Todos los años se publica en el *BOE* una resolución en la cual el Departamento de Aduanas e Impuestos Especiales recoge las instrucciones para la formalización del documento. Todo lo que recoge este apartado tiene como fuente dicha resolución.

Los ejemplares necesarios para una declaración de exportación o reexportación son:

- **Ejemplar n.º 1:** para la aduana de expedición.
- **Ejemplar n.º 3:** para el interesado.
- **Ejemplar n.º 4:** se presentará cuando sea necesario justificar el carácter comunitario de las mercancías mediante un T2LF/T2L ante la aduana comunitaria de destino, Andorra o San Marino.

Sabías que

Cuando la aduana donde se realiza el despacho no coincide con la aduana de salida de la Unión Europea, hay que presentar el documento de acompañamiento de exportación impreso en la aduana de salida, en lugar del ejemplar 3 del documento único administrativo.

Las operaciones que exigen la formalización del documento completo son:

- Exportación definitiva o temporal de mercancías fuera del territorio aduanero de la Unión Europea, incluidas las ventas de pescado extraído por buques nacionales directamente expedidas sin pasar por territorio nacional.
- Reexportación de mercancías no comunitarias al exterior del territorio aduanero de la Unión.
- Expedición de mercancías desde la península e Islas Baleares con destino a Canarias y otras partes del territorio comunitario excluidas de la aplicación de la Directiva 2006/112/CE.
- Exportación de mercancías desde la península e Islas Baleares o desde Canarias con destino a Ceuta y Melilla.
- Exportación de mercancías desde Ceuta y Melilla.
- Expedición de mercancías desde Canarias al resto del territorio aduanero de la Unión Europea.
- Conversión de expediciones/exportaciones temporales en definitivas.
- Avituallamiento y equipamiento de buques, aeronaves y plataformas de sondeo o explotación.
- Entrada de mercancías comunitarias en almacén de avituallamiento para solicitar el pago de la restitución.
- Exportación de mercancía comunitaria incluida en un depósito distinto del aduanero, un depósito REF o en un depósito o zona franca.
- Exportación de mercancías agrícolas comunitarias previamente vinculadas el régimen de depósito aduanero.

6.4.2. Cumplimentación de algunas casillas del documento único administrativo de exportación

Para cumplimentar el documento único administrativo de exportación, no existe mejor forma que ir casilla a casilla siguiendo la resolución que recoge las instrucciones para su formulación. La declaración de exportación debe presentarse de forma electrónica. En la carpeta de normativa, se encuentra la resolución y hay que recordar que todos los años es preciso tener como referencia la normativa publicada en el *BOE* en el mes de enero.

Para rellenar las casillas, si no se tiene la demo DUA, pueden cumplimentarse con el documento único administrativo de exportación que puede encontrar en la carpeta de documentos. Si logra cumplimentarse el documento único administrativo en el PDF, resultará luego más fácil a la hora de hacerlo electrónicamente, pues las casillas aparecen una a una en pantallazos sucesivos.

Figura 6.4. Los *códigos verde, naranja y rojo* son los nombres por los que se conocen los tres estados en los que puede encontrarse una mercancía en el momento en el que se enfrenta con el despacho de aduana.

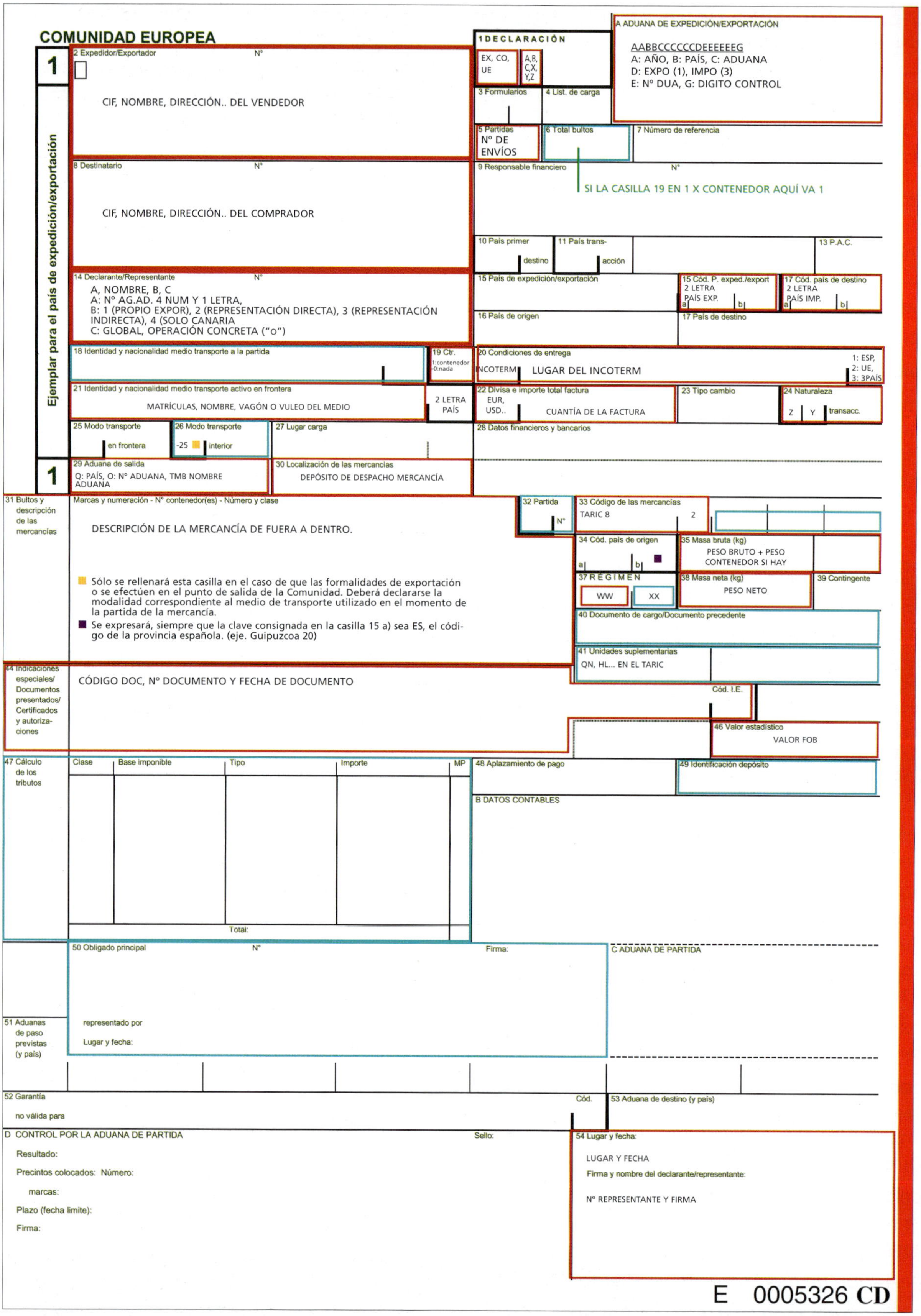

COMUNIDAD EUROPEA

1 DECLARACIÓN: EX, CO, UE | A,B, C,X, Y,Z

A ADUANA DE EXPEDICIÓN/EXPORTACIÓN
AABBCCCCCCDEEEEEEG
A: AÑO, B: PAÍS, C: ADUANA
D: EXPO (1), IMPO (3)
E: Nº DUA, G: DIGITO CONTROL

1 — Ejemplar para el país de expedición/exportación

2 Expedidor/Exportador — Nº
CIF, NOMBRE, DIRECCIÓN.. DEL VENDEDOR

3 Formularios — 4 List. de carga

5 Partidas: Nº DE ENVÍOS — 6 Total bultos — 7 Número de referencia

8 Destinatario — Nº
CIF, NOMBRE, DIRECCIÓN.. DEL COMPRADOR

9 Responsable financiero — Nº
SI LA CASILLA 19 EN 1 X CONTENEDOR AQUÍ VA 1

10 País primer destino — 11 País transacción — 13 P.A.C.

14 Declarante/Representante — Nº
A, NOMBRE, B, C
A: Nº AG.AD. 4 NUM Y 1 LETRA,
B: 1 (PROPIO EXPOR), 2 (REPRESENTACIÓN DIRECTA), 3 (REPRESENTACIÓN INDIRECTA), 4 (SOLO CANARIA
C: GLOBAL, OPERACIÓN CONCRETA ("o")

15 País de expedición/exportación — 15 Cód. P. exped./export: 2 LETRA PAÍS EXP. a| b| — 17 Cód. país de destino: 2 LETRA PAÍS IMP. a| b|

16 País de origen — 17 País de destino

18 Identidad y nacionalidad medio transporte a la partida — 19 Ctr. 1:contenedor 0:nada

20 Condiciones de entrega: INCOTERM | LUGAR DEL INCOTERM — 1: ESP, 2: UE, 3: 3PAÍS

21 Identidad y nacionalidad medio transporte activo en frontera: MATRÍCULAS, NOMBRE, VAGÓN O VULEO DEL MEDIO — 2 LETRA PAÍS

22 Divisa e importe total factura: EUR, USD.. | CUANTÍA DE LA FACTURA — 23 Tipo cambio — 24 Naturaleza transacc.: Z | Y

25 Modo transporte en frontera — 26 Modo transporte interior -25 ■ — 27 Lugar carga

28 Datos financieros y bancarios

1 — 29 Aduana de salida: Q: PAÍS, O: Nº ADUANA, TMB NOMBRE ADUANA — 30 Localización de las mercancías: DEPÓSITO DE DESPACHO MERCANCÍA

31 Bultos y descripción de las mercancías — Marcas y numeración - Nº contenedor(es) - Número y clase
DESCRIPCIÓN DE LA MERCANCÍA DE FUERA A DENTRO.

32 Partida Nº — 33 Código de las mercancías: TARIC 8 | 2

34 Cód. país de origen a| b| ■ — 35 Masa bruta (kg): PESO BRUTO + PESO CONTENEDOR SI HAY

37 RÉGIMEN: WW | XX — 38 Masa neta (kg): PESO NETO — 39 Contingente

■ Sólo se rellenará esta casilla en el caso de que las formalidades de exportación o se efectúen en el punto de salida de la Comunidad. Deberá declararse la modalidad correspondiente al medio de transporte utilizado en el momento de la partida de la mercancía.

■ Se expresará, siempre que la clave consignada en la casilla 15 a) sea ES, el código de la provincia española. (eje. Guipuzcoa 20)

40 Documento de cargo/Documento precedente

41 Unidades suplementarias: QN, HL... EN EL TARIC

44 Indicaciones especiales/ Documentos presentados/ Certificados y autorizaciones
CÓDIGO DOC, Nº DOCUMENTO Y FECHA DE DOCUMENTO

Cód. I.E.

46 Valor estadístico: VALOR FOB

47 Cálculo de los tributos

Clase	Base imponible	Tipo	Importe	MP
		Total:		

48 Aplazamiento de pago — 49 Identificación depósito

B DATOS CONTABLES

50 Obligado principal — Nº — Firma:
representado por
Lugar y fecha:

C ADUANA DE PARTIDA

51 Aduanas de paso previstas (y país)

52 Garantía — no válida para — Cód. — 53 Aduana de destino (y país)

D CONTROL POR LA ADUANA DE PARTIDA — Sello:
Resultado:
Precintos colocados: Número:
marcas:
Plazo (fecha límite):
Firma:

54 Lugar y fecha:
LUGAR Y FECHA
Firma y nombre del declarante/representante:
Nº REPRESENTANTE Y FIRMA

E 0005326 CD

Figura 6.5. Plantilla del documento único administrativo de exportación.

¿Sabías que

En el documento único administrativo, aparecen casillas de diversos tipos:

- **Obligatorias:** hay que rellenarlas.
- **Condicionales:** se cumplimentan solo en casos determinados (en caso de...).
- **Opcionales:** en general, no se rellenan.
- **Ocasional:** aparecen unas veces y otras no, por lo que no son de seguridad.

Las casillas en las que aparece «No se cubrirá», no se rellenan.

A continuación, se explican aquellas casillas que, por su dificultad o por su forma habitual de rellenar, merecen una atención especial. Algunas de las casillas remiten a los anexos que están al final de la resolución, por lo que hay que familiarizarse con ellos, aunque muchas de las casillas se repitan una y otra vez en los diferentes despachos.

Casilla A. Numeración y registro del documento. Está compuesta por 18 caracteres:

- **1.º y 2.º:** dos últimos dígitos del año en curso.
- **3.º y 4.º:** código ISO del país de registro de la declaración (ES, si la aduana es española).
- **Del 5.º al 17.º:** número (puede ser alfanumérico). En el caso de España, los seis primeros dígitos corresponden al código de recinto y el siguiente (7.º) indica el tipo de declaración de la que se trata (el 1 indica que se trata de una exportación).
- **18.º:** dígito de control.

A ADUANA DE EXPEDICIÓN
17 ES 002045 1 123456 1

Casilla 1. Declaración. En la primera casilla, aparece EX por ser una exportación. En la segunda, aparece una A: es una declaración normal.

1 DECLARACIÓN		
EX	A	

Casilla 14. Declarante o representante. Aparecen los datos del exportador en caso de autodespacho o del representante aduanero. Tiene que aparecer:

- La forma de representación:
  - [1] – Autodespacho.
  - [2] – Representación directa.
  - [3] – Representación indirecta.
- El nombre del declarante y número EORI.
- La autorización de despacho:
  - «G» – Autorización global.
  - «0» – Operación concreta.

14 DECLARANTE/REPRESENTANTE N.º
[2] - Josune Urrosolo (N.º) - «0»

Vocabulario

OEA (operador económico autorizado): la reglamentación aduanera ha creado esta nueva figura, que ha entrado en vigor el 1 de enero del 2008, para todas las personas físicas o jurídicas cuyas actividades estén reguladas por la legislación aduanera.

Casilla 24. Naturaleza de la transacción. Al tratarse de un traspaso de la propiedad y una compraventa en firme, se rellenan las dos casillas con un 1. Anexo XII.

24 NATURALEZA	TRANSACCIÓN
1	1

Casilla 30. Localización de las mercancías. Lugar donde están las mercancías mientras se realiza el despacho. En este caso, está en Zaisa-Irún en el *parking* (depósito temporal público).

30 LOCALIZACIÓN DE LAS MERCANCÍAS
IRU2045001

Casilla 37. Régimen. Normalmente, se trata de exportaciones definitivas, por lo que aparece en esta casilla 10.00. Anexo XIV-A.

37 RÉGIMEN	
10.00	

Casilla 44. Documentos presentados. El declarante incluye aquí los documentos que acompañan a la mercancía para su despacho. Cada documento tiene un código, los cuales se encuentran en el anexo XV-A.

44 INDICACIONES ESPECIALES DOCUMENTOS PRESENTADOS CERTIFICADOS Y AUTORIZACIONES	COD.I.E.

¿Sabías que

El declarante OEA (operador económico autorizado) debe aparecer con los siguientes códigos:

- Y022 si el OEA es el exportador o expedidor.
- Y023 si el OEA es el destinatario.
- Y024 si el OEA es el declarante.
- Y025 si el OEA es el representante.
- Y026 si el OEA es el obligado principal.
- Y027 si el OEA es el depositario de la mercancía.

Casilla 46. Valor estadístico. Valor FOB de la mercancía, expresado en euros. No es necesario que sea exacto, más bien es un valor aproximado de la mercancía en el lugar y el momento en los que abandona el territorio de la península e Islas Baleares, Canarias o Ceuta y Melilla.

46 VALOR ESTADÍSTICO

6.4.3. Exportación indirecta

Se consideran *exportaciones indirectas* aquellas exportaciones de mercancías que abandonan el territorio comunitario desde una aduana distinta de la aduana de exportación. Por poner un ejemplo, supóngase un despacho de exportación realizado en la aduana de Alicante, pero la mercancía sale del territorio aduanero a través del aeropuerto de Barcelona. También sería una exportación indirecta si la salida fuese por otro país de la Unión Europea como el puerto de Róterdam.

El objetivo es establecer un sistema basado en mensajes entre la aduana de exportación y la aduana de salida que permita informar a la aduana de exportación de que la salida de la mercancía de la Unión Europea se ha producido.

Por tanto, es un sistema de control de exportación (ECS). Está previsto su uso para exportaciones indirectas entre aduanas entre distintos países miembros, ya que su uso es opcional para aduanas indirectas nacionales.

El procedimiento es:

- El operador realiza la exportación en su aduana habitual.
- El sistema genera un número de referencia MRN.
- Una vez que las mercancías han sido despachadas, la aduana de exportación envía un mensaje a la aduana de salida (registro anticipado de exportación) de que las mercancías se presentarán allí para la salida del territorio. Igualmente, se genera un documento de acompañamiento de exportación que sustituirá al ejemplar 3 a efectos de circulación entre las aduanas.
- A la llegada de la mercancía a la aduana de salida, esta se presenta junto con el documento de acompañamiento de exportación y se comunica a la aduana de despacho la salida efectiva del territorio comunitario.
- La aduana de exportación facilita al exportador la certificación de la salida en la forma que estime.

Se denomina *obligado* al agente, representante u operador económico autorizado encargado de la cumplimentación de la documentación que ha de presentarse y de poner la garantía.

En los supuestos de operaciones de tránsito tramitadas por la aduana de partida, el ejemplar n.º 1 del documento único administrativo tendrá consideración de solicitud de la operación de tránsito y el documento de acompañamiento impreso por la aduana será el que acompañe la expedición hasta destino.

Con carácter general, se señala un plazo de dos semanas, aunque puede ser mayor. El itinerario lo elige el obligado principal.

El proceso de cumplimentación de las casillas es:

1a	EX.
1b	A (para la aduana de destino). B (se imprimirá por la aduana de partida cuando la de destino no esté conectada al sistema).
2	Exportador.
3a	Número correlativo de orden del formulario.
3b	Número total de formularios.
5	Número de partidas.
6	Total de bultos.
8	Destinatario.
15a	País de expedición.

17a País de destino.

18 Identidad del medio de transporte a la partida.

29 Aduana de salida de la Unión Europea (por ejemplo, DE 005552).

31 Bultos y descripción.

32a Número de partida.

33 Código de la mercancía.

35 Masa bruta.

37 Régimen.

38 Masa neta.

44 Documentos presentados, numeración y fecha.

46 Valor estadístico.

Recuerda

Las aduanas situadas en España pueden encontrarse en el anexo I del documento único administrativo y que los códigos de las aduanas de los Estados miembros se hallan en la página web sobre fiscalidad y unión aduanera de la Comisión Europea:

http://ec.europa.eu/taxation_customs/dds2/col/col_search_home.jsp?Lang=es

Es preciso destacar la casilla 29 como fundamental. En ella, hay que designar el código de la aduana de salida del territorio cuando no es la misma que la aduana de exportación.

Figura 6.6. En las aduanas exteriores, las mercancías procedentes de terceros países entran en la Unión Europea a través del mar, del aire o por tierra cuando es frontera con un tercer país.

Enlaces web

Plan cameral de las exportaciones, documentos aduaneros y certificados de origen:
http://www.plancameral.org/web/portal-internacional/documentos-importacion-exportacion#despliega

Agencia Tributaria, modelos y formalidades de aduanas e impuestos especiales:
http://www.agenciatributaria.es/AEAT.internet/Inicio/_otros_/Modelos_y_formularios/Declaraciones/Aduanas_e_II_EE_/Aduanas_e_II_EE_.shtml

Aduana Argentina, aduanas del mundo:
http://www.aduanaargentina.com/listado.php?seccion=24

Agencia Tributaria, resolución documento único administrativo 2017:
http://www.agenciatributaria.es/AEAT.internet/Inicio/La_Agencia_Tributaria/Normativa/Normativa_tributaria_y_aduanera/Legislacion_de_Aduanas_e_Impuestos_Especiales/Normativa_aduanera/Resolucion_DUA/Resolucion_DUA.shtml

Plan cameral de las exportaciones, cálculo del precio de exportación:
http://www.plancameral.org/web/portal-internacional/guias-online-exportacion/-/guias-online-exportacion/e5e1b4a8-ecff-4358-8dee-e3c3c108367b

Agencia Tributaria, Código Aduanero de la Unión (CAU):
http://www.agenciatributaria.es/AEAT.internet/Inicio/La_Agencia_Tributaria/Normativa/Normativa_tributaria_y_aduanera/Legislacion_de_Aduanas_e_Impuestos_Especiales/Normativa_aduanera/Codigo_Aduanero__Codigo_Aduanero_Modernizado___/Codigo_Aduanero/Codigo_Aduanero.shtml

Enlaces web

ICEX, documento único administrativo y documento de acompañamiento de exportación:
http://www.icex.es/icex/es/navegacion-principal/todos-nuestros-servicios/informacion-de-mercados/tramites-y-gestiones/tramites-tributarios-aduaneros/documento-unico-administrativo/EST2014343318.html

Operadores económicos en la Aduana:
http://www.agenciatributaria.es/AEAT.internet/Inicio/La_Agencia_Tributaria/Aduanas_e_Impuestos_Especiales/_Presentacion/Procedimientos_y_gestiones_en_la_Aduana/_EMPRESAS_Y_PROFESIONALES/Operadores_economicos_en_la_Aduana/Operadores_economicos_en_la_Aduana.shtml

Seterra, juegos de geografía:
https://online.seterra.com/es

Normativa

Reglamento (UE) 952/2013 del Parlamento Europeo y del Consejo, de 9 de octubre, por el que se establece el Código Aduanero de la Unión.

Resolución de 25 de agosto del 2017, del Departamento de Aduanas e Impuestos Especiales de la Agencia Estatal de Administración Tributaria, por la que se modifica la Resolución de 11 de julio del 2014, en la que se recogen las instrucciones para la formalización del documento único administrativo (DUA). *BOE* núm. 210, de 1 de septiembre del 2017.

Documento

DUA de exportación.

DESTINOS Y REGÍMENES ADUANEROS DE LAS MERCANCÍAS EN LA UNIÓN EUROPEA

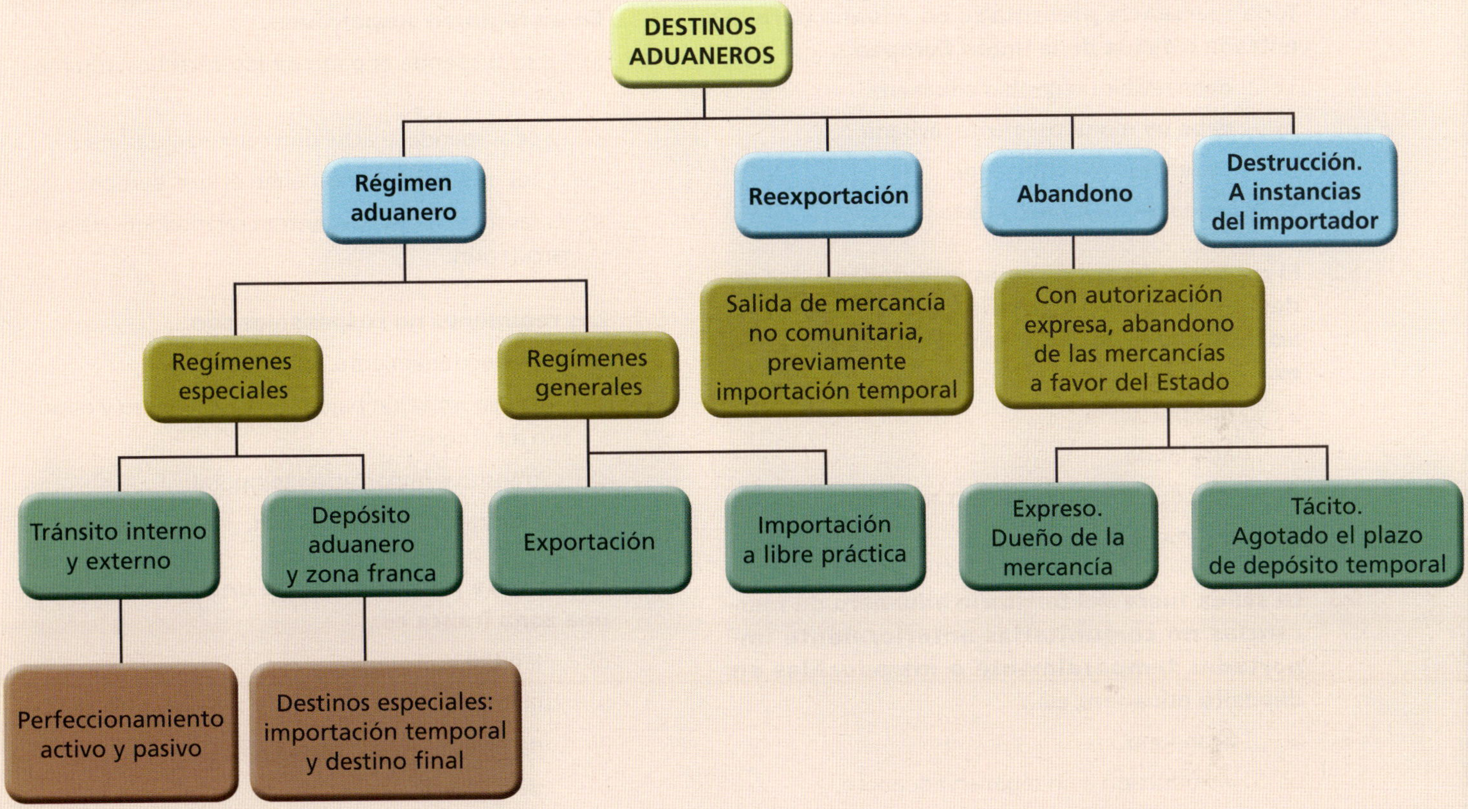

Actividades de comprobación

6.1. Toda mercancía presentada en aduana para la entrada o salida de la Unión Europea...

a) ... debe recibir un destino aduanero.
b) ... debe ser minuciosamente revisada.
c) ... debe venir en contenedor.
d) Ninguna respuesta es correcta.

6.2. El conjunto de operaciones orientadas a dar un destino aduanero específico a la mercancía de acuerdo con el documento único administrativo es...

a) ... reexportación.
b) ... abandono.
c) ... introducción a un régimen aduanero.
d) ... destrucción.

6.3. La salida fuera del territorio aduanero de mercancías no comunitarias anteriormente importadas temporalmente o introducidas en depósito aduanero es...

a) ... abandono.
b) ... introducción a un régimen aduanero.
c) ... destrucción.
d) ... reexportación.

6.4. El abandono tácito...

a) ... se declara mediante un escrito dirigido al administrador de la aduana.
b) ... se deduce de actos que no dejan lugar a la duda sobre la intencionalidad del interesado.
c) ... ocasiona perjuicio al erario.
d) ... implica la entrada de mercancías previamente exportadas.

6.5. La destrucción de las mercancías bajo control aduanero...

a) ... libera al declarante del pago de las sanciones y derechos.
b) ... libera al declarante del pago de las sanciones.
c) ... libera al declarante del pago de los derechos.
d) Todas las respuestas son correctas.

6.6. En un régimen suspensivo...

a) ... se suspende el pago de los derechos aduaneros.
b) ... se suspende la actividad comercializadora.
c) ... los intercambios no tienen origen europeo.
d) ... las mercancías encuentran restricciones para su circulación.

6.7. Los regímenes no suspensivos son...

a) ... perfeccionamiento activo y pasivo.
b) ... transformación bajo control aduanero y depósito aduanero.
c) ... tránsito e importación temporal.
d) ... exportación e importación.

6.8. El plazo de permanencia de una mercancía en una zona franca es...

a) ... limitado.
b) ... ilimitado.
c) ... de escasas horas, entre 2 y 6.
d) ... de 2 meses.

6.9. El despacho aduanero es...

a) ... un procedimiento simplificado de presentación de documentos.
b) ... el lugar donde está el jefe de las aduanas.
c) ... un control que los servicios de aduanas ejercen sobre las mercancías exportadas.
d) ...un documento imprescindible para que las mercancías salgan con destino a la Unión Europea.

6.10. En el despacho a consumo...

a) ... las mercancías de terceros países han pagado aranceles e impuestos indirectos.
b) ... las mercancías comunitarias han pagado aranceles e impuestos indirectos.
c) ... las mercancías de terceros países han quedado exentas del pago de derechos.
d) ... las mercancías comunitarias han quedado exentas del pago de derechos.

Actividades de aplicación

6.11. Cumplimenta la casilla 37 del régimen del documento único administrativo de los siguientes movimientos de mercancías:

a) Primera mercancía: componentes electrónicos:

1.ª Operación, importación de la mercancía en régimen de perfeccionamiento activo.

2.ª Operación, meter dichas mercancías en un depósito aduanero del producto transformado.

3.ª Operación, reexportar las mercancías que vinieron en el régimen de perfeccionamiento activo.

b) Segunda mercancía: telas de algodón 100 %:

1.ª Operación, exportación de la mercancía en perfeccionamiento pasivo.

2.ª Operación, entrada en el depósito aduanero del producto compensado.

3.ª Operación, despacho a consumo de la mercancía.

6.12. Indica qué régimen aduanero se solicitará en cada envío:

a) Contenedor conteniendo 1000 televisiones de China para *stock* de una gran cadena de hipermercados ubicados en varios países de la Unión Europea cuyo almacén central está en Barcelona.

b) Cinco retroexcavadoras para la realización del trasvase del Duero.

c) Compra de alcohol con el objeto de ser desnaturalizado para uso de productos de limpieza.

d) Venta en firme de 24 000 kg de castañas a Australia.

e) Compra de grano de café a Colombia.

f) Venta a Rusia de estufas de leña transportadas en camión.

6.13. Explica qué son el convenio TIR y el cuaderno ATA y relaciona los elementos de ambas columnas:

Convenio TIR	Transporte por carretera.
	Válido para un viaje o envío.
	No puede utilizarse con mercancía perecedera.
Cuaderno ATA	Emitido por la Cámara de Comercio.
	Visado por la aduana.
	Agilización de trámites aduaneros.

6.14. Completa un mapa político de Oceanía con el nombre de sus países y capitales.

6.15. Elabora el despacho de exportación del tractor enviado a Perú con los siguientes datos y su factura de compraventa:

- Fecha despacho: 14 de octubre del 2016.
- Representante aduanero: Antonio Sánchez 1234Z (TransNatur Norte).
- Depósito temporal: 4811BIO017.
- Autorización global.
- Aduana despacho Bilbao Marítima.
- Buque: Machupichu II.
- Contenedor: MSCU1234560.

CLIENTE:	LOGO EMPRESA
Eduardo y hermanos S.L. CIF: PE/B123456 Zona Industrial Che Guevara 15.161 SUPE (PERU)	**Arruti S.A.** **CIF: ES.A12345678** **Parque Empresarial Boroa,** **Parcela 3BBarrio Ugarte** **42110 OLVEGA (SORIA) ESPAÑA**

FACTURA Nº: 28929/16 FECHA: 12 de Octubre de 2016.

CONCEPTO	IMPORTE
DIVISA: ....Euro (€).	
CARACTERISTICAS: EXPEDICATIONS Tractor, marca John Deere 7420 de precisión con mando central/potencia 138 Kw Volumen 2.35 x 4.70 x 2.5 m.	
PARTIDA ARANCELARIA: 8701903900	
FACTURACION:1	
1Tractor x 70.000€/unidad	**70.000 €**
CONTENEDOR DRY VAN 20´	
PACKING LIST Nº Bultos: 1 Peso Neto: 5540 Kg. Peso Bruto: 7790 Kg. Volumen: 33´30 M³ Nº HOYU 751013 6	
CONDICIONES DE ENTREGA: .... EXW (OLVEGA. SORIA)	
FORMA DE ENVIO: ....Transporte marítimo Buque Cuzco II	
ADUANA DE DESPACHO: ....Puerto Bilbao (Vizcaya)	
Valor FOB (PUERTO BILBAO) 70.600 €	
TOTAL FACTURA	**70.000 €**
FORMA DE PAGO: Transferencia a 30 días fecha factura/fecha entrega Nº C/C ES.34.12345678901234567890 BASKES2BXXX	

6.16. Realiza el documento de acompañamiento de exportación teniendo en cuenta los datos de la actividad anterior, pero la salida del territorio aduanero sería desde el puerto de Róterdam (Países Bajos).

A continuación, responde a las siguientes preguntas:

- Define qué es una aduana interior y qué es una aduana exterior. Identifica este tipo de aduanas en la actividad
- ¿Qué clase de transito se daría en este envío?

6.17. Copia la casilla 37 del DUA y rellénala con los siguientes regímenes solicitados:

- Exportación definitiva de una mercancía.
- Importación a libre práctica definitiva de una mercancía.
- Importación a consumo en el marco de un régimen aduanero de perfeccionamiento activo anterior.
- Reexportación de una mercancía anteriormente incluida en el régimen de importación temporal.
- Despacho a consumo de plátanos de Canarias.

37. Régimen	

Actividades de ampliación

6.18. Consulta en el Código Aduanero de la Unión las siguientes situaciones:

a) Tiempo de conservación del documento único administrativo de exportación y cuándo se inicia.

b) ¿En qué artículo se indica que las mercancías de la Unión que vayan a salir del territorio aduanero comunitario se incluirán en el régimen de exportación?

c) ¿La reexportación está sujeta a una declaración ante la aduana?

d) ¿El régimen de zona franca necesita la declaración de un documento único administrativo?

6.19. Averigua el número de las zonas francas en España.

6.20. Busca en el Código Aduanero de la Unión:

- ¿Quién designa las zonas francas en la Unión Europea?
- ¿Cuál es su perímetro?
- ¿Están cercadas o no?
- ¿Quiénes están sometidos a controles aduaneros?
- ¿En qué artículo se menciona?

6.21. Aporta una definición de *OEA*. A continuación, responde a las siguientes preguntas:

- ¿Por qué se ha creado esta figura?
- ¿Quién puede ser OEA?
- ¿Es obligatorio ser OEA?
- ¿Qué tipos de autorizaciones existen?
- ¿Cuál es el plazo de validez de la autorización?

6.22. Teniendo en cuenta las siguientes tarifas (EUR) de un transitario (Valenciamar, SA):

Alquiler del contenedor:	300
Transporte interior:	300
DOC (B/L, certificados, inspecciones, etc.):	40
Despacho de exportación:	150
Gastos del puerto de origen:	40
Flete (incluidas carga/descarga):	2491
Seguro:	180
Despacho de importación:	200
Gastos de destino (transporte + varios):	250
Deuda aduanera:	3000

Calcula las tarifas que pasará el transitario a su cliente exportador de quesos manchegos (Ciudad Real) de un contenedor con destino a México si los incoterms solicitados son: FCA (Ciudad Real, España), FCA (puerto de Valencia, España), DAT (puerto de Veracruz, México) y DAP (Córdoba, México).

7

Valor de la mercancía en aduana: documento único administrativo de importación

CONTENIDOS

OBJETIVOS

- Conocer los diferentes elementos básicos de los impuestos en general y en particular del arancel.
- Identificar los sujetos de la deuda aduanera.
- Calcular el valor en aduana de la mercancía.
- Saber cumplimentar el documento único administrativo de importación.

INTRODUCCIÓN

En esta unidad, va a explicarse qué es el valor en aduana de las mercancías y que los sistemas de valoración admitidos por todos los países que forman parte de la Organización Mundial del Comercio (OMC) han acordado ajustarlo al valor real de la mercancía o valor de la transacción. Lo aprendido en las unidades anteriores, junto con el valor en aduana, permitirá determinar la deuda aduanera a través de la cumplimentación del documento único administrativo de importación.

7.1. Conceptos básicos de todos los impuestos

En primer lugar, hay que recordar que existen tres tipos de tributos:

1. **Tasa:** el pago de un importe económico a cambio de un servicio directo. Por ejemplo, la matrícula que se abona para cursar un ciclo superior de Formación Profesional.
2. **Contribución especial:** surge cuando va a obtenerse un beneficio o aumento de valor de los bienes debido a una obra pública o ampliación de servicios públicos. Lo que se recauda va destinado a este gasto concreto.
3. **Impuesto:** no hay una contraprestación a cambio de su pago. Estos pueden ser directos (en función de la capacidad contributiva, IRPF) e indirectos (en función del consumo, IVA). En este último, es el consumidor final el que lo soporta, pero el que lo ingresa es quien presta el servicio. En los directos, el sujeto pasivo es el mismo que el obligado tributario. En los indirectos, el sujeto pasivo es distinto al obligado tributario.

Figura 7.1. Los tributos son los ingresos públicos exigidos por la Administración Pública.

El arancel es un impuesto indirecto, un derecho de la aduana ante la importación de una mercancía.

Hay un vocabulario que hace referencia a todo tipo de tributos:

- **Hecho imponible:** es el acontecimiento fijado por la ley y cuya realización origina el nacimiento de la obligación tributaria. Hay supuestos que la ley establece que estén no sujetos (no se considera producido el hecho imponible) o que estén exentos (la ley dispone que no debe tributar).
- **Base imponible:** la cantidad sobre la cual está sujeta la tributación.
- **Base liquidable:** la cantidad que resulta de aplicar a la base imponible las reducciones que la ley determine.
- **Tipo de gravamen:** el porcentaje que en cada caso se aplica a la base liquidable para calcular la cuota del impuesto.
- **Cuota del impuesto:** se determina en función del tipo de gravamen que se aplique sobre la base liquidable.
- **Deuda tributaria:** se compone por la cuota tributaria, así como por los recargos que sean exigibles sobre las cuotas, como el interés de demora, las costas, etcétera.

¿Sabías que

La importación de ron cubano es un hecho imponible que origina el nacimiento de una obligación tributaria, mientras que la exportación de cava es un hecho imponible que está exento.

7.2. El sujeto pasivo de la deuda aduanera y tipos de representación

El sujeto pasivo de la deuda aduanera puede ser el importador o el representante aduanero. Ambos deberán estar en el registro como operador económico autorizado (OEA). Todos ellos serán identificados con el número EORI, un identificador único, asignado por una autoridad aduanera en un país de la Unión Europea a todos los operadores económicos (tanto empresas como particulares) que realizan actividades cubiertas por la legislación aduanera de la Unión. Los operadores utilizarán este número en todas las comunicaciones con cualquier autoridad aduanera de la Unión Europea en la que se exija un identificador de la Unión como, por ejemplo, en las declaraciones en aduana.

Vocabulario

Sujeto pasivo: persona física o jurídica que, por efectuar lo dispuesto en el hecho imponible que en su caso establezca la norma tributaria, resulta obligado al cumplimiento de la obligación tributaria.

En la casilla 44 del documento único administrativo, habrá que indicar el número EORI, tras los códigos:

Y022	EORI	Si el OEA es el exportador o expedidor.
Y023	EORI	Si el OEA es el destinatario.
Y024	EORI	Si el OEA es el declarante.
Y025	EORI	Si el OEA es el representante.
Y026	EORI	Si el OEA es el obligado principal.

44	INDICACIONES ESPECIALES DOCUMENTOS PRESENTADOS CERTIFICADOS Y AUTORIZACIONES	COD.I.E

Cuando el declarante no resulta ser el importador de la mercancía, sino el representante aduanero, este puede representarlo de dos formas:

1. **Representación directa:** el representante aduanero actúa en nombre y con cuenta de su cliente o importador. Es una responsabilidad subsidiaria. Esta responsabilidad solo existe en caso de que el deudor principal frente a Hacienda no pague.
2. **Representación indirecta:** el representante aduanero actúa en su nombre, pero por cuenta de su cliente. Es una responsabilidad solidaria. Esta responsabilidad es una obligación conjunta sobre la misma deuda y es exigible sin necesidad de que el deudor no pague.

Actividad propuesta 7.1

Explica quién elabora el DV-1 en un despacho de aduanas.

En la casilla 14 del documento único administrativo, habrá que indicar el tipo de representación. Por ejemplo, si quien declara es la agente Josune Urrosolo, con EORI 12345-D, representando directamente a su cliente, la casilla 14 aparecerá cumplimentada de la siguiente manera:

14 DECLARANTE/REPRESENTANTE	N.°
[2] - Josume Urrosolo (N.°) - «0»	

Figura 7.2. El plazo para el despacho de una importación por vía marítima, o por cualquier otro medio de transporte, es de 90 días y no es prorrogable.

7.3. Procedimiento de despacho

Para iniciar el procedimiento, tiene que haber unas mercancías que despachar, las cuales quedarán sujetas a la vigilancia y control aduanero mientras dure la operación. Una vez ubicadas en un recinto aduanero, comienzan los trámites administrativos:

- **Declaración sumaria:** el conductor del medio de transporte en el que va la mercancía presentará —por sí mismo o por un representante— una declaración sumaria ante las autoridades aduaneras. Podrá hacerse mediante procedimientos informáticos, previa autorización de la Dirección General de Aduanas. La obligación no es solo declarar las mercancías que han de ser despachadas, sino toda mercancía transportada.

Los plazos de presentación son diferentes en función del medio de transporte y en algunos casos en función de la mercancía transportada. Por citar algunos de los más usuales:

— En caso de que las mercancías sean introducidas en el TAU por carretera, la declaración sumaria de entrada deberá presentarse a más tardar 1 hora antes de la llegada de las mercancías al lugar para el que es competente la aduana de primera entrada.

— En el caso de mercancías transportadas por vía aérea, como novedad la nueva regulación exige que, la declaración sumaria de entrada deba presentarse lo antes posible.

— Para los cargamentos en contenedores (no granel) de larga distancia, a más tardar 24 horas antes de la carga de las mercancías en el buque en que vayan a ser introducidas en el TAU.

Las mercancías estarán en una situación de depósito provisional. Solo se admitirá la actividad de manipulación para su conservación.

Recuerda

Se denomina *aduana de primera entrada* a la aduana competente para la vigilancia aduanera en el lugar en que el medio de transporte que lleva las mercancías llega al TAU desde un tercer país o territorio tercero.

— Documentación que debe reunirse antes del despacho, entre otros, para la cumplimentación del documento único administrativo de importación:

- Factura de compraventa internacional.
- DV-1 en la importación.
- Certificados de origen, en el caso de un régimen arancelario preferencial.
- Documento de transporte internacional.
- Los que sean requeridos por las aduanas por régimen especial.
- *Packing list,* cuando la mercancía se presente embalada en varios bultos.

- **Declaraciones a falta de documentos:** el despacho quedará subordinado a su presentación. El plazo es de 1 mes a partir de la fecha de dicha admisión de documentos. Deberá cumplimentarse con esta documentación el documento único administrativo de importación, explicado en el Apartado 7.7 de esta unidad.

El procedimiento de despacho consiste en la comprobación que la aduana lleva a cabo tanto de la documentación como de la mercancía. Su respuesta puede ser:

— **Mensaje de error:** la declaración no ha sido admitida por ser incorrecta o no tener la garantía suficiente para afrontar la deuda aduanera.

— **Mensaje de aceptación:** que puede ser:

- **Circuito rojo:** reconocimiento físico de la mercancía. Podrán abrirse los bultos para inspeccionar la mercancía y decidir si entra o no en la Unión Europea.
- **Circuito naranja:** control documental, la mercancía quedará parada hasta comprobar exhaustivamente toda la documentación. Una vez comprobado y si está debidamente cumplimentada, podrá tener código verde.
- **Circuito verde:** es el circuito más común en los envíos de mercancías. En este caso, el mensaje de respuesta incluirá el número de levante de la mercancía que supone que todo es correcto.

Cuando la deuda aduanera haya sido pagada o garantizada, se procederá al levante de la mercancía, que supone la retirada de la mercancía despachada en aduanas. Mientras no se expida el levante, las mercancías no podrán ser desplazadas del lugar en el que se encuentren en depósito temporal.

7.4. El valor en aduana de las mercancías: métodos

Todos los países tienen un sistema para determinar el valor de las mercancías que van a ser importadas. Sobre ese importe, se pagarán los aranceles para la entrada de la mercancía al país. Cada país o zona aduanera acordará el sistema para determinar el valor de la mercancía en la aduana.

En el artículo VII del Acuerdo General sobre Aranceles Aduaneros y Comercio (GATT), pueden encontrarse los principios generales de un sistema internacional de valoración. En él, se acuerda que el valor a fines aduaneros de las mercancías importadas debe basarse en su valor real. También permite a los miembros utilizar métodos secundarios para valorar las mercancías cuando este no es aplicable.

Los métodos para el cálculo del valor en la aduana de las mercancías son:

1. **Método principal:** en el artículo 70 del Código Aduanero de la Unión, se indica como método de valoración en aduanas el valor de la transacción:

   «1. La base principal para determinar el valor en aduana de las mercancías será el valor de transacción, que es el precio realmente pagado o por pagar por ellas cuando se vendan para su exportación al territorio aduanero de la Unión, ajustado, en su caso.

   El precio realmente pagado o por pagar será el pago total que el comprador haya efectuado o deba efectuar al vendedor o a un tercero a favor del vendedor, por las mercancías importadas, e incluirá todos los pagos efectuados o por efectuar como condición de la venta de esas mercancías».

   Condiciones:

   — Que no existan restricciones para la utilización de mercancías por el comprador.

   — Que la venta no dependa de las condiciones o prestaciones, cuyo valor no pueda determinarse con relación a las mercancías que se valoran.

   — Que ninguna parte del producto de cualquier reventa posterior de las mercancías por el comprador revierta directa o indirectamente al vendedor.

   — Que no exista vinculación entre comprador y vendedor y que, en caso de existir, no influya en el precio del producto.

   Este método es el usado por los importadores o sus representantes aduaneros.

Actividad propuesta 7.2

¿Cuál es el valor en aduana de una mercancía importada en cuya factura aparecen como importe los términos CIF (puerto Vigo) 25 000 €?

2. **Métodos secundarios:** estos métodos son los usados por la aduana cuando es imposible aplicar el método principal o valor de la transacción. Esto puede deberse a diferentes circunstancias, entre otras:

   - Ausencia del valor de transacción debido a que no ha existido operación real de compraventa.
   - Existencia de limitaciones legales a la aplicación del valor de transacción.
   - Falta de datos objetivos para calcular el valor de transacción.

Los métodos secundarios se utilizan de forma sucesiva, es decir, que, en caso de no poder aplicarse uno, se pasa al siguiente. A continuación, se mencionan con una breve definición, pues en ningún caso podrán aplicarse a:

- **Valor de transacción de mercancías idénticas:** mercancías producidas en el mismo país en las que se importan que sean iguales en todos sus conceptos.
- **Valor de transacción de mercancías similares:** se aplican con mercancías que tienen propiedades muy parecidas.
- **Procedimiento sustractivo:** hay dos casos:
  — Mercancías vendidas en el mismo estado en que se importaron: el precio se valorará a partir del precio unitario al que se venda la mayor cantidad total mercancías importadas.
  — Es igual a la anterior, pero cuando ha sufrido una pequeña transformación.
- **Procedimiento basado en el coste de producción:** consiste en determinar el valor en aduana a partir de los elementos constitutivos del precio (coste, beneficios y gastos).
- **Procedimiento llamado *del último recurso:*** si el valor en aduana no puede determinarse por los otros métodos, se determinará basándose en datos disponibles en la Unión aplicando una serie de criterios.

Actividad propuesta 7.3

Una mercancía importada tiene una factura en la que aparece como importe, en los términos DAP (Burgos), 50 000 €. Sabiendo que los gastos del transporte por carretera desde Róterdam son 2000 €, ¿cuál es el valor en la aduana carretera Burgos ES000941?

Figura 7.3. El método principal para el cálculo del valor en la aduana es el valor de la transacción de la mercancía.

7.5. El DV-1

La declaración de valor de la mercancía se hace mediante el DV-1, que debe cumplimentarse junto con la factura comercial de compra, el documento de transporte y la póliza de seguro de la mercancía. La valoración en aduana de la mercancía debe basarse en el precio real de las mercancías objeto de valoración, que se indicará en la factura. Este precio, añadiendo o sustrayendo los ajustes correspondientes a determinados elementos enumerados en el Código Aduanero de la Unión, equivale al valor de transacción y constituye el primer y principal método de valoración.

El valor en aduana en la Unión Europea es un valor CIP/CIF (lugar entrada en el territorio aduanero comunitario). Los elementos del valor de transacción pueden encontrarse en el artículo 71 del Código Aduanero de la Unión. Para su cálculo, solo se sumarán si hay datos objetivos, cuantificables y documentados, que no vienen incluidos en el importe de la transacción:

- Comisiones de venta, envases y embalajes.
- Aportaciones al producto tales como herramientas, moldes, trabajos de ingeniería.
- Cánones y derechos de licencia relativos a la mercancía objeto de importación.
- Cualquier parte del producto de la reventa, cesión o utilización posterior de las mercancías importadas.
- Transporte, seguro, carga, descarga y manipulación hasta la primera entrada al territorio aduanero comunitario.

Existe una serie de cantidades que pueden restarse al valor de transacción si han sido sumados. Para que se reduzcan del importe pagado, tendrán que aparecer diferenciados en la documentación comercial o que puedan diferenciarse claramente. Entre ellos, pueden destacarse:

- Gastos de transporte de las mercancías tras su llegada al lugar de entrada en el territorio aduanero comunitario.
- Gastos de trabajos de construcción, instalación, montaje o mantenimiento.
- Comisiones de compra.
- Intereses de financiación.
- Derechos de importación y otros gravámenes.
- Gastos derivados del derecho de reproducción en la Unión Europea de las mercancías importadas.

Cumplimentación de las casillas del DV-1:

1. Datos del vendedor.
2. (a) Datos del comprador y (b) datos del representante aduanero.
3. Incoterms.
4. Número y fecha de factura.
5. Número y fecha del contrato (si existiese o factura proforma).
6. No se cubrirá.
7. (a) se pondrá una *x* en no.
8. (a) y (b) se pondrá una *x* en no.
9. (a) y (b) se pondrá una *x* en no.
10. (b) Localidad, fecha y firma del declarante.

A. Base de cálculo: importe de la factura. Si estuviese en divisas, se aplicaría el cambio del *BOE* del penúltimo miércoles del mes anterior.
B. Adiciones.
C. Deducciones.
D. Valor declarado (A + B – C): valor en aduana.

A continuación, se indican una serie de ejemplos para saber cuándo hay que rellenar los diferentes apartados, B y C:

- Si la compraventa es en un CIF (puerto de Valencia) valorada en 10 000 €, no habría que poner ninguna cantidad ni en B ni en C. No deberían sumarse ni restarse, puesto que, en este caso, el valor en aduana sería el mismo que el importe de la transacción, 10 000. En el apartado A, aparecería la cantidad 10 000 € y, en el apartado D, 10 000 € como valor declarado.
- Si la compraventa es en un FCA (puerto Casablanca) valorada en 9000 € y suponiendo que el transporte del vehículo articulado desde Casablanca a Valencia fuese de 1000 euros. En el apartado A, aparecería la cantidad de 9000 € y, en el apartado B, 1000 €. Por lo tanto, en el apartado D, estaría la cantidad de 10 000 € como valor declarado.
- Si la compraventa es en un DAP (Xátiva) valorada en 10 500 € y suponiendo que el recorrido desde el puerto de Valencia hasta Xátiva tuviese un coste de 500 €. En el apartado A, aparecería la cantidad 10 500 € y, en el apartado C, 500 €. Por lo tanto, en el apartado D, estaría la cantidad de 10 000 € como valor declarado.

A modo de orientación, podría decirse que, en relación con los incoterms:

- En el apartado B, existirían cantidades que habría que sumar en los incoterms que comienzan con la letra E y F.

- En el apartado C, existirían cantidades que habría que restar en los incoterms que empiezan con la letra D.
- Los apartados B y C no tendrán cantidades en los incoterms que comienzan por la letra C. Solamente, en el caso de que el transporte principal sea aéreo, se permite restar un tanto por ciento en los Incoterms que comienzan con la letra **C**. Esto es así debido al **Reglamento de ejecución de la UE 2015/2447 de la Comisión** que hace referencia a los gastos de transporte aéreo que deben incluirse en el valor de aduana.

Es importante volver a recordar que las condiciones del incoterm CIF son las que determinan el valor en la aduana de la mercancía a la entrada en el país.

La aduana no exige rellenar el DV-1 cuando:

- El valor no supera 20 000 €.
- Sean importaciones de carácter no comercial.
- La declaración de los derechos de valor no sea necesaria para la aplicación del arancel.

La responsabilidad de rellenar el DV-1 es del importador o del representante aduanero.

¿Sabías que?

El transporte aéreo permite un ajuste de deducción en el DV-1 que se encuentra recogido en el anexo 25 «Gastos de transporte aéreo que deben incluirse en el valor de aduana». En él aparecen los porcentajes de los gastos de transporte aéreo que deben incluirse en el valor en aduana para la zona de llegada a la UE.

Figura 7.4. La tramitación aduanera comporta unos controles fronterizos de seguridad, así como cumplir con las obligaciones fiscales del país de destino.

7.6. Tipos de gravamen para el cálculo del arancel

El tipo de gravamen es uno de los elementos que va a permitir calcular el arancel que le corresponde a una mercancía concreta con un origen determinado. En la aduana, la base imponible se corresponde con el valor en aduana de la mercancía y, al aplicarle el tipo de gravamen, se calcula el arancel.

Los derechos de aduanas se determinan al aplicar un tipo concreto de gravamen a cada producto. Por lo tanto, es de gran importancia su clasificación y su origen, pues depende de ello el tipo impositivo por aplicar.

En la inmensa mayoría de zonas aduaneras del mundo, los tipos impositivos se expresan de igual forma (en tanto por ciento, %) para todas las mercancías, con diferente graduación según la clase y el origen. En la Unión Europea, los tipos impositivos abarcan diferentes expresiones. Se debe a los acuerdos que han ido adquiriéndose a lo largo de los años y que se han mantenido de manera sistemática. Actualmente, en la Unión Europea, hay varias posibilidades de tipos impositivos aplicables y los más relevantes son:

- **Tipos *ad valorem*:** constituyen porcentajes que se aplican sobre el valor en aduana hallado según el método principal. Será un número seguido del signo %. Es el tipo más habitual de gravamen.

Actividad propuesta 7.4

La partida 8703.32.19.00 de automóviles tiene un arancel del 10 %. Calcula el arancel para una mercancía con un valor en aduana de 15 000 €.

- **Tipos específicos:** en ellos, el tipo impositivo se aplica sobre un número de unidades suplementarias que pueden ser de longitud, superficie, capacidad, peso, grado alcohólico, etc. (anexo IX del documento único administrativo).
- **Tipos mixtos:** están integrados por un tipo *ad valorem* y un tipo específico. Se repetirá el concepto impositivo en líneas separadas a la hora de determinar la cuota en la casilla 47 del cálculo de tributos del documento único administrativo.
- **Tipos compuestos:** consisten en pagar un tipo *ad valorem* al cual se le pone bien un límite inferior mediante un tipo específico, que será el mínimo a percibir, o bien, a la vez, uno inferior y otro superior. Estos máximos o mínimos se expresan normalmente en euros. Se indicará el que sea realmente aplicable.

- **Imposición a tanto alzado:** es de aplicación para envíos que no tienen carácter comercial, como pueden ser pequeños envíos dirigidos a particulares o que están contenidos en los equipajes personales de los viajeros. Se fija un único derecho *ad valorem* conjunto, al cual se le aplicará un único tipo arancelario del 10 %. Este no corresponde al comercio de internacional de compraventa de mercancías.

Actividad propuesta 7.5

Se tiene una importación de cacao en polvo con adición de azúcar y otro edulcorante con la partida 1806.10.90.00, que tiene un arancel del 8 % más 41,9 €/dt (decitonelada = 100 kg). Para una importación de 50000 kg de cacao con un valor en aduana de 35000 €, calcula el derecho de arancel.

Tabla 7.1. Diferentes tipos de aranceles

Tipos de gravamen	Ejemplo
Ad valorem.	5 %
Específico.	148 €/t
Mixto.	3 % + 0,6 eur/HA
Compuesto.	18,4 % me 22 eur/dt ME 24 eur/dt
Imposición a tanto alzado.	10 % (tipo único)

Actividad propuesta 7.6

La partida 8703.32.19.00 de automóviles tiene un arancel del 10 %. Calcula el arancel para una mercancía con un valor en aduana de 15 000 €.

7.7. El documento único administrativo de importación

Cada año debe actualizarse el texto consolidado de la resolución del Departamento de Aduanas e Impuestos Especiales de la Agencia Estatal de Administración Tributaria, en la que se recogen las instrucciones para la formalización del documento único administrativo (documento único administrativo, enero del 2017).

¿Sabías que

Si el remitente es una empresa, los aranceles de importación de mercancías en España no se cobran si el valor total de las mercancías (sin incluir los gastos de envío y seguro) no es superior a 150 €.

Se entiende como *importación* la entrada en la península e Islas Baleares o en Canarias de mercancías no comunitarias o la entrada de la mercancía comunitaria o no comunitaria en Ceuta y Melilla. Los ejemplares necesarios para una declaración de importación son:

- **Ejemplar n.º 6:** para la aduana de introducción o importación.
- **Ejemplar n.º 8:** para el interesado.

Debe cumplimentarse el documento único administrativo de importación para:

- Importación de mercancía procedente de un tercer país.
- Introducción definitiva o temporal de mercancía comunitaria que debe documentarse con el documento único administrativo:
  - — Mercancía procedente de parte del territorio aduanero de la Unión donde no sea de aplicación la Directiva 2006/112/CE, y viceversa.
  - — Mercancías cuya introducción implique la realización del hecho imponible de importación a efectos del IVA y no esté exento (por ejemplo, pesca de altura).
  - — Mercancía procedente del Principado de Andorra y la República de San Marino.
- Importación de mercancía no comunitaria procedente de depósitos francos o zonas francas.
- Importación en península, Islas Baleares y Canarias de mercancía procedente de Ceuta o Melilla y de cualquier otro territorio de un Estado miembro que no sea territorio aduanero de la Unión.
- Importación en Ceuta o Melilla de mercancía de cualquier procedencia.
- Declaración de vinculación de mercancía bajo un régimen aduanero de importación temporal, de perfeccionamiento activo o de transformación bajo control aduanero o de un régimen fiscal de perfeccionamiento activo o de importación temporal.
- Despacho a consumo de mercancía no comunitaria previamente vinculada a un régimen aduanero o fiscal de perfeccionamiento activo, importación temporal, transformación bajo control aduanero o depósito aduanero.
- Despacho a consumo de mercancía previamente vinculada a un régimen especial de importación de los tributos del Régimen Económico Fiscal de Canarias (REF).
- Vinculación a un régimen especial de importación de los tributos del Régimen Económico Fiscal de Canarias (inclusión en régimen de importación temporal, depósito, etcétera).

7.7.1. Cumplimentación de algunas casillas del documento único administrativo de importación

Hay que señalar que muchas de las casillas del documento único administrativo de exportación son las mismas que las de importación. Por lo tanto, van a entresacarse las diferentes y aquellas que, por su dificultad o por su forma habitual de rellenar, merecen una atención especial. No hay que olvidar que algunas de las casillas remitirán a los anexos que están al final de la resolución.

Figura 7.5. El Departamento de Aduanas e Impuestos Especiales, en aras de obtener la mayor agilidad en la presentación de las declaraciones, ofrece la posibilidad de presentarlas por medio de técnicas telemáticas.

Recuerda

En el documento único administrativo, aparecen casillas de diversos tipos:

- **Obligatorias:** hay que rellenarlas.
- **Condicionales:** se cumplimentan solo en casos determinados (en caso de…).
- **Opcionales:** en general, no se rellenan.
- **Ocasional:** aparecen unas veces y otras no, por lo que no son de seguridad.

Las casillas en las que aparece "No se cubrirá", no se rellenan.

Casilla A. Aduana de destino. Numeración y registro del documento. Está compuesta por 18 caracteres:

- **1.º y 2.º:** dos últimos dígitos del año en curso.
- **3.º y 4.º:** código ISO del país de registro de la declaración (ES, si la aduana es española).
- **De 5.º a 17.º:** número (puede ser alfanumérico). En el caso de España, los seis primeros dígitos corresponden al código de recinto y el siguiente (7.º) indica el tipo de declaración de que se trata (el 3 indica que se trata de una importación).
- **18.º:** dígito de control.

A ADUANA DE DESTINO
17 ES 002045 3 xxxxxx z

Casilla 1. Declaración de importación: declaración normal.

1 DECLARACIÓN		
IM	A	

Casilla 22. Divisa e importe total de factura: datos extraídos de la factura comercial.

22 DIVISA E IMPORTE TOTAL FACTURA	

Casilla 37. Régimen: toda importación definitiva lleva los números 40.00 y aparece en el anexo XIV-A: despacho a consumo con despacho simultáneo a libre práctica de mercancías.

37 RÉGIMEN	
40.00	

Casilla 40. Documento de cargo: declaración sumaria aérea X. Resto de declaraciones X.

40 DOCUMENTO DE CARGO/ DOCUMENTO PRECEDENTE

- **Declaración sumaria aérea:** la declaración sumaria aérea debe declararse de la forma siguiente: año (4 dígitos), mes (2 dígitos), día (2 dígitos), código compañía aérea (3 dígitos), número de vuelo (5 dígitos) y número de conocimiento aéreo (11 o 19 dígitos). Asimismo podrá declararse con la estructura del resto de las declaraciones sumarias, en cuyo caso, deberá declararse el número de conocimiento en la casilla 44.
- **Resto de declaraciones:** RRRRANNNNNNPPPPP.
  — **RRRR:** código de recinto.
  — **A:** año.

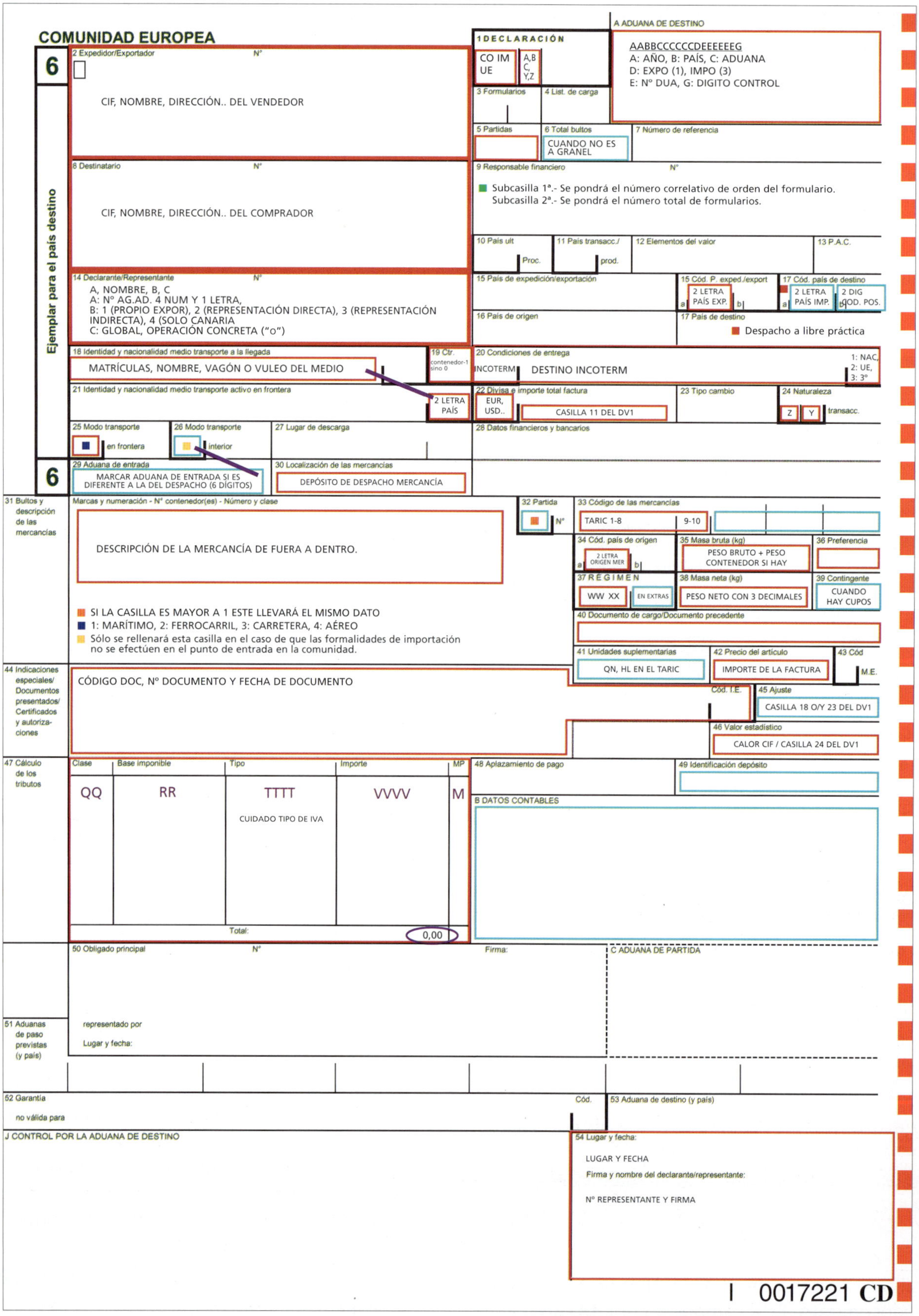

COMUNIDAD EUROPEA

6

2 Expedidor/Exportador Nº

CIF, NOMBRE, DIRECCIÓN.. DEL VENDEDOR

1 DECLARACIÓN

CO IM UE | A,B C, Y,Z

A ADUANA DE DESTINO

AABBCCCCCCDEEEEEEG
A: AÑO, B: PAÍS, C: ADUANA
D: EXPO (1), IMPO (3)
E: Nº DUA, G: DIGITO CONTROL

3 Formularios | 4 List. de carga

5 Partidas | 6 Total bultos CUANDO NO ES A GRANEL | 7 Número de referencia

8 Destinatario Nº

CIF, NOMBRE, DIRECCIÓN.. DEL COMPRADOR

9 Responsable financiero Nº

Subcasilla 1ª.- Se pondrá el número correlativo de orden del formulario.
Subcasilla 2ª.- Se pondrá el número total de formularios.

10 País ult Proc. | 11 País transacc./ prod. | 12 Elementos del valor | 13 P.A.C.

14 Declarante/Representante Nº

A, NOMBRE, B, C
A: Nº AG.AD. 4 NUM Y 1 LETRA,
B: 1 (PROPIO EXPOR), 2 (REPRESENTACIÓN DIRECTA), 3 (REPRESENTACIÓN INDIRECTA), 4 (SOLO CANARIA
C: GLOBAL, OPERACIÓN CONCRETA ("o")

15 País de expedición/exportación | 15 Cód. P. exped./export a 2 LETRA PAÍS EXP. b | 17 Cód. país de destino a 2 LETRA PAÍS IMP. b 2 DIG COD. POS.

16 País de origen | 17 País de destino

Despacho a libre práctica

Ejemplar para el país destino

18 Identidad y nacionalidad medio transporte a la llegada

MATRÍCULAS, NOMBRE, VAGÓN O VULEO DEL MEDIO

19 Ctr. contenedor-1 sino 0

20 Condiciones de entrega INCOTERM DESTINO INCOTERM 1: NAC, 2: UE, 3: 3º

21 Identidad y nacionalidad medio transporte activo en frontera 2 LETRA PAÍS

22 Divisa e importe total factura EUR, USD.. CASILLA 11 DEL DV1 | 23 Tipo cambio | 24 Naturaleza Z Y transacc.

25 Modo transporte en frontera | 26 Modo transporte interior | 27 Lugar de descarga | 28 Datos financieros y bancarios

6

29 Aduana de entrada MARCAR ADUANA DE ENTRADA SI ES DIFERENTE A LA DEL DESPACHO (6 DÍGITOS) | 30 Localización de las mercancías DEPÓSITO DE DESPACHO MERCANCÍA

31 Bultos y descripción de las mercancías | Marcas y numeración - Nº contenedor(es) - Número y clase

DESCRIPCIÓN DE LA MERCANCÍA DE FUERA A DENTRO.

32 Partida Nº | 33 Código de las mercancías TARIC 1-8 9-10

34 Cód. país de origen a 2 LETRA ORIGEN MER b | 35 Masa bruta (kg) PESO BRUTO + PESO CONTENEDOR SI HAY | 36 Preferencia

37 RÉGIMEN WW XX EN EXTRAS | 38 Masa neta (kg) PESO NETO CON 3 DECIMALES | 39 Contingente CUANDO HAY CUPOS

SI LA CASILLA ES MAYOR A 1 ESTE LLEVARÁ EL MISMO DATO
1: MARÍTIMO, 2: FERROCARRIL, 3: CARRETERA, 4: AÉREO
Sólo se rellenará esta casilla en el caso de que las formalidades de importación no se efectúen en el punto de entrada en la comunidad.

40 Documento de cargo/Documento precedente

41 Unidades suplementarias QN, HL EN EL TARIC | 42 Precio del artículo IMPORTE DE LA FACTURA | 43 Cód M.E.

44 Indicaciones especiales/ Documentos presentados/ Certificados y autorizaciones

CÓDIGO DOC, Nº DOCUMENTO Y FECHA DE DOCUMENTO

Cód. I.E. | 45 Ajuste CASILLA 18 O/Y 23 DEL DV1

46 Valor estadístico CALOR CIF / CASILLA 24 DEL DV1

47 Cálculo de los tributos

Clase	Base imponible	Tipo	Importe	MP
QQ	RR	TTTT CUIDADO TIPO DE IVA	VVVV	M
		Total:	0,00	

48 Aplazamiento de pago | 49 Identificación depósito

B DATOS CONTABLES

50 Obligado principal Nº Firma:

representado por
Lugar y fecha:

C ADUANA DE PARTIDA

51 Aduanas de paso previstas (y país)

52 Garantía no válida para | Cód. | 53 Aduana de destino (y país)

J CONTROL POR LA ADUANA DE DESTINO

54 Lugar y fecha:
LUGAR Y FECHA
Firma y nombre del declarante/representante:
Nº REPRESENTANTE Y FIRMA

I 0017221 CD

Figura 7.6. Plantilla del documento único administrativo de importación.

Recuerda

La diferencia entre despacho a libre práctica y despacho a consumo de una mercancía no comunitaria es que, en el primero, el importador solo paga en la aduana los derechos arancelarios a la importación y, en el segundo, además de pagar estos derechos, el importador abonará el IVA y los II. EE., de acuerdo con los tipos vigentes en el Estado miembro donde se realice la importación.

— **N:** número.

— **P:** partida de orden.

Casilla 42. Precio del artículo: total en moneda nacional de la factura. Casilla 12A del DV-1.

42 PRECIO DEL ARTÍCULO

Casilla 45. Ajuste: con signo + casilla 18 del DV-1. Total B; con signo – casilla 23 del DV-1. Total C.

45 AJUSTE

Casilla 46. Valor estadístico: valor declarado, casilla 24 del DV-1.

46 VALOR ESTADÍSTICO

a) **Clase de tributo:** las claves más habituales son:
- A00: Derechos de aduana sobre los productos industriales.
- B00: IVA.
- 0A0: Alcohol y bebidas derivadas.
- 0V0: Vinos tranquilos.
- 0F1: Cigarrillos.

b) **Base imponible:**
- A00 (cálculo de arancel): la base imponible será el valor declarado (casilla 46).
- B00 (cálculo del IVA): la base imponible será el valor declarado + el arancel + los ajustes negativos de la casilla 45.

c) **Tipo:** es el tipo de gravamen que corresponde a la mercancía en función de su origen.

d) **Importe:** es la cantidad resultante que ha de aplicarse sobre la base imponible el tipo de gravamen.

e) **MP:** expresa la modalidad de pago elegida y hace referencia a la totalidad de la deuda a ingresar por el levante correspondiente al documento único administrativo que está declarándose. Las claves son:
- **A:** pago previo al levante.
- **R:** pago aplazado con prestación de garantía.
- **J:** pago aplazado sin prestación de garantía por entidades públicas y otros casos especiales expresamente previstos en la normativa vigente.

Casilla 47. Cálculo de los tributos:

47 CÁLCULO DE LOS TRIBUTOS	CLASE TRIBUTO	BASE IMPONIBLE	TIPO	IMPORTE	MP
					TOTAL

Ejemplo. Supóngase la cumplimentación de las casillas del DUA de importación de la siguiente forma:

42. PRECIO DEL ARTÍCULO	45. AJUSTE	46. VALOR ESTADÍSTICO
100 000	+ 2000 – 350	101 650

Con un tipo de arancel del 3 % y un IVA del 21 %:

47 CÁLCULO TRIBUTO	CLASE DE TRIBUTO	BASE IMPONIBLE	TIPO	IMPORTE	MP
	A00 B00	101 650 104 699,5	3 % 21 %	3 049,5 21 986,89	
TOTAL				25 036,39	R*

R*: pago aplazado con garantía.

Enlaces web

Plan cameral de las exportaciones, documentos aduaneros:
http://www.plancameral.org/web/portal-internacional/documentos-importacion-exportacion#despliega

Aduana Argentina, aduanas del mundo:
http://www.aduanaargentina.com/listado.php?seccion=24

Agencia Tributaria, resolución documento único administrativo 2017:
http://www.agenciatributaria.es/AEAT.internet/Inicio/La_Agencia_Tributaria/Normativa/Normativa_tributaria_y_aduanera/Legislacion_de_Aduanas_e_Impuestos_Especiales/Normativa_aduanera/Resolucion_DUA/Resolucion_DUA.shtml

Agencia Tributaria, Código Aduanero de la Unión (CAU):
http://www.agenciatributaria.es/AEAT.internet/Inicio/La_Agencia_Tributaria/Normativa/Normativa_tributaria_y_aduanera/Legislacion_de_Aduanas_e_Impuestos_Especiales/Normativa_aduanera/Codigo_Aduanero__Codigo_Aduanero_Modernizado___/Codigo_Aduanero/Codigo_Aduanero.shtml

Plan cameral de las exportaciones, gestión aduanera:
http://www.plancameral.org/web/portal-internacional/preguntas-comercio-exterior/-/preguntas-comercio-exterior/619bdd34-2770-495f-b17f-5f20d375855a

Agencia Tributaria, presentación telemática del documento único administrativo:
http://www.agenciatributaria.es/AEAT.internet/Inicio/La_Agencia_Tributaria/Aduanas_e_Impuestos_Especiales/_Presentacion/La_Aduana_espanola/_INFORMACION/Informacion_general_sobre_presentacion_por_Internet/Presentacion_DUA__Documento_Unico_Administrativo_/Presentacion_DUA__Documento_Unico_Administrativo_.shtml

Normativa

Resolución de 25 de agosto del 2017, del Departamento de Aduanas e Impuestos Especiales de la Agencia Estatal de Administración Tributaria, por la que se modifica la Resolución de 11 de julio del 2014, en la que se recogen las instrucciones para la formalización del documento único administrativo (DUA). *BOE* núm. 210, de 1 de septiembre del 2017.

Instrucción 1/2004, de 27 de febrero, de la Dirección General de la Agencia Estatal de Administración Tributaria.

Relación de anexos del Reglamento de Aplicación del Código Aduanero. Anexo 25 «Ajuste aéreo para uso de declaraciones de importación».

Documento

DV-1 Declaración de valor.

DUA de importación.

VALOR DE LA MERCANCÍA EN ADUANA: DOCUMENTO ÚNICO ADMINISTRATIVO DE IMPORTACIÓN

CÁLCULO DEL VALOR DE LA MERCANCÍA EN ADUANA

Método principal:

- Valor de la transacción: el precio realmente pagado o por pagar por las mercancías vendidas

Métodos secundarios:

- Usados en caso de que no sea suficiente el principal para el cálculo del valor
- Valor de la transacción de mercancías identicas
- Valore de la transacción de mercancías similares
- Procedimiento sustractivo
- Procedimiento basado en el coste de producción
- Procedimiento de último recurso

PROCEDIMIENTO DE DESPACHO

Representante aduanero:

- Representación directa: el representante aduanero actúa en nombre y por cuenta del importador
- Representación indirecta: el representante aduanero actúa en su nombre, pero por cuenta del importador

Mensaje de aceptación de despacho de importación:

- Circuito rojo: reconocimiento de la mercancía
- Circuito naranja: control documental
- Circuito verde: levante de las mercancías

DOCUMENTACIÓN

DUA

Documento único administrativo de importación:

- Documento imprescindible para la salida de la mercancía del recinto aduanero

DV-1

Documento que acredita el valor en aduana de la mercancía:

- Si el valor de la mercancía no supera los 20.000 €, no es necesario realizarlo

DEUDA ADUANERA

Arancel:

- Cinco tipos de arancel
- *Ad valorem*
- Específicos
- Mixtos
- Compuestos
- A tanto alzado

IVA:

- La base imponible será el valor declarado + el arancel + los ajustes negativos de la casilla 45
- Se declara en la casilla 47 con el código B00

II. EE.:

- Los impuestos especiales también se declaran en la casilla 47 y forman parte de la base imponible del IVA
- Para cada uno de ellos, existe un código en concreto

Actividades de comprobación

7.1. El acontecimiento fijado por la ley y cuya realización origina el nacimiento de la obligación tributaria es...

a) ... la deuda tributaria.

b) ... el gravamen.

c) ... el hecho imponible.

d) Todas las respuestas son correctas.

7.2. El sujeto pasivo de la deuda aduanera puede ser...

a) ... el importador.

b) ... el exportador.

c) ... el representante aduanero.

d) Las respuestas a y c son correctas.

7.3. En la casilla 14 del documento único administrativo de importación, la representación indirecta se representa con el número...

a) ... 3.

b) ... 2.

c) ... 1.

d) ... 0.

7.4. El circuito rojo significa...

a) ... puede procederse al levante de las mercancías.

b) ... es necesario reconocer físicamente la mercancía.

c) ... es necesario el control documental de la mercancía.

d) Las respuestas b y c son correctas.

7.5. Solo se dará el levante de la mercancía cuando...

a) ... la aduana responda con circuito rojo.

b) ... la deuda aduanera haya sido garantizada o pagada.

c) ... los documentos se presenten.

d) Ninguna respuesta es correcta.

7.6. El método para el cálculo del valor en aduana es...

a) ... el procedimiento denominado *de último recurso.*

b) ... el valor de transacción de mercancías idénticas.

c) ... el método secundario.

d) ... el valor de transacción.

7.7. Uno de los motivos por los que se usa uno de los métodos secundarios es...

a) ... que no existe valor de transacción porque no ha existido operación real de compraventa.

b) ... por seguridad y estadística.

c) ... el valor de transacción es muy pequeño.

d) Ninguna respuesta es correcta.

7.8. El valor en la aduana es un valor...

a) ... DAP/DDU.

b) ... CIF/CPT.

c) ... CIP/CIF.

d) ... CIP/CPT.

7.9. Los tipos *ad valorem*...

a) ... son porcentajes a aplicar sobre el valor en aduana hallado según el método principal.

b) ... están integrados por un tipo mixto y un tipo específico.

c) ... el tipo impositivo se aplica sobre un número de unidades suplementarias.

d) Ninguna respuesta es correcta.

7.10. Deberá cumplimentarse el documento único administrativo de importación para...

a) ... la aduana de exportación.

b) ... importación en Ceuta o Melilla de mercancía de cualquier procedencia.

c) ... mercancía procedente del territorio arancelario comunitario.

d) Todas las respuestas son correctas.

Actividades de aplicación

7.11. Copia el siguiente cuadro e identifica los diferentes tipos de gravámenes:

Mercancía	TARIC	Arancel de terceros	Clase
Café tostado descafeinado.			
Higos secos.			
Trigo dura de alta calidad.			
Cacao en polvo con adición de azúcar y otro edulcorante.			

7.12. Marca con una X los movimientos de mercancías que conllevan la obligación de cumplimentar un documento único administrativo de importación:

Movimiento de mercancía	Documento único administrativo de importación
Compra de café de Colombia.	
Venta de anchoa a Madrid.	
Compra de estaño procedente de un depósito franco.	
Venta de naranjas a Italia.	
Compra de relojes de Suiza.	
Compra de figuras artesanales de Melilla.	
Compra de plátano de Canarias para grandes superficies.	

7.13. Calcula los derechos de arancel de una compraventa que ha realizado una empresa española ubicada en Zamora de sal de Transilvania (Rumanía) suponiendo que su valor en aduana es 10 000 €.

7.14. Teniendo en cuenta los siguientes datos:

Factura FOB puerto de Boston. Compra a una empresa de los Estados Unidos unos colores surtidos para pintura artística.

Importe de la factura:	3 000 000 $
Cambio en la aduana:	1,2143 $/€
Flete marítimo Boston-Bilbao:	100 000 $
Seguro:	6000 $

Factura CIP puerto de Barcelona. Empresa de Zaragoza compra pilas de botón de litio a una empresa japonesa.

Importe de la factura:	3 000 000 ¥
Cambio en la aduana:	135,65 ¥/€

Factura DAP Madrid-Coslada. Una empresa española compra una partida de 10 000 l de vodka 75 cl y 60° alcohol a una empresa rusa.

Importe de la factura:	200 000 €
Transporte CMR Moscú-Coslada:	6 108,60 €
Seguro:	200 €
Moscú-Coslada:	6500 km
Moscú-frontera polaca:	2200 km
Moscú-mi casa:	5500 km

Factura DAP (Albacete). Una empresa de confección adquiere una partida de jerséis de cabra de cachemira de Tailandia para caballero y niño. El transporte se realiza por barco desde el puerto de Bangkok hasta el de Róterdam.

Importe de la factura:	400 000 $
Transporte Interior (Róterdam-Madrid):	2000 €
Flete:	3000 $
Cambio en la aduana:	1,2143 $/€

Factura FOB aeropuerto de La Habana. Una empresa española adquiere manteca de cacahuete.

Importe de la factura:	1 250 000 $
Cambio en la aduana:	1,2143 $/€
Flete aéreo Nueva York-Madrid:	2000 €
Seguro:	5000 €
Porcentaje de ajuste aéreo:	70 %

Factura CIP aeropuerto de Madrid Barajas Adolfo Suárez. Una empresa española adquiere una partida de pianos de cola a una empresa en Nueva York.

Importe de la factura:	1 500 000 $
Cambio en la aduana:	1,2143 $/€
Porcentaje de ajuste aéreo:	70 %

a) Busca la partida TARIC de cada envío.

b) ¿De dónde crees que habrá salido la cotización de la divisa?

c) Calcula el valor en aduana de cada mercancía haciendo referencia a los apartados A, B, C y D del DV-1.

d) Halla la deuda aduanera.

7.15. Suponiendo las dos figuras —el exportador: Soleil D'Orient (China) y el importador: La Grande Ourse (Francia)— y una mercancía cuyo peso neto total es de 35 kg y peso bruto total es de 42 kg. La cantidad es de 25 cajas sobre un europalé. El incoterm acordado entre las partes es un FCA (aeropuerto Shanghái) 210 475,94 ¥. Cambio de moneda 1 € = = 8,16576 ¥.

Los gastos son:

Flete aéreo Shanghái-Roissy:	490 €
Porcentaje de ajuste aéreo:	75 %
Gastos en destino:	200 €

Teniendo en cuenta que el arancel es del 4 % y el IVA es del 21 %, halla la tarifa que se le pasará —siendo nosotros el transitario— a la empresa La Grande Ourse si desea que se le ponga la mercancía en su empresa despachada a consumo.

7.16. Enrique Martínez, responsable del Departamento Internacional de la empresa Kontador-Txirrindak, SA, dedicada a la comercialización de bicicletas y accesorios, te llama para decirte que tiene hoy, 30 de mayo, la llegada de su mercancía al aeropuerto de Bilbao procedente de Hong Kong.

Desea que le hagas el despacho de importación a consumo y le lleves la mercancía hasta su empresa.

Efectivamente, al llamar a Iberia, nos confirma su llegada. Con la mercancía, llega el sobre con la documentación.

Datos para el despacho:

- La mercancía viene consolidada en un contenedor aéreo ULD n.º AAA123456IB.
- AWB n.º 075-01231234. Compañía Iberia, nacionalidad española. Código Cía. 075.
- Agente de Aduanas Carmen Vera. Número de identificación 1234-A. Empresa TransKull.
- Aeropuerto Kai Tak (código HKG) con destino al aeropuerto de Bilbao. Vuelo IBE6541.
- Depósito aduanero de Iberia en el aeropuerto de Bilbao 4815BIO003.

Documentos que se adjuntan:

- Tarifas internacionales:

Alquiler de contenedores aéreos:	150 €
Transporte (fábrica-aeropuerto Kai Tak):	600 €
Despacho de aduanas de exportación:	100 €
Gastos de aeropuerto (consolidación/*handling*):	200 €
Transporte aéreo:	2000 €
Seguro:	70 €
Recargo por combustible:	120 €
Gastos de Iberia, aeropuerto de destino:	30 €
Comisión oficial del despacho:	120 €
Otros gastos (desconsolidación/paletización):	75 €
Tarifa de carretera por carga completa Bilbao-Elgóibar:	500 €
Arancel según TARIC:	15 %
IVA según TARIC:	21 %

- Factura de compraventa internacional:

CLIENTE KONTADOR-TXIRRINDAK SA ZONA INDUSTRIAL 123, PB 24-30 20456 ELGOIBAR A87654321E	**BAN-LAM-GUM-TIRIM SA** TXINA TAUM, 123 PODONG, SHANGHAI A121212121212C

Nº FRA. 2904/17 **FECHA** 29/05/2017

CONCEPTO	**IMPORTE**
DIVISA: EUROS **CARACTERÍSTICAS:** 400 BICICLETAS MARCADAS CON LAS SIGLAS TAN/CHING,17 **PARTIDA ARANCELARIA:** 8712,00,70,99 **FACTURACIÓN** 400 BICICLETAS-LUX x 347 EUR/UNIDAD	138.800,00 EUR

PACKING LIST	
Nº BULTOS	ULD n. AAA123456IB
PESO NETO	3.600
PESO BRUTO	5.000

CONDICIONES DE ENTREGA CIF (AEROPUERTO BILBAO) GASTOS CIF (AEROPUERTO BILBAO) **VALOR FOB** 140.000 EUR **FORMA DE ENVÍO** TRANSPORTE AÉREO **ADUANA DESPACHO** AEROPUERTO KAI TAK **Nº CONTRATO** 45612/2017	
FORMA DE PAGO: TRANSFERENCIA BANCARIA IBAN ES6912345678901234567890 TOTAL FACTURA	

a) Completa la factura teniendo en cuenta los gastos y el incoterm acordado.

b) Calcula la deuda tributaria con una importación a consumo.

c) Halla el total del importe facturado al cliente de forma detallada.

Actividades de ampliación

7.17. Si quisiera saberse cuándo puede o no utilizarse el método principal —valor de transacción— como método de cálculo del valor de aduana de una mercancía, ¿a qué normativa debería recurrirse? Busca el artículo donde se hace dicha mención.

a) Suponiendo que, en la compraventa de un producto, va incluida una restricción en su utilización por parte del comprado, ¿podría utilizarse el método principal?

b) Nombra los tres casos en los cuales no es obligatorio la cumplimentación del DV-1.

7.18. Cuando se dice que debe cumplimentarse el documento único administrativo de importación en la introducción de mercancía procedente de parte del territorio aduanero donde no se aplica la Directiva 2006/112/CE, ¿a qué territorios se refiere? Encuentra la directiva, el artículo que menciona los territorios y enuméralos.

7.19. Una ganadería de Navarra compra 20 vacas criollas de pura raza a una explotación argentina que tienen un valor en aduana (puerto de Valencia) de 20 000 €. Localiza el código TARIC y el del país y tipo de acuerdo y calcula los derechos aduaneros.

7.20. Busca el anexo 25 de «Gastos de transporte aéreo que deben incluirse en el valor de aduana».

Importación por vía aérea de una partida de chocolate suizo. El incoterm acordado es FOB (aeropuerto Berna) y entra por el aeropuerto de Madrid.

Importación por vía aérea de una partida de café colombiano. El incoterm acordado es CIP (aeropuerto Madrid).

¿Cómo afectan ambas importaciones aéreas en el DV-1?

7.21. Se tiene una importación de 4 motores diésel de propulsión de barcos de origen colombiano donde el valor de la mercancía (EXW) es de 50 000 €. La mercancía viajará en un contenedor de 20 ft (peso neto: 18 160 kg/peso bruto: 20 000 kg). Utilizando la siguiente tabla de tarifas, responde a las cuestiones que se plantean a continuación:

Alquiler contenedor de 40 ft:	150 €
Transporte interior (país de origen):	Grupaje 1,215 €/kg. Camión completo: 600 €
Carga en puerto de origen:	20 €/t
Seguro:	0,2 % valor de la mercancía (EXW)
Flete:	1200 € (Cartagena-Bilbao)
Descarga en puerto de destino:	12 €/t
Despacho de aduanas de importación:	80 €
Despacho de aduanas de exportación:	50 €
Aranceles:	1500 €
Transporte interior (país de destino):	Grupaje 0,7654 €/ kg. Camión completo: 150 €

- Halla los incoterms: FCA (Medellín), FAS (puerto de Cartagena), FOB (puerto de Cartagena), CIP (puerto de Bilbao) y DAP (Irún).
- Calcula el valor en aduana de la mercancía en cada uno de los incoterms aplicando la tabla de tarifas.
- ¿A qué conclusión llegas una vez calculados los valores en aduana?

8

El seguro de la mercancía en el comercio internacional

CONTENIDOS

OBJETIVOS

- Conocer los tipos de riesgos en el comercio internacional.
- Descubrir los actores y los contenidos mínimos de una póliza de seguro.
- Interpretar e identificar las coberturas máximas de las mercancías en los convenios de los diferentes medios de transporte.
- Saber discernir cuándo hay que contratar una póliza de seguro.

INTRODUCCIÓN

La compraventa internacional es un intercambio de mercancía entre países diferentes. Sin embargo, una operación nacional está sujeta a riesgos como el impago, el incumplimiento de plazo, el estado de la mercancía, el extravío, etc. Los riesgos aumentan cuando se habla de una operación internacional: distinto idioma, inestabilidad de cambio de divisa, cultura, sistema legal o grandes distancias, entre otras.

También hay que tener en cuenta el valor de la mercancía y los límites de indemnización del medio de transporte utilizado, lo lleva a plantearse la necesidad o no de la contratación de un seguro de la mercancía. Siempre tiene que recurrirse a los incoterms para descubrir quién es el responsable de la contratación o no de un seguro sobre las mercancías.

8.1. Los riesgos en los intercambios internacionales

Las operaciones de compraventa internacional están asociadas a una serie de riesgos, algunos de ellos son inherentes a toda operación comercial y otros se deben al intercambio internacional entre dos empresas de diferentes países. Cuando se realizan estos intercambios, los riesgos aumentan considerablemente. Los riesgos pueden clasificarse en función de:

- **La mercancía:** puede ir desde la calidad del producto hasta no satisfacer los requisitos contractuales o el fraude.
- **El cobro:** este sería el riesgo por excelencia. El comprador, después de recibir la mercancía, no cumple con su obligación de pago.
- **El tipo de cambio:** debido a la utilización de una moneda distinta a la propia, puede alterar el importe esperado.
- **El transporte:** debido a las grandes distancias, hay un aumento importante del riesgo. El medio de transporte elegido debe ser evaluado con el intento de neutralizar el mayor riesgo.
- **El sistema jurídico:** las diferentes leyes y sistemas jurídicos de los países dificultarán en cierta medida la operación.
- **Los eventos extraordinarios o catastróficos:** incluye desde los desastres naturales hasta las guerras o las inestabilidades políticas y económicas.

Existen estos y muchos más riesgos en una compraventa internacional. Por ello, hay que tomar medidas para reducirlos. La primera es conocer el mercado al cual va a dirigirse y, lo más importante, establecer un conocimiento lo más profundo posible entre comprador y vendedor.

Tabla 8.1. Relación entre riesgos y forma de gestionarlos

Riesgo	¿Cómo mitigarlo?
Impago	Crédito documentario.
Calidad del producto	Certificado inspección mercancía.
Transporte	Embalajes y pólizas de seguro.
Tipo de cambio	Seguro sobre riesgo de cambio.
Fuerza mayor	Cláusula protectora en el contrato.
Contractual	Incoterms.
Legales	Arbitraje internacional.
Estratégico o de inversión	Asistencia técnica.

Figura 8.1. Los riesgos son inherentes al comercio, estos aumentan cuando se realizan negocios fuera de España.

¿Sabías que?

El crédito documentario es una orden que el importador da a su banco para que proceda al pago de la operación en el momento en que el banco del exportador le presente la documentación acreditativa de que la mercancía ha sido enviada de la manera convenida.

El banco del importador va a pagar si la documentación está en regla, con independencia de que en ese momento el importador tenga saldo o no, es decir, el banco del importador garantiza la operación.

8.2. El contrato de seguro

En la actualidad, el contrato de seguro está regulado por la Ley 50/1980, de 8 de octubre, en su texto consolidado con la última modificación del 15 de julio del 2015. En el artículo 1 de dicha ley, puede encontrarse la definición: «El contrato de seguro es aquel por el que el asegurador se obliga, mediante el cobro de una prima y para el caso de que se produzca el evento cuyo riesgo es objeto de cobertura, a indemnizar, dentro de los límites pactados, el daño producido al asegurado o a satisfacer un capital, una renta u otras prestaciones».

Las características que recoge un contrato de seguro son:

- Tiene que existir un riesgo cierto y posible.
- Si el riesgo se materializa en un daño, el asegurador debe indemnizar al asegurado o beneficiario.
- La indemnización se pacta en función de la magnitud del daño.
- En caso de un daño por riesgos no contemplados en el contrato, no habrá indemnización.
- El asegurado pagará una prima, que se pacta en función del riesgo asegurado.

8.2.1. Elementos de un contrato de seguro

Podrían clasificarse los elementos de un contrato de seguro en reales, personales y formales. Dentro de los reales, se encuentra:

- **El riesgo:** representa el elemento fundamental y más característico del seguro. Puede definirse como la posibilidad de que, por azar, se produzca un evento dañoso o que produzca una necesidad patrimonial. El riesgo tiene que ser futuro e incierto.
- **El objeto:** es el elemento patrimonial expuesto al riesgo y desea cubrirse por el seguro. Los objetos asegurados pueden ser cosas materiales e inmateriales, presentes y futuras.
- **La prima:** el pago de la prima constituye la obligación principal del tomador y se corresponde con la del asegurador de pagar la prestación pactada. Es el precio que tiene que pagar la persona que contrata el seguro.
- **El siniestro:** la materialización del riesgo que va a ser cubierto por el seguro. Su consecuencia será el pago de una indemnización.

Dentro de los personales, aunque el contrato de seguro es un contrato bilateral que genera derecho y obligaciones para las partes, el elenco de personas que intervienen no se ciñe a dos. Pueden citarse los siguientes:

- **Asegurador:** se obliga, mediante el cobro de una prima y para el caso de que se produzca el evento cuyo riesgo es objeto de cobertura a indemnizar, dentro de los límites pactados, a satisfacer el daño producido al asegurado o un capital, una renta u otras prestaciones convenidas, según la Ley de Contrato de Seguro. Aquí estaría la compañía de seguros.
- **Asegurado:** es la persona titular del interés asegurado y que, por consiguiente, está expuesta al riesgo, en el sentido de que va a sufrir los efectos del evento dañoso cuando este ocurra. Puede ser a la vez el tomador.
- **Tomador:** es la persona física o jurídica que, junto con el asegurador, suscribe el contrato de seguro y asume las obligaciones y, en su caso, los derechos derivados de este. Es el que contrata el seguro.
- **Beneficiario:** es la persona física o jurídica titular del derecho a la prestación asegurada en el momento en que se produzca el hecho generador de esta. Es quien cobra la indemnización.

Figura 8.2. El porteador puede ser responsable de pérdidas o daños ocasionados a las mercancías transportadas. Dichas responsabilidades dependen de los convenios vigentes al efecto en cada medio de transporte.

El tomador, el asegurado y el beneficiario pueden ser personas distintas o todas estas figuras puedan coincidir en una misma persona.

Dentro de los formales, destaca la póliza, que es el contrato de seguro que el asegurador está obligado a entregar al tomador. De conformidad con la Directiva

92/96 del Consejo de la Unión Europea, de 10 de noviembre de 1992, una póliza contendrá, como mínimo, las indicaciones siguientes:

- Nombre y apellidos o denominación social de las partes contratantes y su domicilio, así como la designación del asegurado y beneficiario, en su caso.
- Concepto en el cual se asegura.
- Naturaleza del riesgo cubierto, describiendo, de forma clara y comprensible, las garantías y coberturas otorgadas en el contrato, así como respecto a cada una de ellas, las exclusiones y limitaciones que les afecten destacadas tipográficamente.
- Designación de los objetos asegurados y de su situación.
- Suma asegurada o alcance de la cobertura.
- Importe de la prima, recargos e impuestos.
- Vencimiento de las primas, lugar y forma de pago.
- Duración del contrato, con expresión del día y la hora en que comienzan y terminan sus efectos.
- Si interviene un mediador en el contrato, el nombre y tipo de mediador.

8.2.2. Tipos de pólizas

La seguridad en el transporte de mercancías es una prioridad en los intercambios internacionales, pero hay que decir que este tipo de pólizas no son obligatorias. Las pólizas las pueden clasificarse de la siguiente manera:

- **En función del medio de transporte utilizado,** puede ser carretera o marítimo.
- **En función de la duración del contrato,** temporal o con una fecha determinada.
- **En función de la cobertura,** a todo riesgo o con franquicia.
- **En función de la forma de contratación:**
  - **Por viaje,** pólizas que cubren un determinado trayecto.
  - **Abiertas,** cubren unos determinados bienes o mercancías que se dirigen a un único cliente, pero que se entrega en más de un viaje.
  - **Flotantes,** cubren el transporte de diferentes bienes o mercancías que se dirigen a varios clientes y que realizan diversos viajes empleando en ellos un tiempo determinado.
  - ***Forfait,*** cubren un capital determinado en una serie de viajes variable durante el período asegurado.

8.3. Traspaso del riesgo en los Incoterms 2010

A la hora de valorar la necesidad o no de contratar una póliza de seguro sobre una mercancía, hay que tener en cuenta en qué momento se hace la entrega, es decir, hay que tener en cuenta cuándo se transmite el riesgo entre el comprador y el vendedor. En consecuencia, a quién le compete la contratación de un seguro. De acuerdo con los incoterms, el momento de transmisión de riesgo lleva a identificar los elementos personales del contrato de seguro.

Actividad propuesta 8.1

Explica la diferencia entre el CPT y CIP en relación con el seguro en relación con la entrega de la mercancía.

Tabla 8.2. Incoterms multimodales

EXW	Fábrica, sin cargar en el medio de transporte.
	El tomador, asegurado y beneficiario será el comprador.
FCA	Si es en el local del vendedor: mercancía cargada en el medio de transporte.
	Si no es el local del vendedor: mercancía en el medio del transporte del vendedor en lugar acordado. No descargada.
	Ante un transporte internacional, si fuese conveniente contratar un seguro, esto le corresponderá al comprador. También será el beneficiario.
CPT/CIP	La entrega de la mercancía se realiza cuando se pone a disposición del transportista designado por el comprador.
	En el CPT, no se incluye seguro. En caso de ser necesario, lo contrataría el comprador, que se convertiría en tomador, asegurado y beneficiario.
	En el CIP, está incluido el seguro. En este caso, el vendedor contratará el seguro contra el riesgo del comprador, que se convertirá en el beneficiario del seguro.
DAT	Descargada en la terminal en destino.
	En este incoterms, el vendedor contratará el seguro en caso de que se viese necesario. Él también será el beneficiario.
DAP	En el lugar de destino, no descargada.
	En este incoterms, el vendedor contratará el seguro en caso de que se viese necesario. Él también será el beneficiario.

DDP	En el lugar de destino, no descargada.
	En este incoterms, el vendedor contratará el seguro en caso de que se viese necesario. Él también será el beneficiario.

Actividad propuesta 8.2

Explica quién es el asegurador, quién es el tomador y quién es el beneficiario en unas condiciones EXW en un contrato de compraventa.

Tabla 8.3. Incoterms marítimos y vías navegables

FAS	Al costado del buque.
	Este incoterms no incluye el seguro. Si se viese necesario, sería el comprador el que lo contratase, con lo que se convertiría en tomador, asegurado y beneficiario.
FOB	Descargada en el buque en el puerto de carga convenido.
	Este incoterms no incluye el seguro. Si se viese necesario, sería el comprador el que lo contratase, con lo que se convertiría en tomador, asegurado y beneficiario.
CFR	La entrega cuando la mercancía sobrepasa la borda del buque en el puerto de origen.
	Este incoterms no incluye el seguro. Si se viese necesario, sería el comprador el que lo contratase, con lo que se convertiría en tomador, asegurado y beneficiario.
CIF	La entrega cuando la mercancía sobrepasa la borda del buque en el puerto de origen.
	Este incoterms incluye el seguro. El vendedor contratará la cobertura de seguro contra el riesgo del comprador, que se convertirá en el beneficiario del seguro.

En los incoterms en los que la contratación del seguro es obligatoria, dígase en el CIP y el CIF, la contratación de la póliza suele ser con coberturas básicas. Entre las de uso más común cabe destacar las *institute cargo clauses* (ICC) del Instituto de Aseguradores de Londres. Las más conocidas de mayor a menor cobertura son:

- **ICC A.** Cubren todo riesgo de pérdida o daño, salvo exclusiones. Se excluye: dolo del asegurado, pérdidas de peso o volumen normales, desgaste, embalaje y acondicionamiento inadecuados, vicio propio, demoras, insolvencias, radioactividad, guerra y huelgas (estos dos últimos riesgos pueden cubrirse aparte).
- **ICC B.** Cubren incendios, explosiones, colisiones, abordajes, vuelcos, descarrilamientos, sacrificio en avería gruesa y eventuales contribuciones, mojaduras por agua de mar, río o lago, arrastre por las olas, pérdida de bultos durante la carga/descarga, daños causados por terremotos y erupciones volcánicas y gastos de salvamento. Se excluye lo mismo que en la ICC A.
- **ICC C.** Cubren incendios, explosiones, colisiones, abordajes, vuelcos, descarrilamientos, sacrificio en avería gruesa y eventuales contribuciones, arrastre por las olas y gastos de salvamento. Se excluye lo mismo que en la ICC A y en la ICC B.

Si desea complementarse la cláusula ICC A —cubriendo las exclusiones—, puede hacerse a través de las cláusulas *institute war clauses* (IWC) y las *institute strikes, riots and civil commotion* (ISRCC).

Por lo general, la responsabilidad de contratar una póliza en los incoterms CIP y CIF se concreta en una póliza ICC C por lo que el comprador valorará —en función del valor de la mercancía— cubrirse con otra negociada por él.

8.4. Tipos de seguros más habituales en el comercio internacional

Como ya se ha comentado al tratar el comercio internacional, se da una serie de riesgos que deben ser cubiertos para que tanto el vendedor como el comprador desarrollen el intercambio de la mercancía con la mayor seguridad de éxito. Entre todos los riesgos, los más habituales y que, por ello, revisten mayor importancia son los que se muestran en la Figura 8.3.

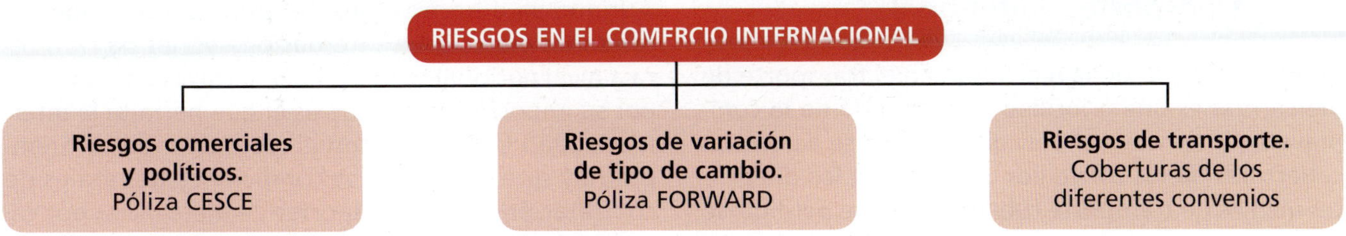

Figura 8.3. Tipos de riesgos en el comercio internacional.

Antes de entrar en indemnizaciones de coberturas de seguro, hay que hacer referencia a dos términos fundamentales que están relacionados con ellas: el IPREM y el DEG.

El término *IPREM* (indicador público de renta de efectos múltiples) hace referencia a las indemnizaciones en la contratación de transporte de mercancías por carretera a nivel nacional. Un índice que, en España, se emplea para usos diferentes: concesión de ayudas, subvenciones, subsidios, becas e indemnizaciones. El IPREM sustituyó en el 2004 al salario mínimo interprofesional.

El IPREM se publica anualmente a través de la Ley de Presupuestos Generales del Estado. De esta forma y con fecha de 22 de diciembre del 2010, se publicaron en el *BOE* los futuros valores de referencia para el IPREM, que quedaron fijados de la siguiente forma:

- **IPREM diario:** 17,75 euros/día.
- **IPREM mensual:** 532,51 euros/mes.
- **IPREM anual (12 pagas):** 6 390,13 euros/año.
- **IPREM anual (14 pagas):** 7 455,14 euros/año.

En el 2017, el IPREM vuelve a repetir valores un año más.

El término *DEG* (derecho especial de giro) hace referencia a la indemnización en todos los medios de transporte internacional. Es la unidad de cuenta del Fondo Monetario Internacional que fue creada en 1968 como una reserva internacional. A 1 de octubre del 2016, el valor del DEG se basa en una cesta con las cinco monedas principales: el euro, el dólar americano, el yen japonés, el renminbi chino y la libra esterlina. La evolución de su cotización puede consultarse en la página web del conversor de divisas XE: http://www.xe.com.

8.4.1. Coberturas de seguro máximas en los diferentes medios de transporte internacional: transporte terrestre, transporte marítimo, transporte aéreo y transporte multimodal

Cubrir los riesgos de la mercancía en el transporte de mercancías es una prioridad en el mundo de la compraventa internacional. Hay que cerciorarse de que las coberturas de los convenios que regulan los diferentes medios de transporte cubran la posible pérdida de la mercancía. En caso contrario, habría que contratar una póliza de seguro. A continuación, van a entresacarse de cada medio de transporte y del convenio que lo regula las indemnizaciones máximas a las que tendrá derecho el beneficiario. Solo conociéndolas, puede valorarse contratar un seguro, con el objetivo de proteger la mercancía totalmente frente al riesgo de pérdida con motivo de su transporte de un lugar a otro.

Todos estos convenios contienen siempre dos capítulos principales que se dedican, por un lado, a la formalización del contrato o carta de porte (CMR, Bill of Lading, AWB, CIM, FBL, etc.) y, por otro, a especificar el régimen de responsabilidad del transportista. De forma general, se presupone la responsabilidad del porteador ante la pérdida, avería o retraso si estos hechos ocurren desde el momento en el que el transportista se hace cargo de la mercancía y hasta la entrega en destino.

Si se prueba la responsabilidad del porteador, puede reclamársele una indemnización que se calcula en función del:

- Valor de la mercancía perdida (valor en origen al que se añade el precio del transporte o valor en destino).
- Valor de la parte dañada (depreciación que haya sufrido).
- Valor del perjuicio que haya ocasionado el retraso en la entrega (en caso de haberse pactado plazo).

Siempre hay un tope que se entiende como el límite de indemnización del transportista. Estos límites son muy diferentes en función del medio de transporte y convenio aplicables.

Transporte terrestre

Dentro del transporte terrestre, se encuentran el transporte por carretera y el transporte ferroviario. En la Unión Europea, es el transporte terrestre de mercancías el medio más usado por su comodidad, rapidez y, sobre todo, por el servicio puerta a puerta en lo que se refiere a la carretera y por los grandes volúmenes en el ferroviario. Es de destacar la baja siniestralidad de este último.

Transporte nacional de mercancías por carretera

Aunque va a hacerse una referencia a las coberturas en los transportes internacionales, las de carretera a nivel nacional se mencionan a través de una tabla por su importancia, ya que es el que permite la intermodalidad y coordina con el resto de medios. Siempre hay que consultar las condiciones generales de contratación de los transportes de mercancías por carretera, en estos momentos, recogidas en la Orden FOM/1882/2012, de 1 de agosto.

Tabla 8.4. Indemnizaciones en transporte por carretera a nivel nacional

Carga y estiba	Pérdida o avería	Retraso
A partir de 2 horas. Máximo 10 horas/día. 2 × IPREM/día × hora o fracción.	1/3 IPREM día × kg bruto.	Precio de transporte.

Transporte internacional de mercancías por carretera

Es de aplicación el convenio CMR, relativo al Contrato de Transporte Internacional de Mercancías por Carretera, del 19 mayo de 1956 en Ginebra. España se adhirió a dicho convenio en 1973, que entró en vigor en mayo de 1974.

Este convenio se aplica obligatoriamente en el transporte internacional de mercancías por carretera cuando el origen y destino se sitúa en diferentes países y al menos uno de ellos es firmante de este convenio. El documento que recoge este contrato de transporte es el CMR, que da fe de la sumisión al convenio. Se admiten acuerdos particulares entre las partes siempre que no sean contrarios a él.

Supóngase que la cotización del DEG frente al euro el 13 de abril del 2017 es 1,278080. La mercancía, con un peso bruto de 15 000 kg, se pierde durante su transporte internacional por causa imputable al transportista. La mercancía está valorada en 75 000 €.

$$\text{Máxima indemnización} = 8{,}33 \times 15\,000 \times 1{,}278080 = 159\,696{,}10\ €$$

$$\text{Indemnización} = 75\,000\ €$$

En el caso en el que la mercancía tuviese un valor superior al máximo de indemnización, la indemnización sería el máximo. En este caso, una mercancía valorada en 200 000 € recibiría la indemnización de 159 696,10 €.

Así pues, la función del límite de indemnización es la de dotar al transportista de una seguridad jurídica y permitirle cubrir sus posibles reclamaciones mediante un seguro que ampare hasta este límite cuantitativo de responsabilidad. Puede aumentarse este límite de responsabilidad mediante un acuerdo entre las partes con su mención en el CMR de una declaración de valor. En este caso, dicha cuantía sustituye al límite establecido en el convenio aplicable. Esta posibilidad es recomendable en el caso de que la mercancía sea de alto valor y conllevará una contraprestación suplementaria al transportista.

Actividad propuesta 8.3

Se envían 10 chimeneas a Bielorrusia, por un valor de 25 000 €. Al llegar a destino, se comprueba que dos de ellas están rotas. Si el peso bruto unitario es de 500 kg y el valor del DEG es de 1 €, ¿a cuánto ascenderá la mínima indemnización recogida por el convenio CMR?

Las juntas arbitrales de transporte (JAT) tienen como función resolver las reclamaciones de carácter mercantil relacionadas con el cumplimiento de los contratos de transporte terrestre y de actividades auxiliares. Las juntas arbitrales de transporte son unos órganos institucionales que sustituyen a los juzgados y tribunales en las reclamaciones de su competencia. Intervienen:

- Si la controversia no excede de 15 000 € y ninguna de las partes ha manifestado la voluntad de excluir su intervención.
- Si excede de 15 000 €, las partes tienen que acordarlo expresamente.

Resuelve controversias en transportes nacionales e internacionales, incluyendo los intermodales siempre y cuando uno de los medios de transporte sea el terrestre. En España, estas juntas existen en todas las comunidades autónomas (en la comunidad autónoma vasca, hay 2, una en Álava y otra en Vizcaya). Para

Tabla 8.5. Indemnizaciones en transporte por carretera a nivel internacional

Documento	Pérdida o avería	Retraso
CMR. El remitente responde de todos los gastos y perjuicios que sufra el transportista por causa de inexactitud e insuficiencia de indicaciones (art. 7.1).	8,33 DEG × kg bruto.	Precio de transporte.

cargadores y transportistas, es conveniente dejar reflejado en el CMR la sumisión expresa a una de ellas.

Actividad propuesta 8.4

Si, en un envío de carga completa de estufas de una empresa de Alsasua a otra de Moscú en condiciones DAP (fábrica de Moscú), está recogido el plazo de entrega tanto en el contrato como en el CMR (documento de transporte por carretera) y llega con dos días de retraso, ¿hay una indemnización? ¿Cuál?

Transporte ferroviario

El transporte por ferrocarril sufre los siguientes problemas:

- Gran lentitud debido a la falta de unidad en los sistemas ferroviarios en la Unión Europea (ancho de vías, señales, sistemas de conducción, etc.).
- Necesidad de grandes inversiones en infraestructuras, con rentabilidad a muy largo plazo y necesidad de financiación pública.
- Supeditación del transporte de mercancías al transporte de viajeros en la Unión Europea.
- Baja cuota de mercado respecto a los demás medios de transporte.
- Falta de competencia y el escaso número de operadores ferroviarios.

Figura 8.4. Entre las ventajas del transporte ferroviario, puede mencionarse su baja siniestralidad.

El interés por este medio de transporte debido a sus ventajas como las características de seguridad, poco contaminante y gran capacidad, posibilita las inversiones públicas en la construcción de proyectos de autopistas ferroviarias europeas.

En la actualidad, el marco jurídico aplicable es el convenio COTIF-CIM, firmado en Berna el 9 de mayo de 1980. Este convenio se aplica obligatoriamente en contratos de transporte ferroviario de mercancías cuando el lugar de recepción y el lugar previsto de entrega estén situados en dos países miembros diferentes. Los dos Estados miembros de origen y destino deberán haber ratificado este convenio.

Transporte marítimo

El transporte marítimo es el medio de transporte que mueve más mercancías en los intercambios internacionales porque llega a todos los continentes y a la mayoría de los países. Aunque es un medio de transporte lento y que requiere la conexión con otros medios de transporte para acceder a ciertos lugares, es un medio ecológico, de baja siniestralidad, de gran capacidad y con precios muy competitivos.

El transporte marítimo tiene un complejo marco legal y, a veces, es difícil determinar la norma que ha de aplicarse, aunque hace referencia, generalmente, a tres convenios:

- Reglas de La Haya-Visby, del 23 de febrero de 1968.
- Reglas de Hamburgo, del 31 de marzo de 1978.
- Reglas de Róterdam, del 11 de diciembre del 2008.

Por regla general, las navieras especifican todas las condiciones aplicables a su transporte en el clausulado del reverso del B/L (conocimiento de embarque), por lo que determina las condiciones del transporte. Este marco jurídico coloca en una posición de privilegio a la naviera frente al usuario. Por eso, es el convenio más aplicado, las reglas de Róterdam y de Hamburgo establecen condiciones más razonables y equilibradas para los usuarios. Con el tiempo, se espera que las Reglas de Róterdam sustituyan a las Reglas de La Haya-Visby. Estos convenios se aplican obligatoriamente en contratos de transporte marítimo siempre que el conocimiento de embarque sea formalizado en uno de los Estados contratantes.

Tabla 8.6. Indemnizaciones en transporte por ferrocarril a nivel internacional

Documento	Pérdida o avería	Retraso
CIM: Los datos consignados en la carta de porte corresponde al expedidor.	17 DEG × kg bruto.	No excederá del cuádruplo del precio del transporte.

Tabla 8.7. Indemnizaciones en transporte marítimo internacional (Reglas de La Haya-Visby)

Reglas de La Haya-Visby	Pérdida o avería	Retraso
Documento de transporte. Conocimiento de embarque B/L.	El valor que resulte mayor entre: • 2 DEG × kg bruto. • 666,67 DEG/por bulto.	La naviera no es responsable del retraso. Nunca especifican un plazo de entrega en el B/L.

Figura 8.5. Miles de barcos de mercancías pierden cada año parte de su carga, que se deposita en el fondo del mar.

¿Sabías que

Cuando se utiliza un contenedor o palé u otro dispositivo para agrupar mercancía y aparece como tal en el conocimiento de embarque, este se considera como bulto para la indemnización. Lo que se conoce como *regla del contenedor.*

Transporte aéreo

El transporte aéreo es el medio de transporte que, en las últimas décadas, ha aumentado la carga aérea que transporta frente al resto de medios. Aunque su coste es elevado, su rapidez y agilidad administrativa hace que su evolución sea positiva. En estos momentos, una particularidad de la carga aérea es que la mercancía viaja con los pasajeros en aviones de líneas regulares. La consecuencia es reducción en precios, mayor frecuencia de vuelos y la reducción de aviones cargueros.

El marco jurídico aplicable al contrato de transporte internacional aéreo es el Convenio de Montreal, del 28 de mayo de 1999. Este convenio ha sido ampliamente aceptado y ratificado por la inmensa mayoría de los países.

Transporte multimodal

Se identifica un transporte multimodal cuando el movimiento de mercancías se desarrolla en dos o más medios de transporte bajo un solo contrato. La empresa exportadora o importadora, según el incoterm acordado, contrata con un operador de transporte intermodal que se responsabiliza de todo el proceso desde el origen hasta el destino.

Se utilizarán varios medios de transporte, pero un único documento que vinculará al exportador o importador con el operador multimodal. Este único documento puede tener diferentes formatos. Distintas organizaciones del transporte multimodal han establecido diferentes documentos. Puede decirse que, dentro de la pluralidad de contratos, el FBL de la FIATA es el más habitual debido a su similitud con el conocimiento de embarque y por emitirse bajo las Reglas UNCTAD/CCI.

Tabla 8.8. Indemnizaciones en transporte marítimo internacional (Reglas de Róterdam)

Reglas de Róterdam	Pérdida o avería	Retraso
Documento de transporte. Conocimiento de embarque B/L.	El valor que resulte mayor entre: • 3 DEG × kg bruto. • 875 DEG × bulto.	2,5 veces el flete de las mercancías retrasadas. Máximo el límite de la pérdida total de la mercancía.

Tabla 8.9. Indemnizaciones en transporte aéreo internacional

Documento	Pérdida o avería	Retraso
Conocimiento aéreo (AWB). El expedidor es el responsable de la exactitud de los datos.	19 DEG × kg bruto. Declaración especial del valor en el AWB tras haber pagado una suma supletoria.	19 DEG/kg bruto. Declaración especial del valor en el AWB tras haber pagado una suma supletoria.

El contrato de transporte multimodal no está regulado de forma concreta por un convenio internacional. Tal vez la dificultad se encuentra en que, ante un único responsable (el OTM), se emplean diversos medios de transporte en una misma operación. Ocurrido un daño, muchas veces se desconoce en qué punto se produjo y en cuál de los medios de transporte utilizados. Este medio de transporte es cada vez más utilizado ante el desarrollo de los incoterms EXW o DDP, a porte debido o porte pagado, que simplifica las operaciones internacionales. Por ello, es necesario disponer de un marco jurídico propio, del que de momento carece.

En la Tabla 8.10, se hace referencia a los dos marcos jurídicos y al modelo de documento más usuales.

Tabla 8.10. Convenios que regulan el transporte multimodal

Convenios	Modelo documento
El Convenio de Ginebra de 1980. Las Reglas UNCTD/CCI.	Conocimiento embarque multimodal: FBL.

8.4.2. Cobertura de seguro en riesgos comerciales: póliza de cobertura CESCE

Cuando se habla de riesgos comerciales, sobre todo, está haciéndose referencia al riesgo de impago. Respecto a esto, es preciso explicar la póliza de cobertura CESCE (Compañía Española de Seguros de Crédito a la Exportación), que se encuentra integrada en las agencias de crédito a la exportación (ECA). CESCE tiene como objetivo garantizar a una entidad financiera o a un exportador el reembolso del crédito otorgado a un comprador extranjero para la adquisición de bienes españoles en el caso de impago del crédito.

Figura 8.6. Trazar una estrategia que tenga en cuenta los riesgos de impagos es vital para las empresas de cualquier tamaño que tengan intención de acceder a nuevos mercados.

Esta póliza cubre los riesgos:

- **Comerciales en un 99 %:** estos hacen referencia al incumplimiento en situaciones de morosidad prolongada, de quiebra o de suspensión de pago. La CESCE respalda estos riesgos con una red de reaseguradora internacional.
- **Políticos y extraordinarios en un 99 %:** en estos, interviene la actuación del país comprador y sus consecuencias en la compraventa. Se hace referencia tanto a guerras como a impagos de compradores públicos, catástrofes o la prohibición de salida de divisas del país comprador.

Dentro de CESCE, pueden encontrarse diferentes pólizas en función de quién las solicita (entidad financiera o exportador), en función del plazo (a corto o a largo), en función del volumen de ventas anuales (mayor o menor de 1 200 00 €), en función de las causas de impagos o en función del objeto de la póliza (compraventa o inversión).

CESCE ofrece la póliza de seguro para el crédito al comprador, que es una de las más utilizadas para la compraventa de mercancías. En ella, se encuentran:

- **Asegurado:** entidad financiera que otorga el crédito al comprador extranjero.
- **Asegurador:** Compañía Española de Seguros de Crédito a la Exportación.
- **Comprador:** persona física o jurídica no residente en España que aparece designada como tal en el contrato de exportación.

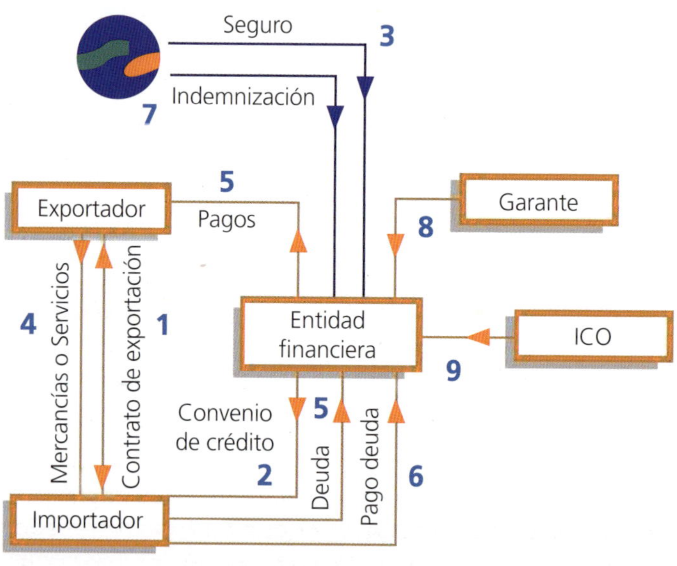

Figura 8.7. Gráfico de una póliza de crédito al comprador. *Fuente:* www.cesce.es.

- **Vendedor:** persona física o jurídica no residente en España que aparece designada como tal en el contrato de exportación.

  El detalle de la póliza es:

  1. El exportador español negocia un contrato de exportación con su cliente.
  2. La entidad financiera concede un crédito para financiar la operación, formalizando así un convenio de crédito.
  3. La entidad financiera solicita a CESCE cobertura por el riesgo de impago mediante el seguro de crédito a comprador.
  4. Una vez formalizados el contrato de exportación, el convenio de crédito y la póliza de seguro de crédito a comprador, el exportador comienza a ejecutar el contrato de exportación.
  5. A medida que el exportador cumple con sus obligaciones contractuales, la entidad financiera realiza los pagos al exportador por cuenta del importador, momento en el que nace la deuda del importador hacia la entidad financiera, la cual es el objeto del seguro.
  6. La entidad financiera cobrará el crédito del importador en las condiciones y plazos acordados.
  7. En caso de impago por parte del importador como resultado de los riesgos contemplados en la póliza de seguro, CESCE indemnizará a la entidad financiera asegurada en los plazos establecidos en la póliza.

8.4.3. Cobertura de seguro en riesgos de variación de tipo de cambio: póliza *forward*

Uno de los elementos en la negociación en una compraventa internacional es fijar la moneda en la que va a tasarse el precio de la mercancía. Tanto el comprador como el vendedor intentarán que la moneda acordada sea la de su país para evitar el riesgo que supone la variación del tipo de cambio.

La modificación del tipo de cambio no necesariamente significa que es perjudicial, puede ser beneficiosa según para quién y según sea positiva o negativa. Lo que sí es cierto es que tanto el comprador como el vendedor buscan garantizar el precio acordado evitando en todo momento las fluctuaciones de tipo de cambio de las divisas. El objetivo de la transacción no es ganar o perder con el cambio de divisas, sino conseguir el beneficio esperado de la compraventa de la mercancía en el valor acordado.

> **Vocabulario**
>
> **Tipo de cambio indirecto:** es la cantidad de moneda extranjera que hay que entregar por una unidad de moneda nacional. Vendría dada de la siguiente forma: dólar/euro o $/€ en caso del código ISO de las monedas.
>
> **Tipo de cambio *spot*:** del inglés *on the spot,* «de inmediato». Se refiere al tipo de cambio del momento de un par de divisas determinado para ser liquidado de forma inmediata.

A continuación, se presentan varios ejemplos tanto desde el punto de vista del exportador como del importador. Hay que recordar que, en las transacciones intracomunitarias, no existe riesgo de cambio utilizando el euro.

Un exportador español que acuerda una venta con un comprador colombiano por un valor de 10 000 $. En el momento del acuerdo, el cambio *spot* es 1 $/€. Llegado el momento del pago, el cambio está en:

- **0,9 $/€.** Aunque, en un principio, esperaba recibir 10 000 €, con este cambio, recibiría 11 111,11 €. Ganaría con la variación.
- **1,1 $/€.** Aunque, en un principio, esperaba recibir 10 000 €, con este cambio, recibiría 9090,91 €. Perdería con la variación.

Suponiendo que ahora fuese un importador español el que acuerda una compra con un vendedor colombiano de una mercancía por 10 000 $ y, en el momento del acuerdo, el cambio *spot* fuese 1 $/€. Llegado el momento del pago, el cambio está en:

- **0,9 $/€.** Aunque, en un principio, esperaba pagar 10 000 €, con este cambio, recibiría 11 111,11 €. Perdería con la variación.
- **1,1 $/€.** Aunque, en un principio, esperaba pagar 10 000 €, con este cambio, recibiría 9090,91 €. Ganaría con la variación.

Tal y como se ha dicho, los operadores económicos en una compraventa internacional de mercancías no tienen como objetivo lucrarse con las diferencias de cambio de divisas. Todo lo contrario, lo que buscan es garantizar el tipo de cambio para obtener el importe acordado en el momento de la transacción. Por ello, contratarán una póliza de seguro *forward,* que garantiza el cambio de moneda a un tipo de cambio

Tabla 8.11. Fluctuación de las divisas y su efecto económico en los operadores económicos

Operador económico	Variación de la divisa	Resultado
Vendedor o exportador.	Aumenta.	Pierde.
	Disminuye.	Gana.
Comprador o importador.	Aumenta.	Gana.
	Disminuye.	Pierde.

Figura 8.8. El riesgo de cambio es la diferencia que existe en la cotización de la divisa desde el momento en el que se contrae la obligación de pagar o cobrar y el instante en el que se materializa el pago o cobro de la divisa.

acordado en un plazo determinado. Con ello, se evitan las fluctuaciones del mercado de divisas.

El cambio *forward* es un tipo de cambio a plazo que ofrecen tanto empresas multinacionales como bancos y otras instituciones financieras. El funcionamiento de este tipo de contratos *forward* es el siguiente:

1. Se calcula el tipo de cambio que va a acordarse en el contrato con la siguiente fórmula:

$$\text{Tipo de cambio } forward =$$

$$= \text{tipo cambio actual} \times \frac{1 + [iv \times \frac{\text{nº de días}}{365}]}{1 + [ic \times \frac{\text{nº de días}}{365}}$$

   Donde *iv* es el tipo de interés en el país vendedor; *ic,* el tipo de interés en el país comprador, y *n.º de días,* el plazo de cobro.

2. Al llegar el plazo acordado, obligatoriamente se realiza una operación al cambio *forward* calculado.

   Supóngase que un exportador español hubiese acordado una venta con un comprador estadounidense por un valor de 1 000 000 $. En el momento del acuerdo, el cambio *spot* (tipo de cambio actual) es 1 $/€. El tipo de interés en Europa se encuentra en el 1,5 % y en América del Norte, en el 1 %. El plazo de pago lo establecen en 120 días.

$$\text{Tipo de cambio } forward =$$

$$= 1 \times \frac{1 + \left[0,015 \times \frac{120}{365}\right]}{1 + [0,01 \times \frac{120}{365}} = \frac{1,004931507}{1,003287671} = 1,0016385$$

   Llegado el momento del pago, el cambio está a 1,4 $/€. A través del tipo cambio *forward,* el exportador recibiría 998 364,18 €, mientras que, a través de la venta *spot* de 1 000 000 ~$, el exportador recibiría 714 285,71 €. Contratar una póliza de seguro de cambio *forward* supone que la fluctuación de la divisa no afecte tanto y la pérdida sea menor. Este tipo de póliza, normalmente, la contrata el vendedor o exportador de la mercancía.

Actividad propuesta 8.5

Supón que un exportador español vende a una empresa americana corchos por un valor de 30 000 $ (dólares) a pagar dentro de 21 días (tiempo que tarda para llegar al puerto de destino, Nueva York). Si en ese periodo de tiempo la cotización pasa de 1,234 $/€ a 1,123 $/€), ¿este cambio en la divisa beneficia o perjudica al exportador español?

8.5. Actuación ante un siniestro

El procedimiento de actuación ante un siniestro debe estar recogido en la póliza de seguro. En la Ley 50/1980, de 8 de octubre, de Contrato de Seguro, pueden entresacarse unas líneas generales de cómo actuar ante un siniestro:

- **Parte del siniestro.** El plazo para informar del siniestro al asegurador se encuentra en el artículo 16 de la ley: «El tomador del seguro o el asegurado o el beneficiario deberán comunicar al asegurador el acaecimiento del siniestro dentro del plazo máximo de siete días de haberlo conocido, salvo que se haya fijado en la póliza un plazo más amplio. En caso de incumplimiento, el asegurador podrá reclamar los daños y perjuicios causados por la falta de declaración».

El tomador o asegurado debe dar al asegurador toda clase de información sobre las circunstancias y consecuencias del siniestro. En caso de no hacerlo, supondrá la pérdida de la indemnización si se hubiese hecho con dolo o culpa grave. El tomador o asegurado deberá emplear los medios a su alcance para aminorar las pérdidas del siniestro. Su incumplimiento da derecho al asegurador a reducir la indemnización en la proporción oportuna, teniendo en cuenta la importancia de los daños derivados de este y el grado de culpa del asegurado.

Figura 8.9. Los beneficios que se derivan al levantar un atestado de forma objetiva e imparcial pueden servir para esclarecer los hechos ante un siniestro en el transporte.

Enlaces web

Ley de Contrato de Seguro:
https://www.boe.es/buscar/act.php?id=BOE-A-1980-22501

Fondo Monetario Internacionacional, cotización del DEG:
http://www.imf.org/external/np/fin/data/rms_five.aspx

Conversor de divisas XE:
http://www.xe.com/es/currencyconverter/convert/?Amount=8%2C33&From=XDR&To=EUR

CESCE, póliza de crédito comprador:
http://www.cesce.es/poliza-de-credito-comprador

Ley de Presupuestos Generales del Estado para el año 2017, búsqueda del indicador público de renta de efectos múltiples (IPREM):
https://www.boe.es/buscar/doc.php?id=BOE-A-2017-7387

- **Peritaciones por parte del asegurador.** En el artículo 18 de la ley, se indica que: «El asegurador está obligado a satisfacer la indemnización al término de las investigaciones y peritaciones necesarias para establecer la existencia del siniestro y, en su caso, el importe de los daños que resulten del mismo».

  Una vez evaluado el siniestro y calculado el importe de la indemnización, deberá comunicarse al asegurado. En el caso de que el asegurado no esté de acuerdo con la peritación, comenzará la negociación con el asegurador para ponerse de acuerdo en la indemnización a recibir.

- **Pago de la indemnización por parte del asegurador.** En el mismo artículo 18, se dice: «En cualquier supuesto, el asegurador deberá efectuar, dentro de los cuarenta días, a partir de la recepción de la declaración del siniestro, el pago del importe mínimo de lo que el asegurador pueda deber, según las circunstancias por él conocidas.

  Cuando la naturaleza del seguro lo permita y el asegurado lo consienta, el asegurador podrá sustituir el pago de la indemnización por la reparación o la reposición del objeto siniestrado».

  El asegurador estará obligado al pago de la prestación, salvo en el supuesto de que el siniestro haya sido causado por mala fe del asegurado.

  Sería conveniente que se guarden los restos del siniestro hasta que la compañía aseguradora haya procedido a liquidar la indemnización, pues esta podrá reclamar su revisión en cualquier momento del proceso.

Normativa

Ley 50/1980, de 8 de octubre, de Contrato de Seguro.

Ley 20/2015, de 14 de julio, de ordenación, supervisión y solvencia de las entidades aseguradoras y reaseguradoras.

Cláusulas inglesas para seguros de carga A, B y C.

Documento

Póliza de seguro.

EL SEGURO DE LA MERCANCÍA EN EL COMERCIO INTERNACIONAL

EL SEGURO

¿Para qué?

- Medidas para reducir riesgo, que es la posibilidad de que algo perjudicial ocurra
- Los tipos de riesgos son:
  - — Impago
  - — Calidad del producto
  - — Transporte
  - — Tipo de cambio
  - — Fuerza mayor
  - — Contractual
  - — Legales
  - — Estratégico o de inversión

El contrato del seguro

Es un acuerdo entre dos partes, una paga la prima y la otra obliga a resarcir de un daño

- Elementos del contrato de seguro:
  - — Reales: riesgo, objeto, prima y siniestro
  - — Formales: póliza
  - — Personales: asegurador, asegurado, tomador y beneficiario

Coberturas

Según convenios de transporte y pólizas de seguro:

- Convenios de transporte: CMR (carretera), La Haya-Visby (marítimo), Montreal (aéreo) y CIM (ferrocarril)
- Póliza para riesgos comerciales CESCE
- Póliza para el tipo de cambio *forward*

Actuación frente a un siniestro:

1. Dar parte al seguro de toda clase de información sobre las circunstancias y consecuencias del siniestro
2. Peritación de los daños tras evaluar el siniestro y calcular el importe de la indemnización
3. Pago de la indemnización

Actividades de comprobación

8.1. Los riesgos pueden clasificarse en función de...

a) ... los incoterms.
b) ... el tipo de cobro.
c) ... el lugar en el que se encuentre.
d) ... el dinero.

8.2. Una de las características del contrato de seguro es...

a) ... que tiene que existir un riesgo cierto y posible.
b) ... la indemnización se pacta en función de la magnitud del daño.
c) Las respuestas a y b son correctas.
d) Ninguna respuesta es correcta.

8.3. El siniestro es...

a) ... la posibilidad de que algo dañino ocurra.
b) ... el elemento patrimonial expuesto al riesgo.
c) ... la obligación principal del tomador.
d) ... la materialización del riesgo.

8.4. El riesgo es...

a) ... la posibilidad de que algo dañino ocurra.
b) ... el elemento patrimonial expuesto al riesgo.
c) ... la obligación principal del tomador.
d) ... la materialización del riesgo.

8.5. El asegurador es...

a) ... aquel que va a satisfacer el daño producido.
b) ... aquel que está expuesto al riesgo.
c) ... junto con el asegurador, es quien suscribe el contrato de seguro y asume obligaciones y derechos.
d) ... el titular del derecho al a prestación.

8.6. El tomador es...

a) ... aquel que va a satisfacer el daño producido.
b) ... aquel que está expuesto al riesgo.
c) ... junto con el asegurador, es quien suscribe el contrato de seguro y asume obligaciones y derechos.
d) ... el titular del derecho a la prestación.

8.7. La indemnización se calcula en función de...

a) ... el valor de la mercancía perdida.
b) ... el valor de la parte dañada.
c) ... el valor del perjuicio ocasionado por retraso en la entrega.
d) Todas las respuestas son correctas.

8.8. La máxima indemnización por avería en transporte internacional por carretera es...

a) ... 19 DEG × kg bruto.
b) ... 8,33 DEG × kg bruto.
c) ... 2 DEG × kg bruto.
d) ... 1/3 IPREM × kg bruto.

8.9. El marco jurídico aplicado en el transporte marítimo es...

a) ... las Reglas de Hamburgo.
b) ... las Reglas de La Haya-Visby.
c) ... las Reglas de Róterdam.
d) ... el Convenio de Montreal.

8.10. El tipo de cambio a plazo se llama...

a) ... *CESCE.*
b) ... *derecho especial de giro.*
c) ... *forward.*
d) ... *spot.*

Actividades de aplicación

8.11. Una empresa suiza Federer Lausana, SA, desea comprar a una empresa valenciana, Karmen Coop., una partida de 20 000 t de naranjas distribuidas entre los meses de enero a mayor en función de su demanda. Para organizar el envío, se contrata al transitario RouteTrans, SL. Debido al volumen de la operación, se cuenta con la compañía de seguros MATCH, SA, que ofrece una póliza por un coste de 60 000 €. Suponiendo un valor EXW de 0,3 €/kg bruto, despacho 50 €/envío y la necesidad de 800 envíos con un coste de viaje de 2000 €/camión:

a) Calcula el valor EXW (fábrica Valencia) y DAP (fábrica Berna).

b) Identifica los elementos personales que intervienen en el seguro en los dos incoterms.

8.12. Suponiendo que el envío de la empresa española Karmen Coop. a la empresa suiza Federer Lausana, SA, es de 25 000 kg brutos de naranjas, comprueba que el valor dicho envío DAP (fábrica Berna) sea de 9650 €. Indica si es necesario contratar una póliza de seguro suponiendo que el valor del DEG fuese 1,125.

8.13. Unas cerraduras de edificio son transportadas en un contenedor a su destino. Se encuentran aseguradas con un seguro de transporte terrestre y otro marítimo y viajan utilizando diversos medios de transporte. A su llegada a destino, se observa que la mercancía está estropeada y no puede determinarse el momento en el que se produjo el siniestro.

a) El viaje se inició en Irún viajando por ferrocarril hasta Ámsterdam, donde embarcó hasta Copenhague para terminar el viaje haciendo 90 km por carretera. Señala por qué seguro se regirá el transporte.

b) La misma mercancía con las mismas condiciones y situaciones, pero haciendo un viaje que se inicia en Barcelona vía marítima hasta Ámsterdam. Se termina el viaje haciendo 90 km por carretera. Deduzca por qué seguro se regirá el transporte.

Razona la respuesta haciendo alusión tanto a la ley que rige dicho ámbito como al artículo en cuestión.

8.14. Sale un vagón de Algeposa (Irún) llevando licores por un valor de 250 000 €. El tren descarrila en Hendaya. Sabiendo que el peso bruto de la mercancía es de 12 000 kg y lleva 10 000 l y que la cotización del DEG el día del siniestro, 14 de mayo del 2011, es de 1,121550, calcula la indemnización.

8.15. Una mercancía de 60 europalés de tomate frito, donde cada palé pesa 200 kg brutos, sale de Villafranca (Navarra) con destino a París en camión. El total de peso bruto de la mercancía 12 000 kg. En Toulouse, el camión sufre un siniestro y se pierden 40 europalés. Sabiendo que la mercancía en la fábrica era de 20 000 €, determina la indemnización para el 12 de enero del 2010.

8.16. Unos kiwis importados de Nueva Zelanda, valorados en 10 000 NZ$ (dólar neozelandés) y cuyo peso bruto es de 2000 kg, viajan vía aérea. Tras un siniestro con el vuelo, se deterioran 1000 kg. Establece la indemnización mínima para el día 14 de mayo del 2011.

8.17. Busca el significado de transporte superpuesto y el de transporte Ro-Ro. A continuación, localiza en el Convenio Internacional de Transporte de Mercancías por Carretera el artículo 2, léelo y lee después el siguiente supuesto:

> Una mercancía está en una ruta de Cuenca a Londres en transporte superpuesto o Ro-Ro atravesando el canal de la Mancha en un buque. Cuando la mercancía llega a destino, se verifica que tres europalés están estropeados.

¿A través de qué convenio se llevará a cabo la indemnización?

8.18. Una mercancía de piezas de coche viene de Japón en buque hasta Algeciras. El peso del contenedor es de 20 TN y el valor de la mercancía en el puerto de destino es de 1 500 000 ¥ (yenes japoneses). Averigua la cobertura máxima que recibirá si no se ha hecho póliza de seguro, sabiendo que el siniestro ocurre en el océano Índico el 14 de mayo del 2011 y que las condiciones en el reverso del B/L son las del Convenio de La Haya-Visby.

Actividades de ampliación

8.19. Un cliente ha enviado un contenedor de 20 ft (pies) desde La Coruña hasta el puerto de Nueva York. El peso bruto de la mercancía es de 10 000 kg brutos y está embalada en 10 europalés (así está especificado en el B/L). La mercancía tiene un valor en CIP (puerto de Nueva York) de 100 000 $.

a) El cliente indica que no ha recibido la mercancía. Al llamar a la naviera, esta responde que el contenedor se ha perdido el día 3 de abril del 2017. Busca la cotización del DEG del día del siniestro e indica: a cuánto asciende la cobertura de la naviera si se rige por las condiciones generales de Convenio de La Haya-Visby, si el incoterm pactado obliga a un contrato de póliza de seguro y quién sería el beneficiario de la póliza.

b) El cliente anterior va a pagar dentro de 60 días. El interés en la Unión Europea es del 3 % y en los Estados Unidos, del 2 %. Hoy el cambio está a 1,377 €/$. Llegado el día de cobro de la factura, el cambio en el mercado de divisas se cotiza a 1,287 €/$. Halla el tipo de cambio *forward* aplicando la fórmula. Llegado el momento del cobro, determina cuánto dinero va a dar el banco, para quién ha sido beneficioso y qué hubiese pasado si no se hubiese hecho el seguro de cambio.

8.20. Un exportador de Jaén quiere vender a granel 20 000 l de aceite de oliva virgen a una empresa china con un peso bruto aproximado de 18 200 kg. La mercancía irá en un contenedor tipo Tank de acero inoxidable fabricado en 20 ft. Su tara es de 5330 kg.

Ante la inexperiencia en el mercado japonés y el desconocimiento del cliente, se hace un contrato de compraventa y se ve adecuado hacer una póliza de seguro para crédito a comprador. Responde a las siguientes cuestiones:

a) ¿Cuál es el medio de transporte más adecuado?

b) ¿Por qué convenio crees que se regirá y dónde aparecerán las cláusulas del contrato de transporte?

c) ¿Quién presentará el contrato de compraventa y ante quién?

d) Ante una declaración judicial de suspensión de pagos en Japón, ¿se cubrirá con esta póliza?

e) ¿Y ante un terremoto?

f) ¿Qué situaciones de riesgo deberá el asegurado comunicar al asegurador?

g) ¿Qué se entiende por cláusula de aceleración?

h) Ante desavenencias en el incumplimiento de las partes, ¿a qué jurisdicción habrá que dirigirse?

8.21. Supón un envío de 60 europalés de naranjas, que pesan cada uno 200 kg brutos, con destino a París en camión. En Toulouse, el camión sufre un siniestro y se pierden 40 europalés. Sabiendo que la mercancía en la fábrica tenía un valor de 20 000 €. Calcula la indemnización para el 12 enero del 2010. ¿Y si el siniestro hubiese ocurrido el 28 diciembre del 2017? Determina la indemnización en ambas fechas.

9

Medidas de política comercial y regímenes administrativos

CONTENIDOS

OBJETIVOS

- Conocer la política comercial de la Unión Europea.
- Recordar los acuerdos comerciales que la Unión tiene con el resto del mundo.
- Identificar los distintos regímenes comerciales para las mercancías en la Unión Europea.
- Saber buscar, leer, actualizar e interpretar las diferentes legislaciones aplicables a los regímenes comerciales.
- Localizar y cumplimentar los documentos en relación con los tipos de regímenes comerciales.

INTRODUCCIÓN

La Unión Europea tiene una política comercial común, por lo que los Estados miembros no tienen competencia para tomar decisiones en este ámbito. Esto afecta, entre otras, a medias sobre los aranceles, los acuerdos con terceros países, la defensa comercial y los regímenes comerciales de importación y exportación de las mercancías.

En esta unidad, se describe esta política comercial y la parte administrativa que conlleva. Como ya se ha comentado, toda mercancía ha de tener un determinado destino aduanero, dependiendo de su naturaleza o del país de origen y, como consecuencia de esa política comercial, tendrá un proceso administrativo u otro. La mención a la normativa a lo largo de esta unidad en los regímenes específicos de ciertas normativas es una referencia, que habrá que actualizar en el tiempo.

9.1. Política comercial común de la Unión Europea

El comercio internacional se basa en las normas establecidas por la Organización Mundial del Comercio (OMC). Sus normas ayudan a que los acuerdos y obligaciones comerciales entre los países sean más abiertos y justos. La Unión Europea es la primera potencia comercial del mundo, con una cuota de participación en las exportaciones e importaciones mundiales de más del 15 %. Se ha convertido en:

- La primera exportadora mundial de productos manufacturados y servicios.
- El mayor mercado único del mundo.

Figura 9.1. El libre comercio entre los países miembros es uno de los principios de la Unión Europea, y su política comercial se hace exclusivamente en el *ámbito* de la Unión.

Hay que recordar que el libre comercio entre sus países miembros es uno de los principios básicos en la Unión Europea. Como cualquier país, la Unión Europea tiene una política comercial común. Los Estados miembros no tienen capacidad para tomar decisiones de forma autónoma en este ámbito. La gestión de esta política es exclusiva de los órganos de la Unión (Comisión, Consejo y el Parlamento). Un organismo clave es la Dirección General de Comercio de la Comisión Europea.

La política comercial común es uno de los pilares de las relaciones exteriores de la Unión Europea. Se basa en un conjunto de normas aplicadas en las fronteras europeas a los productos importados de terceros países. Los fines que persigue esta política son:

- El desarrollo armonioso del comercio mundial.
- La supresión progresiva de las restricciones a los intercambios con terceros países.
- La reducción de las barreras arancelarias.
- El aumento de la capacidad competitiva de las empresas.
- La supresión de las restricciones a las inversiones extranjeras directas.

Actividad propuesta 9.1

Detalla en qué se basa la política comercial común de la Unión Europea.

Dentro de la política comercial comunitaria, se distingue las siguientes:

- **Política comercial autónoma:** es aquella que asume los compromisos derivados de los acuerdos suscritos por la Unión Europea como miembro de la OMC: la política arancelaria, el régimen de importación, medidas relacionas con la exportación y la defensa comercial, entre otros.
- **Política comercial convencional:** es aquella que surge como fruto de la relación de la Unión Europea respecto a terceros países.

El régimen comercial de importación y exportación de aplicación en el territorio español que forma parte del territorio aduanero comunitario (península, Islas Baleares y Canarias) viene determinado por esta política comercial común, recogido en la legislación europea en innumerables reglamentos comunitarios.

A la hora de buscar información, innumerable y actualizada con mucha frecuencia, hay que hacer referencia a la Secretaría de Estado de Comercio, dependiente del Ministerio de Economía, Industria y Competitividad o a las diversas páginas web que se mencionan en la unidad.

En esta unidad, se hace referencia, dentro de la política comercial europea, a los regímenes comerciales de importación, recordando los acuerdos comerciales que la Unión Europea tiene con el resto de los países.

Recuerda

La política comercial de la UE se hace exclusivamente en el nivel de la UE. La Comisión, en nombre de la UE, negocia los acuerdos según las normas de la OMC y colabora estrechamente con los gobiernos nacionales y el Parlamento Europeo.

9.2. Política comercial autónoma: acuerdos de la UE con terceros países

Uno de los puntos que han de destacarse de la política comercial común (PCC) son los acuerdos que la Unión Europea tiene con el resto de países, pues es en esta política comercial donde la Unión negocia sus propios acuerdos comerciales bilaterales con países o grupos regionales de países. A la hora de clasificarlos, pueden citarse los siguientes:

- **No preferenciales:** en este acuerdo, el tratamiento arancelario es el de la nación más favorecida. Son acuerdos de colaboración y cooperación que no suponen grandes ventajas comerciales. Aquí, pueden encontrarse países como Japón, los Estados Unidos, Rusia, etc., lo que se entiende como tercer país a la hora de aplicar el arancel. No hay un beneficio en su reducción.
- **Preferenciales:** estos dan ventajas respecto a los anteriores, tanto comerciales como arancelarias. Su objetivo es facilitar los intercambios comerciales entre los países participantes. Aquí, pueden encontrarse diferentes acuerdos:
  - **La Unión Europea con un grupo de países:** Acuerdo EEE (Espacio Económico Europeo, Acuerdo Mediterráneo, Acuerdo ACP (África, Caribe y Pacífico) o Acuerdo PTU (cooperación con países y territorios de ultramar).
  - **Sistema de preferencias generalizadas (SPG):** con él, pretende ayudarse a los países en desarrollo a reducir su pobreza, incrementando sus ingresos por medio del comercio internacional y gracias a la concesión de preferencias comerciales a dichos países.
  - **La Unión Europea con un país:** México, Marruecos, Sudáfrica, Turquía, etcétera.

También existen los acuerdos comerciales multilaterales en grandes marcos, como ha podido ser en su día el GATT y en estos momentos la OMC. Este organismo establece normas de comercio mundial y la Unión Europea en su comercio exterior se rige por esos acuerdos negociados con la OMC.

9.3. Medidas de defensa comercial

Se entiende por *medidas de defensa comercial* el conjunto de acciones que un país puede aplicar para hacer frente a la entrada de mercancías procedentes de un tercer país que, al no cumplir con la normativa internacional, puede causar perjuicio grave a su economía interna. Estas son aplicadas, sobre todo, en países desarrollados para defenderse de países emergentes que producen a menor coste.

Entre las medidas que se utilizan en los países miembros de la Unión Europea, pueden mencionarse: las medidas *antidumping,* las cláusulas de salvaguardia, el Reglamento de Obstáculos al Comercio (ROC) y la antisubvención. Todas ellas se consideran una amenaza para el libre comercio y, por ello, son contrastadas con las orientaciones trazadas por la OMC. Hay que decir que, aunque estas medidas forman parte de la política comercial de la Unión Europea, van adaptándose a la normativa internacional.

La mayoría de los países ven necesario adoptar medidas para contrarrestar los efectos perjudiciales que puede causar a sus economías la entrada de productos procedentes del exterior. La Unión Europea ha exigido que se establezcan normas de defensa comercial claras, precisas e idénticas en todos los países miembros de la OMC para permitir una respuesta unánime ante las prácticas desleales en el comercio internacional. Por ahora, no existe un acuerdo internacional que regule todos los obstáculos al libre comercio.

9.3.1. Medidas *antidumping*

El *dumping* consiste en que las empresas exporten sus productos a menor coste, lo que puede perjudicar y hasta eliminar un producto nacional. La OMC permite a sus miembros defenderse de esta práctica siempre y cuando sea una amenaza para la economía nacional de un país. Para ello, ha establecido todo un procedimiento que permite adoptar un derecho *antidumping* que soportará la mercancía en el momento que vaya a ser importada.

Figura 9.2. *Dumping* medioambiental es la práctica comercial que permite vender por debajo de un precio normal reduciendo gastos a costa de una mayor contaminación.

En la Unión Europea, se investigan constantemente las prácticas *dumping*. Normalmente, se abre una investigación a petición de la empresa afectada y es llevada a cabo por la Comisión Europea. Esta puede imponer derechos *antidumping* provisionales, aunque los definitivos suelen ser impuestos por el Consejo de Ministros de la Unión Europea. Su plazo de validez puede ser hasta de cinco años, pero también pueden ser eliminadas antes de llegar al plazo acordado.

Recuerda

El *dumping* social es la competencia desleal basada en la explotación y los bajos salarios de los trabajadores para conseguir rebajar los costes laborales de producción y así poder ofrecer unos precios más competitivos en el mercado para aumentar sus beneficios.

El *dumping* ecológico es la competencia desleal basada en la contaminación del medioambiente para abaratar costes.

9.3.2. Cláusulas de salvaguardia

Estas cláusulas se utilizan cuando el volumen de importaciones de un producto a la Unión Europea sea tal que provoque o pueda provocar un grave perjuicio a los productores comunitarios. El organismo encargado de adoptarlas es el Consejo Europeo.

Esta medida se refiere a las restricciones cuantitativas de un producto para su importación, el cual requerirá una licencia de importación y, cuando se llegue al máximo pactado, no podrá introducirse esta mercancía en la Unión Europea hasta un nuevo periodo. Para saber si una mercancía está sometida a estas restricciones cuantitativas, habría que:

- Consultar la normativa vigente en las páginas web correspondiente.
- Buscar la partida en el TARIC, donde se indican con una R los productos con restricciones cuantitativas.

En otras ocasiones, se adoptan medidas de vigilancia cuando la evolución de las importaciones de un producto pueda provocar perjuicio al empresariado comunitario. En este caso, el despacho de importación quedaría supeditado a la presentación de un documento: el DOVI (documento de vigilancia a la importación). Normalmente, este es un paso previo para adoptar las medidas de salvaguardia. Estas medidas de vigilancia son tomadas por la Comisión Europea.

9.3.3. Reglamento de obstáculos al comercio (ROC)

Este reglamento permite a las empresas comunitarias denunciar los obstáculos comerciales que les afectan por la importación de productos a la Unión Europea, los cuales han de deberse a las prácticas comerciales que adoptan empresas de terceros países que supongan una violación a los compromisos de la OMC o a los acuerdos comerciales bilaterales que el país tenga con la Unión Europea. En él, puede encontrarse detallado el cauce legal al que tiene que ajustarse la denuncia.

El procedimiento puede iniciarlo una empresa, una asociación de empresarios o un Estado miembro. Al final de la investigación, el Consejo de Unión Europea podrá adoptar medidas de política comercial comunitaria.

9.3.4. Medidas antisubvención

Están bastante generalizadas las subvenciones o las ayudas a la exportación a las empresas por parte de los gobiernos de los países. Esta medida también perjudica el comercio internacional, pues permite a la empresa vender en otro país a precios más bajos de lo normal. Debido a que puede perjudicar la producción nacional, la OMC permite a los países miembros adoptar medidas antisubvención.

El procedimiento en la Unión Europea es igual que en las medidas anteriores: denuncia de empresa afectada, investigación por la Comisión, medias provisionales, medidas definitivas y reconsideración de las medidas.

9.4. Principales regímenes comerciales

Los regímenes comerciales son el marco legal que regulan las relaciones entre un país y su comercio exterior. Son el conjunto de normas que hay que aplicar cuando una persona física o jurídica quiere exportar o importar una mercancía. Como ya se ha indicado, el comercio internacional se rige por el principio de libertad comercial que supone en todos los casos la obligación, mayor o menor, de aportar unos documentos.

Cuando se habla de los regímenes comerciales, se hace referencia tanto a la exportación como a la importación. En esta unidad, van a desarrollarse los regímenes comerciales a la importación, ya que los de exportación se rigen principalmente por la libertad absoluta y, más que obstaculizar, lo que se hace es fomentar la salida de productos europeos a otros países.

Figura 9.3. El comercio es esencial para la Unión Europea, fundadora y actora fundamental de la Organización Mundial del Comercio (OMC).

Cada país o grupo de países establecen sus regímenes comerciales, que pueden clasificarse de diferentes formas, como la siguiente:

- Régimen de libertad comercial.
- Régimen restringido o régimen de autorización administrativa.
- Regímenes específicos de ciertas mercancías.
- Regímenes especiales por el destino de la mercancía.

Es preciso subrayar que el régimen de comercio aplicable a una mercancía dependerá de su naturaleza y del país de origen. Por ello, dos importaciones del mismo producto pueden ser incluidas en diferente régimen según sea su país de origen.

9.4.1. Régimen de libertad comercial

Dentro de este régimen, puede encontrarse:

- **Libertad total:** la intervención de las autoridades en esta clase de operaciones es mínima. Puede importarse libremente la cantidad de mercancía que se desee. La aduana necesitará conocer los detalles de la operación con el documento único administrativo. No se exigirá ninguna autorización ni licencia. La Administración se limitará a verificar que la mercancía pertenece a este régimen y se le dará un destino. No se exige ningún documento previo a la importación de la mercancía. El permiso para efectuar la operación se realiza automáticamente.
- **Libertad con vigilancia previa:** las mercancías están sometidas al régimen de libertad comercial, pero necesitan cumplimentar una documentación cuya finalidad es el control estadístico. La importación de estos productos estará sometida a medidas de vigilancia. Esta vigilancia puede ser:
  - **Comunitaria:** cuando la Unión Europea necesita tener un conocimiento estadístico actualizado de dichas mercancías. El control lo hace la aduana europea.
  - **Comunitaria de doble control:** igual que el anterior, pero cuando el país de origen firma con la Unión Europea un acuerdo de doble control es para evitar fraudes de desviación de comercio. En este caso, se requiere una licencia de exportación que emite el país exportador. El importador presentará este documento, junto con el resto de documentación, en la aduana para realizar la operación.
  - **Funcionamiento:** en ambos casos, se requerirá la presentación del documento de vigilancia comunitaria (Reglamento CE 139/1996 del Consejo Europeo, de 22 de enero de 1996). Si fuese una medida de vigilancia nacional, se presentaría el documento de notificación previa de importación (apartado 2 de la Orden de 24 noviembre de 1998).
- **Régimen de certificación:** la legislación comunitaria hace referencia a los productos agrarios o de la pesca. Se exigirá a su importación un certificado

de importación (AGRIM) o un documento análogo establecido por la citada normativa. Se autoriza y obliga a importar con arreglo al certificado, durante el periodo de validez, la cantidad indicada del producto de que se trate. La admisión de la solicitud podrá estar condicionada a la constitución de una garantía por parte del operador.

El documento constará de cuatro ejemplares: para el titular, para la Secretaría General de Comercio Exterior, para el Servicio de Fianzas y para el Registro General. Su plazo de validez será el que determine en cada caso la normativa comunitaria.

Actividad propuesta 9.2

Explica cómo puede conocer un exportador si su mercancía necesita la cumplimentación de un AGREX.

9.4.2. Régimen restringido o régimen de autorización administrativa

A este régimen se acogen aquellas operaciones de importación que estén sometidas a restricciones cuantitativas o cualitativas o que exijan un control estricto por parte de la Administración.

Este régimen exige una férrea vigilancia y control de la operación de importación. Para que esta pueda realizarse, se precisa la expedición de un documento oficial, que será distinto en función de si las restricciones las impone la Unión o son nacionales. Estos documentos los otorgará la Administración de forma discrecional.

Figura 9.4. La autorización a ciertas mercancías sometidas al régimen de restricción la otorga en España con carácter discrecional la Secretaria General de Comercio Exterior.

Las **autorizaciones administrativas** que puede conseguir el operador económico son:

- **Autorización por operación:** está unida a la autorización a una operación concreta.
- **Autorización global:** está unida a una autorización de determinadas mercancías durante un periodo concreto.

Las **restricciones** pueden ser de dos tipos:

- **Cualitativas:** se refiere a las características de la naturaleza de la mercancía.
- **Cuantitativas:** se refiere a la cantidad de mercancía que puede importarse. Cuando se fijan contingentes cuantitativos a la importación, una vez cubierta dicha cantidad, no puede importarse más de esa mercancía durante un tiempo.

Actividad propuesta 9.3

Explica la diferencia entre contingentes cuantitativos y contingentes arancelarios.

La **documentación** necesaria para este régimen es la siguiente:

- **Autorización administrativa de importación** (restricciones nacionales).
- **Licencia de importación** (restricciones comunitarias).

Todos los documentos o formularios que se precisan en los regímenes comerciales los emite el secretario general de Comercio Exterior.

Tabla 9.1. Documentación en diferentes regímenes comerciales

Libertad	Vigilancia	Certificación	Restringido
Documento único administrativo (DUA).	Documento de vigilancia a la información (DOVI).	Certificado de importación (AGRIM).	Autorización administrativa y licencia de importación.

9.5. Regímenes específicos de ciertas mercancías

En los intercambios internacionales, existe un conjunto de mercancías que, por su naturaleza, por sus posibilidades de uso o por su país de origen o destino, requieren la obtención de permisos, cumplimentación de documentación y trámites adicionales. Además, están sometidas a un régimen comercial especial. Estas mercancías son:

- Material de defensa o tecnología de doble uso.
- Substancias susceptibles de desviación.
- Substancias psicotrópicas y estupefacientes.

- Productos químicos peligrosos.
- Productos amenazados de fauna y flora silvestre (CITES).
- Bienes culturales y obras de arte.

9.5.1. Material de defensa o tecnología de doble uso[1]

El material de defensa, más o menos, es fácil de identificar. En cuanto a tecnología de doble uso, es la que se abre a infinidad de probabilidades, tantas como usos puedan darse a una mercancía. El material de doble uso son aquellos productos (desde un *software* hasta un gancho) que pueden destinarse a usos tanto civiles como militares o de uso nuclear. Por ello, hay que diferenciar entre:

- **Material de defensa:** puede encontrarse de una forma clara en la sección XIX del TARIC: «Armas y municiones, y sus partes y accesorios». Cualquiera podría encontrar tanto bombas como misiles o minas. Habrá que tener en cuenta que hay secciones en el TARIC, como la sección XVII «Material de transporte», en la que pueden encontrarse fácilmente los tanques, pero no así los aviones cazabombarderos o helicópteros militares. En el TARIC, aparecerán explícitamente los civiles y, en el concepto «los demás» estarán incluidos los de uso militar.
- **Tecnología de doble uso:** pueden ser susceptibles de desvío para fabricación de armas químicas, tortura o producción de armas biológicas, entre otras.

  Normalmente, en el anexo I del Reglamento (CE) 428/2009, se identifican y agrupan en diez categorías los productos y tecnologías sometidos a control:

- **Categoría 0:** Materiales, instalaciones y equipos nucleares.
- **Categoría 1:** Materiales, sustancias químicas, microorganismos y toxinas.
- **Categoría 2:** Tratamiento de los materiales.
- **Categoría 3:** Electrónica.
- **Categoría 4:** Ordenadores.
- **Categoría 5:** Telecomunicaciones y seguridad de la información.
- **Categoría 6:** Sensores y láseres.
- **Categoría 7:** Navegación y aviónica.
- **Categoría 8:** Marina.
- **Categoría 9:** Aeronáutica y propulsión.

En la nomenclatura TARIC de este tipo de mercancías, aparecerán los siguientes datos:

- Observaciones o inspecciones: doble uso (DU).
- Exportación. Documento específico.
- Código adicional.
- Anotación en el DUA, documento único administrativo.
  - **Código X002:** cuando se exija la autorización administrativa de exportación.
  - **Código Y901:** declaración del exportador señalando bajo su responsabilidad que se trata de un producto que no puede considerarse de doble uso.

El exportador X con NIF Z certifica que los materiales exportados no son objeto de doble uso.

Para realizar operaciones de compraventa con estas mercancías, hay que estar inscrito en el Registro Especial de Operadores de Comercio Exterior (REOCE). Dicha inscripción en el registro debe ser anterior o simultánea a la solicitud de la licencia y solo pueden inscribirse las personas físicas o jurídicas que sean residentes en España. Pueden obtenerse dos tipos de autorizaciones:

- **Autorización específica por operación.**
- **Autorizaciones globales:** se conceden cuando las relaciones entre comprador y vendedor son empresa matriz y filial o un fabricante y distribuidor exclusivo o se da un intercambio regular entre las partes y con un país determinado (Australia, Japón, Noruega, Canadá, los Estados Unidos, Nueva Zelanda o Suiza).

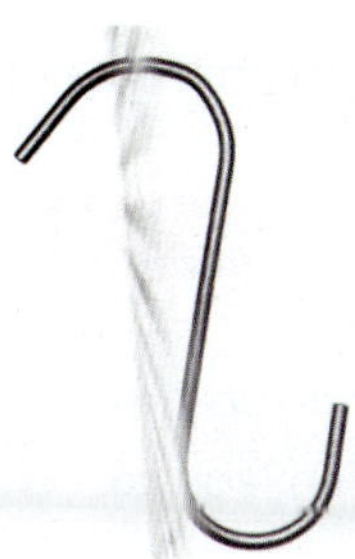

Figura 9.5. Con el fin de conocer si un producto (como un gancho de acero) está sometido o no a control en la exportación, se utiliza una lista que los identifica mediante una normativa de la Unión Europea.

[1] La información sobre estos productos puede encontrarse en: http://www.comercio.gob.es/es-ES/comercio-exterior/Informacion-sectorial/material-de-defensa-y-de-doble-uso/guia-operador/Paginas/productos-y-tecnologias-exportacion.aspx#Verificacion

En el año 2017, está detallado en el Reglamento Delegado (UE) 2016/1969 de la Comisión, de 12 de septiembre del 2016, que modifica el Reglamento (CE) 428/2009 del Consejo, por el que se establece un régimen comunitario de control de las exportaciones, la transferencia, el corretaje y el tránsito de productos de doble uso.

El documento que ha de cumplimentar son las licencias de exportación o importación. Por lo general, su plazo máximo de tiempo para realizar la operación es de 6 meses. Las entidades competentes para su control serán la aduana y la Dirección General de Armamento.

¿Sabías que

Un gancho cuya nomenclatura TARIC es 8607.30.00.00 es un producto de doble uso. Si estuviese incluido en alguna de las categorías de la lista del anexo I del R/CE 428/2009, debería declararse en la casilla 44 del DUA el código X002 (autorización de exportación de productos de doble uso).

9.5.2. Sustancias susceptibles de desviación

En este momento, la información sobre estos productos puede encontrarse en el Real Decreto 129/2017, de 24 de febrero, por el que se aprueba el reglamento de control de precursores de drogas. Este regula las medidas que se recogen en los reglamentos de la Unión Europea aplicables en materia de precursores de drogas, así como el procedimiento sancionador aplicable a las infracciones por acciones u omisiones contrarias a las obligaciones y deberes previstos en ellos.

La normativa básica de estas sustancias se halla en la Ley 3/1996, de 10 de enero, sobre medidas de control de sustancias químicas catalogadas susceptibles de desvio para la fabricación ilícita de drogas. Puede encontrarse su clasificación en el anexo I con unos listados distribuidos en: categoría 1, categoría 2 y categoría 3.

Tabla 9.2. Sustancias susceptibles de desviación por categorías

Categoría I	Categoría II	Categoría III
Piperonal.	Piperidina.	Acetona.
Efedrina.	Anhídrido acético.	Tolueno.
Ergometrina.	Ácido fenilacético.	Ácido sulfúrico.
Propanona.		Ácido clorídrico.

Todas ellas están identificadas con el código químico CAS, una identificación numérica única para compuestos químicos. El objetivo es tener una base de datos unificada, dado que a menudo se asignan distintos nombres para el mismo compuesto. Todas las sustancias químicas permiten su búsqueda a través de su número CAS.

Como autoridades competentes, esta, por un lado, el Ministerio del Interior, desarrollado por la Secretaría de Estado de Seguridad, y, por otro lado, las atribuidas al Ministerio de Hacienda y Función Pública, desarrollado por el Departamento de Aduanas e Impuestos Especiales.

La exportación e importación de estas substancias está supeditada a una licencia de exportación o de importación, que puede ser:

- **Individual:** es la habitual. Se conceden a las sustancias químicas de categorías 1, 2 y 3 o cuando, por diferentes causas, no pueda concederse la genérica.
- **Genérica:** se concede a sustancias químicas de las categorías 2 y 3. No pueden ser exportadas a países considerados sensibles ni cuando se sospeche el doble uso.

Los operadores internacionales cuya actividad dependa de estas sustancias deberán estar inscritos en el Registro Especial de Operadores de Sustancias Químicas Catalogadas en la Importación, Exportación y Tránsito si su volumen supera las cantidades indicadas en la normativa vigente (normalmente, aparecen en el anexo II). La concesión de las licencias de actividad conllevará su inscripción. La Administración le adjudicará un número de registro, que siempre deberá constar en el documento único administrativo en los despachos de importación, exportación o tránsito.

9.5.3. Sustancias psicotrópicas y estupefacientes[2]

Las sustancias psicotrópicas y estupefacientes son aquellas que tienen acción directa sobre el sistema nervioso central, las cuales son capaces de modificar de forma sustancial las condiciones físicas, mentales y morales de las personas que las consumen. Por ello, son cuidadosamente estudiadas, controladas y fiscalizadas por los Estados y por organizaciones internacionales. Entre estos últimos, cabe destacar la ONU, que es la encargada de establecer y clasificar estas sustancias en función de los efectos negativos que pueden causar en la salud.

[2] La información sobre estos productos puede encontrarse en: https://www.aemps.gob.es/medicamentosUsoHumano/estupefacientesPsicotropos/home.htm

Un ejemplo de cada sustancia que ayude a identificar y diferenciar cada una de ellas para intuir sus niveles de control podría ser:

- **Sustancia psicotrópica:** el lorazepam o el diazepam (componentes muy usuales en fármacos inductores del sueño).
- **Sustancia estupefaciente:** la metadona y la morfina.

Las empresas que fabriquen sustancias psicotrópicas y estupefacientes estarán inscritas en el Registro de Empresas Dedicadas a la Industria Farmacéutica. Este número deberá constar en el documento único administrativo ante cualquier tipo de despacho.

Todas las operaciones se realizarán a través de la autorización de exportación de sustancias estupefacientes y psicotrópicas. El organismo que supervisa estas sustancias es la Agencia Española de Medicamentos y Productos Sanitarios, dependiente del Ministerio de Sanidad, Servicios Sociales e Igualdad.

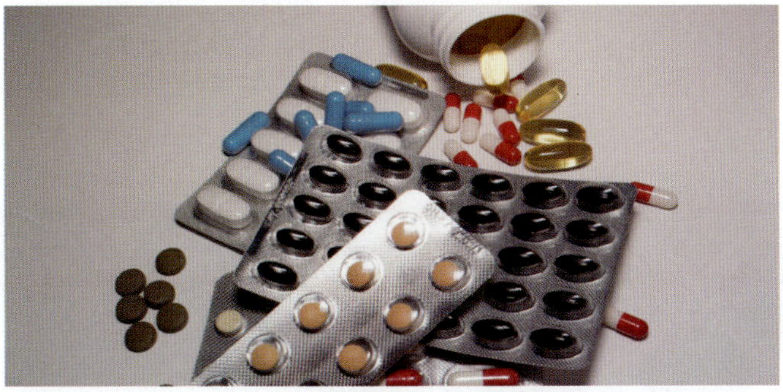

Figura 9.6. Las sustancias que contienen psicotrópicos y estupefacientes actúan sobre el sistema central nervioso, ya sea excitándolo o deprimiéndolo.

Actividad propuesta 9.4

¿Cuál es la entidad que emite permisos sanitarios de productos psicotrópicos y estupefacientes? ¿Cuándo se creó y cuáles son sus funciones?

9.5.4. Productos químicos peligrosos[3]

La definición de *producto químico* que se encuentra en la Directiva 67/548/CEE es: «toda sustancia sola o en forma de preparado ya sea fabricado u obtenido de la naturaleza pero no los organismos vivos». Por tanto, se entienden como *productos químicos peligrosos:*

- Aquellos que estén prohibidos o muy restringidos en la Unión Europea o en un país miembro.
- Aquellos que necesitan el consentimiento del PIC para su comercio.
- Aquellos que, por su clasificación, su envasado y etiquetado lo exijan.

¿Sabías que?

El Convenio de Róterdam, de 10 de septiembre de 1998, trata sobre el procedimiento de consentimiento fundamentado previo aplicable a ciertos plaguicidas y productos químicos peligrosos objeto de comercio internacional.

El procedimiento PIC es el proceso de consentimiento fundamentado previo previsto en dicho convenio.

La normativa por la que se rige tiene como objetivos:

- Aplicar el Convenio de Róterdam sobre el procedimiento aplicable a ciertos plaguicidas y productos químicos peligrosos objeto del comercio internacional.
- Promover la responsabilidad compartida y esfuerzos conjuntos en el movimiento internacional de productos químicos peligrosos a fin de proteger la salud humana y el medioambiente.
- Contribuir a su utilización racional desde el punto de vista medioambiental.
- Aproximar las normativas de clasificación, embalaje y etiquetado de preparados peligrosos para la salud humana y medioambiente.

Recuerda

El número de registro CAS es un identificador numérico único que designa una sustancia. No tiene significado químico y enlaza con una gran cantidad de información acerca de la sustancia química que lo identifica. Puede contener hasta 10 dígitos seguidos de guiones en tres partes (acetona → 67-64-1).

Estos productos químicos pueden encontrarse en el anexo I del Reglamento (CE) 689/2008, y están clasificados en tres apartados:

1. Lista de productos químicos sujetos al procedimiento de notificación de exportación.

[3] La información oficial sobre estos productos puede encontrarse en: https://www.msssi.gob.es/ciudadanos/saludAmbLaboral/prodQuimicos/legislacion.htm

2. Lista de productos químicos que reúnen las condiciones para someterse a la notificación PIC.
3. Lista de productos químicos sujetos al procedimiento PIC de conformidad con el Convenio de Róterdam.

Es preciso tener en cuenta en algunas de estas sustancias el Reglamento (CE) 1005/2009, donde se encuentra la normativa sobre las sustancias que agotan la capa de ozono.

Cada exportador e importador de un producto químico incluido en el anexo I informará a la autoridad nacional designada de su Estado miembro, en el primer trimestre de cada año, de la cantidad del producto químico exportado (en forma de sustancia e incluido en preparados) a cada parte u otro país durante el año anterior. Esa información irá acompañada de una lista con el nombre y dirección de cada importador a quien se envíe el producto químico en ese mismo periodo.

El contenido de la etiqueta del envase de estos productos químicos peligrosos es muy detallado y minucioso. El Reglamento (CE) 1272/2008 es de aplicación en todos los países de la Unión y representa la adaptación del sistema globalmente armonizado (SGA) que representa una regulación aprobada por consenso a nivel mundial y que, regularmente, es sometida a revisiones.

Tabla 9.3. Algunos productos químicos peligrosos

Producto químico	CAS	CE	NC	Subcategoría	Limitación del uso	Países que no requieren notificación
1,1,1- Tricloroetano	71-55-6	200-756-3	2903 19 10	i(2)	b	Véase la circular PIC (http://www.pic.int)
1,2-Dibromoetano (dibromuro de etileno)	106-93-4	203-444-5	2903 30 36	P(1)	b	Véase la circular PIC (http://www.pic.int)

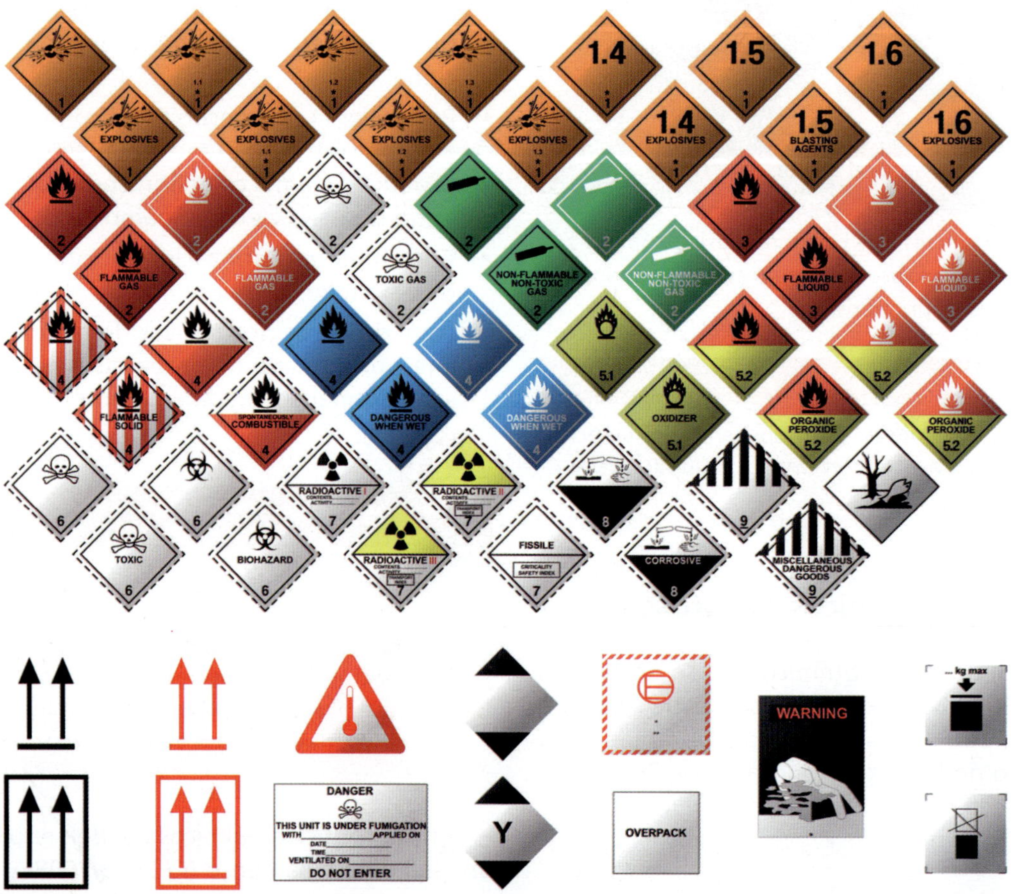

Figura 9.7. Placas indicativas de mercancías peligrosas para la clasificación y el etiquetado de productos químicos: sistema mundialmente armonizado (SGA).

Su objetivo principal es proporcionar un marco legal para todos los países, con criterios y elementos armonizados a nivel mundial para clasificar y comunicar peligros de los productos químicos. Las categorías de peligro se agrupan en tres bloques: peligros físicos, peligros para la salud y peligros para el medioambiente.

A la hora del despacho de aduanas, puede toparse con el CHMEX (producto químico peligroso exportación) y el PQP (producto químico peligroso importación). Si el producto está incluido en el anexo I del Reglamento (CE) 689/2008, relativo a la exportación e importación de productos químicos peligrosos, deberá declararse en la casilla 44 del documento único administrativo el código Y915, número de identificación de referencia activado. Si el producto no está incluido en dicho anexo, se declarará en la casilla 44 del documento único administrativo el código Y916. Las oficinas de aduanas podrán comprobar el estatus del número de identificación de referencia en la base EDEXIM (European Database Export Import of Dangerous Chemicals).

9.5.5. Productos amenazados de fauna y flora silvestre (CITES)[4]

La normativa que lo regula es el Convenio sobre Comercio Internacional de Especies Amenazadas y Flora Silvestre (CITES), un acuerdo que cuenta con el mayor número de miembros: 183 en el año 2017. Su finalidad es velar por que el comercio internacional de animales y plantas no constituya una amenaza para su supervivencia: elefante asiático, gorila, jaguar, orangután, tigre u oso polar, entre otras muchas especies.

Gracias al convenio CITES se establece una red mundial de controles del comercio internacional de especies silvestres amenazadas y de sus productos, donde se exige la utilización de permisos oficiales para autorizar su comercio. El convenio establece la necesidad de obtener permisos de exportación en el país de origen y de importación en el de destino previos al intercambio de los ejemplares. También contempla la emisión de certificaciones para las excepciones previstas en el convenio. Además, el convenio permite la posibilidad de aplicar legislaciones nacionales más estrictas, como es el caso aplicado por la Unión Europea.

La autoridad administrativa principal que tiene asignadas las competencias en esta materia es la Dirección General de Comercio Internacional e Inversiones. Las funciones que corresponden a esta autoridad son desempeñadas por los servicios de inspección SOIVRE. En las operaciones de importación y (re)exportación en materia CITES, deben despacharse aduaneramente a través de uno de los puntos autorizados en la Unión Europea para la entrada y salida de mercancías CITES, los llamados *puntos de inspección fronteriza* (PIF).

Recuerda

En los puntos de inspección fronteriza (PIF), deben efectuarse los controles de inspección y despacho aduanero previos a la entrada o salida de la Unión Europea de las mercancías CITES.

El comercio de fauna y flora es muy diverso, desde los animales vivos hasta los productos derivados de ellos: alimentos, cueros, instrumentos musicales de madera, artículos de recuerdo y medicinas. Todo esto ocasiona grandes niveles de explotación y destrucción del hábitat, lo que causa, muchas veces, la destrucción de todo un hábitat que debe protegerse.

A través de este convenio, se protegen más de 33 000 especies, de las cuales, aproximadamente, el 85 % son plantas frente al 15 % de animales. El convenio clasifica a las especies en función del grado de protección y del peligro de extinción:

- **Apéndice I:** incluye todas las especies en peligro de extinción que son o pueden ser afectadas por el comercio. El comercio en especímenes de estas especies deberá estar sujeto a una reglamentación particularmente estricta a fin de no poner en peligro aún mayor su supervivencia y se autorizará solamente bajo circunstancias excepcionales.
- **Apéndice II:** aquí se incluyen todas las especies que, si bien en la actualidad no se encuentran necesariamente en peligro de extinción, podrían llegar a esa situación, a menos que el comercio en especímenes de dichas especies esté sujeto a una reglamentación estricta a fin de evitar la utilización incompatible con su supervivencia. Más del 95 % de las especies está recogida en este apéndice.
- **Apéndice III:** incluye todas las especies que cualquiera de las partes manifieste que están sometidas a reglamentación dentro de su jurisdicción con el objeto de prevenir o restringir su explotación y que necesitan la cooperación de otras partes en el control de su comercio.

[4] La información sobre estos productos puede encontrarse en: http://www.cites.es

Figura 9.8. La Unión Europea tiene la voluntad de uniformar la aplicación de CITES en todos los países comunitarios y garantizar un nivel mayor de protección a las especies de fauna y flora a través de un control en su comercio.

En la Unión Europea, se aplica el convenio CITES igual en todos los Estados miembros y no nacionalmente debido a la reglamentación común en comercio exterior y a la unión aduanera. La normativa básica se encuentra en el Reglamento (CE) 338/97 del Consejo, de 9 de diciembre de 1996. En él, las especies están clasificadas en cuatro anexos, en función del grado de protección que se les aplica en orden decreciente y que recogerán todas las indicadas en los tres apéndices del convenio.

La reglamentación de la Unión Europea aplica condiciones de importación más estrictas para las especies de los anexos A y B. Por ello, se requieren permisos de importación, que se conceden cuando se estima que el comercio para la especie originaria de la población en cuestión es sostenible. Además, existen requisitos adicionales para el alojamiento y el transporte de los especímenes vivos. En el caso de las especies de los anexos C y D, se requiere la presentación de una notificación de importación en el momento de su entrada en la Unión Europea.

El formulario más utilizado es la solicitud de permiso certificado CITES, que, si se selecciona una opción, puede ser utilizado para exportaciones, importaciones, reexportaciones o certificados de propiedad privada. Puede encontrarse con las instrucciones para rellenarlo en la siguiente dirección: http://www.cites.es/es-ES/informaciondeutilidad/Paginas/Descarga-de-formularios.aspx.

UNIÓN EUROPEA

3 — SOLICITUD — 3

1. Solicitante

CERTIFICADO
Carece de validez fuera de la Unión Europea

N.º

☐ Certificado de adquisición legal
☐ Certificado para actividades comerciales
☐ Certificado para el traslado de especímenes vivos

2. Dirección autorizada de conservación de especímenes vivos de especies del anexo A

Reglamento (CE) n.º 338/97 del Consejo y Reglamento (CE) n.º 865/2006 de la Comisión, relativos a la protección de especies de la fauna y flora silvestres mediante el control de su comercio

3. Autoridad emisora
MINISTERIO DE ECONOMÍA, INDUSTRIA Y COMPETITIVIDAD
Dirección General de Comercio Internacional e Inversiones
Subdirección General de Inspección, Certificación y Asistencia Técnica del Comercio Exterior
ESPAÑA

4. Descripción de los especímenes (incluyendo marcado, sexo/fecha de nacimiento de los animales vivos)

5. Masa neta (kg)

6. Cantidad

7. Apéndice CITES

8. Anexo UE

9. Origen

10. País de origen

11. N.º del permiso

12. Fecha de emisión

16. Nombre científico de la especie

13. Estado miembro de importación

17. Nombre común de la especie (si existe)

14. Nº del documento

15. Fecha de emisión

Figura 9.9. Formulario de solicitud del permiso CITES para desplazamiento de especies amenazadas y flora silvestre.

Actividad propuesta 9.5

¿Qué plazo de validez tienen los permisos de exportación y los certificados de reexportación CITES?

9.5.6. Bienes culturales y obras de arte

Toda venta en firme de bienes culturales y obras de arte a terceros países requiere una solicitud de exportación y un permiso emitido por la Dirección General de Bellas Artes y Bienes Culturales, dependiente del Ministerio de Educación, Cultura y Deporte.

¿Sabías que

En el 2017, el Gobierno prohibió la salida de España del *Retrato de niña* atribuible a Velázquez, pues lo declaró bien inexportable a través de la Junta de Calificación, Valoración y Exportación de Bienes del Patrimonio Histórico.

Aquí se hace referencia también a los bienes del patrimonio histórico español (PHE) que no pueden circular libremente por el mundo, ni siquiera dentro de la Unión Europea aun siendo un mercado único. Incluso una exportación temporal, con un fin de exposición o investigación, se encuentra comprendida en este concepto. No todos los bienes del patrimonio histórico español son exportables y no todos esos bienes están sujetos a limitación.

Una primera y sencilla clasificación sería:

- **Bienes culturales que tienen más de 100 años:** sujetos a autorización.
- **Bienes culturales que tienen entre 50 y 100 años:** estos solicitan un permiso de exportación que acreditará ante la aduana que la obra no precisa permiso de exportación.

La solicitud de la autorización de exportación debe ser presentada por el propietario de la obra o persona autorizada para disponer de ella. El impreso puede recogerse en el ministerio o descargarse directamente de su web. Se requiere para los bienes que tengan más de 100 años de antigüedad o que estén incluidos en el Inventario General de Bienes Muebles. También se necesita para:

- **Cuadros y pinturas** hechos totalmente a mano sobre cualquier tipo de soporte y de cualquier materia, con más de cicuenta años de antigüedad y no pertenecientes a sus autores, con un valor igual o superior a 150 000 euros.
- **Acuarelas, aguadas y pasteles** hechos totalmente a mano sobre cualquier tipo de soporte, con más de 50 años de antigüedad y no pertenecientes a sus autores, con un valor igual o superior a 30 000 euros.
- **Dibujos** hechos totalmente a mano sobre cualquier tipo de soporte y de cualquier materia, con más de 50 años de antigüedad y no pertenecientes a sus autores, con un valor igual o superior a 15 000 euros.
- **Mosaicos** distintos de los objetos arqueológicos o de elementos procedentes de la desmembración de monumentos, hechos totalmente a mano de cualquier material, con más de 50 años de antigüedad y no pertenecientes a sus autores, con un valor igual o superior a 15 000 euros.

En los demás casos no se requerirá autorización del Ministerio de Educación, Cultura y Deporte.

Una vez autorizada la venta:

- **Respecto a terceros países:** se presentará ante la aduana.
- **Respecto a un país de la Unión Europea:** se incluirá una hoja de ruta del transporte, donde se acreditará la fecha de salida del país.

El procedimiento es igual para la importación.

9.6. Embargo comercial a países

Este apartado hace referencia a aquellos países a los cuales se les imponen sanciones comerciales, que deben ser transitorias se necesita un permiso especial para ciertas circunstancias en las cuales se permite el intercambio. Un ejemplo pueden ser las ayudas humanitarias.

Figura 9.9. Exceptuando la asistencia humanitaria (ONG/NGO), la cooperación entre la Unión Europea y Corea del Norte está sujeta a consideraciones políticas, a las sanciones de las Naciones Unidas y a otras restricciones.

La Unión Europea tiene declarado el embargo de ciertas mercancías a ciertos países. Pero para conocer exactamente el régimen que se aplica a dichos países y mercancías, debe consultarse la normativa específica por la que se imponen dichas sanciones en el momento de la compraventa internacional.

A modo de ejemplo: Irán, Rusia y Corea del Norte son países con embargo para productos de doble uso.

Enlaces web

Unión Europea, comercio:
https://europa.eu/european-union/topics/trade_es

Secretaría de Estado de Comercio, política comercial de la Unión Europea:
http://www.comercio.es/es-ES/comercio-exterior/politica-comercial/introduccion/Paginas/politica-comercial-union-europea.aspx

Secretaría de Estado de Comercio, material de doble uso:
http://www.comercio.gob.es/es-ES/comercio-exterior/informacion-sectorial/material-de-defensa-y-de-doble-uso/guia-operador/Paginas/productos-y-tecnologias-exportacion.aspx

Agencia Española de Medicamentos y Productos Sanitarios:
https://www.aemps.gob.es

Ministerio de Agricultura y Pesca, Alimentación y Medio Ambiente, productos químicos y CITES en la Unión Europea:
http://www.mapama.gob.es/es/calidad-y-evaluacion-ambiental/temas/productos-quimicos/#
http://www.mapama.gob.es/es/biodiversidad/temas/conservacion-de-especies/convenios-internacionales/ce-cites-ue.aspx

Ministerio Educación, Cultura y Deporte, bienes culturales protegidos:
https://www.mecd.gob.es/cultura-mecd/areas-cultura/patrimonio/bienes-culturales-protegidos.html

Normativa

Tratado de Lisboa por el que se modifican el Tratado de la Unión Europea y el Tratado constitutivo de la Comunidad Europea, firmado en Lisboa el 13 de diciembre del 2007.

Reglamento (CE) 428/2009 del Consejo Europeo, de 5 de mayo del 2009, por el que se establece un régimen comunitario de control de las exportaciones, la transferencia, el corretaje y el tránsito de productos de doble uso.

Real Decreto 129/2017, de 24 de febrero, por el que se aprueba el reglamento de control de precursores de drogas.

Convención sobre el Comercio Internacional de Especies Amenazadas de Fauna y Flora Silvestres (CITES).

Documento

Formulario de solicitud CITES.

MEDIDAS DE POLÍTICA COMERCIAL Y REGÍMENES ADMINISTRATIVOS

En materia de política comercial, se han desarrollado unas **medidas de defensa:**

- Medidas *antidumping*
- Cláusulas de salvaguardia
- Reglamento de Obstáculos al Comercio (ROC)
- Medidas antisubvención

Los principales **regímenes comerciales a la importación** son:

- Régimen de libertad comercial
- Régimen restringido o de autorización administrativa

Regímenes específicos de ciertas mercancías

Debido a su origen o destino, o bien por las posibilidades de uso que ofrecen ciertos tipos de mercancías, se requiere la obtención de permisos, cumplimentación de documentación y trámites adicionales

Regímenes especiales

- Material de defensa o tecnología de doble uso
- Sustancias susceptibles de desviación
- Sustancias psicotrópicas y estupefacientes
- Productos químicos peligrosos
- Productos amenazados de la fauna y flora silvestre (CITES)
- Bienes culturales y obras de arte

Actividades de comprobación

9.1. La Unión Europea se ha convertido en...

a) ... el mayor mercado único.

b) ... la primera exportadora mundial de productos manufacturados y servicios.

c) Las respuestas a y b son correctas.

d) Ninguna respuesta es correcta.

9.2. Los acuerdos comerciales se clasifican en...

a) ... preferenciales y no preferenciales.

b) ... preferenciales.

c) ... no preferenciales.

d) ... GATT y OMC.

9.3. Las medidas de defensa comercial más usadas son...

a) ... *antidumping.*

b) ... cláusulas de salvaguardia.

c) ... antisubvención.

d) Todas las respuestas son correctas.

9.4. En el régimen de libertad absoluta...

a) ... se importa libremente la cantidad de mercancía deseada.

b) ... existen cupos a la importación.

c) ... los productos químicos no pueden exportarse.

d) ... se necesita documentación específica para exportar o importar mercancía.

9.5. En el régimen de autorización administrativa, las autorizaciones son...

a) ... completas.

b) ... globales o por operación.

c) ... cualitativas.

d) ... cuantitativas.

9.6. El régimen en el que se adscriben las sustancias susceptibles de desviación es...

a) ... vigilancia aduanera.

b) ... específico para determinadas mercancías.

c) ... especial por el destino de las mercancías.

d) ... libertad absoluta.

9.7. La finalidad del acuerdo CITES es...

a) ... restringir la compraventa de obras de arte.

b) ... facilitar el traspaso de fauna y flora entre Estados miembro.

c) ... velar para que el comercio internacional de especies amenazadas no amenace su supervivencia.

d) Todas las respuestas son correctas.

9.8. Si los bienes culturales por exportar tienen más de 100 años...

a) ... no es necesaria ninguna autorización.

b) ... se clasificarán según el destino que adquieran.

c) ... no pueden exportarse.

d) ... están sujetos a autorización.

9.9. El embargo comercial de un país supone...

a) ... que puede exportar e importar libremente.

b) ... que está sujeto a sanciones comerciales.

c) ... que solo puede exportar e importar con un determinado país.

d) Todas las respuestas son correctas.

9.10. En el anexo I del R/CE 428/2009, ¿en cuántas categorías se clasifican las mercancías de doble uso a la exportación?

a) En 9 categorías.

b) En 8 categorías.

c) En 7 categorías.

d) En 10 categorías.

Actividades de aplicación

9.11. Señala las diferencias entre contingente arancelario y contingente cuantitativo.

9.12. Indica cuántos niveles de vigilancia existen y nombra los documentos que los acompañan.

9.13. Cita quién emite los formularios o documentación de los regímenes comerciales. Busca la normativa en la que puede encontrarse este dato y el artículo correspondiente.

9.14. Teniendo en cuenta que una empresa quiere exportar a los Estados Unidos escopetas de caza de dos cañones de ánima lisa:

- Busca el código TARIC.
- Determina qué inspecciones deben hacerse.
- Establece cuál es el régimen de comercio a la exportación competente.
- Señala qué documento es necesario para el transporte de la mercancía desde la fábrica hasta cualquier puerto del país para su embarque.
- Si fuese una importación desde los Estados Unidos, ¿se aplica un arancel y el IVA?

Actividades de ampliación

9.15. Busca las partidas de las sustancias del cuadro siguiente y haz mención a su régimen comercial junto con la documentación específica que ha de presentarse ante una exportación y el arancel aplicado a terceros países.

Categoría I	Categoría II	Categoría III
Efedrina	Piperidina	Tolueno

9.16. Localiza las partidas TARIC de las siguientes sustancias psicotrópicas y estupefacientes:

a) Metadona, estupefaciente.
b) Lorazepam, psicotrópico.
c) Morfina, estupefaciente.

9.17. Encuentra la nomenclatura TARIC y señala la documentación relativa a un:

a) Tanque.
b) Helicóptero militar.
c) Avión cazabombardero con un peso de 30 000 kg.

9.18. Una empresa española recibe un pedido de ganchos de un tercer país, los Estados Unidos. Detalla la siguiente información:

a) Código TARIC.
b) Observación e inspección necesarias.
c) Documento de exportación.
d) Código adicional.
e) Anotación en el documento único administrativo.

9.19. Menciona los países con los que un operador comunitario no podrá realizar una compraventa de unos ganchos por valor de 1 000 000 € e intenta buscar algún reglamento al que hacer referencia.

9.20. Respecto a un orangután, comprueba la necesidad de control en su comercio y aporta la siguiente información:

a) Código TARIC.

b) Descripción.

c) Inspecciones.

9.21. Busca el número TARIC del cuadro *La esclusa,* de John Constable, perteneciente a la baronesa Thyssen, cuando fue subastado en la casa londinense Christie's.

¿Podría venderse este cuadro sin autorizaciones, aunque sea de colección privada? Busca las especificaciones de esta partida.

9.22. Busca el número TARIC de una partida de cartuchos. ¿Qué ocurriría si quisieras exportar cartuchos a Sudán?

9.23. ¿Qué organismo es la AEMPS? Busca el TARIC de las siguientes partidas y responde a las preguntas relacionadas con ellas:

- Fenilacetona: ¿se necesita licencia de actividad?
- Metadona: ¿se necesita alguna inspección?

9.24. Realiza una pequeña investigación y contesta a las siguientes cuestiones: ¿qué son los PIF y cuántos hay en España?

9.25. Busca el número de TARIC del pulpo. ¿Podrían importarse pulpos a través del aeropuerto de Bilbao? ¿Y a través del puerto de Marín?

10

Impuestos especiales

CONTENIDOS

OBJETIVOS

- Identificar los conceptos fundamentales de los gravámenes en los impuestos especiales.
- Conocer las características generales de los impuestos especiales.
- Reconocer las particularidades de cada uno de los impuestos especiales.
- Leer e interpretar las diferentes legislaciones aplicables a los impuestos especiales.
- Localizar los documentos en relación con este tipo de impuestos.

Introducción

En el sistema tributario español —dentro de los impuestos indirectos—, están el IVA y los impuestos especiales (II. EE.). El IVA grava todos los consumos indiscriminadamente, mientras que los impuestos especiales solo gravan ciertos consumos. Estos tipos de gravámenes están relacionados con lo social, la sanidad o el medioambiente. Por ello, se cree que —antes de aplicar el IVA— es necesaria la existencia de otros impuestos que, de manera selectiva, graven el consumo de bienes específicos. Cabe destacar dentro del marco tributario, la enorme capacidad recaudatoria de estos impuestos tanto a nivel nacional y europeo como internacional.

La armonización europea en cuestión de impuestos especiales se encuentra en directivas, que trazan grandes líneas que han de seguir por los Estados miembros, aunque dejando libertad para implantar —dentro de la normativa general— su aplicación dentro de sus territorios. Por lo tanto, cabe destacar que es una armonización parcial e incompleta, lejos todavía de conseguir una unificación tanto en los productos como en la normativa y en los tipos impositivos.

10.1. Generalidades de los impuestos especiales

Se entiende como *impuestos especiales* un conjunto de impuestos indirectos que gravan de forma discriminada el consumo de determinados bienes. Características de estos impuestos:

- **Indirectos:** gravan el consumo y no tienen en cuenta la capacidad económica del sujeto.
- **Objetivos:** el hecho imponible no está en relación con una persona, sino con un producto.
- **Instantáneos:** se devengan cuando se realiza la operación. No existen plazos de declaración mensual, trimestral o anual.
- **Monofásicos:** solo se grava una vez en todo su proceso hasta el consumo.
- **Se superponen al IVA:** su importe se suma al bien y, sobre ese total, se aplicará el IVA.

Actividad propuesta 10.1

Explica en qué régimen circularán dentro del ámbito territorial interno los productos sujetos a II. EE. de fabricación con destino y origen comunitario.

¿Sabías que

Aunque una operación no sujeta y otra exenta pueden parecer lo mismo, pues se supone que, en ambos casos, una empresa no tiene que pagar el impuesto, pero sus significados son diferentes. Hay que aclararlo, pues implica diferente tratamiento sea uno u otro a la hora de hacer la declaración:

- **No sujeto:** implica que el impuesto no es aplicable a la operación realizada. Por ejemplo, si dos particulares realizan una compraventa de un bien, esta operación no estará sujeta a IVA, pues ninguno de ellos son empresarios, lo cual es un requisito para que la operación esté sujeta al impuesto.
- **Exento:** significa que dicha operación sí está en el ámbito de aplicación del impuesto, pero que se exime de su pago por un motivo legal. Por ejemplo, las exportaciones de bienes.

En lo referente a la cesión de estos impuestos a las comunidades autónomas para su financiación —recogido en la Ley 21/2001, de 27 de diciembre—, puede mencionarse lo siguiente:

- Cesión del 58 % de la recaudación líquida por los impuestos especiales de fabricación sobre la cerveza, sobre el vino y bebidas fermentadas, sobre productos intermedios, sobre el alcohol y bebidas derivadas, sobre hidrocarburos y sobre las labores del tabaco.
- Cesión del 100 % de la recaudación líquida por el impuesto sobre la electricidad.

Figura 10.1. Las comunidades autónomas gestionan los tributos, pero no los reparten de forma homogénea.

Actividad propuesta 10.2

¿Cuál de los II. EE. están sujetos en Ceuta y Melilla? ¿Y en Canarias?

10.2. Tipos de impuestos especiales

Los impuestos podrían clasificarse en:

1. Impuestos especiales de fabricación:
    - Impuestos por motivos sanitarios:
        - — Impuestos especiales sobre el alcohol y bebidas alcohólicas.
        - — Impuesto sobre el tabaco.
    - Impuestos por motivos medioambientales:
        - — Impuesto sobre la electricidad.
        - — Impuesto sobre hidrocarburos.
2. Impuesto sobre determinados medios de transporte.
3. Impuesto especial sobre el carbón.

10.2.1. Impuestos especiales de fabricación

La entrada de España en la Unión Europea ha supuesto un intento de armonización en estos impuestos, que está recogida en la Ley 38/1992, de 28 de diciembre, de Impuestos Especiales. La cual, a su vez, está recogida en el Real Decreto 1165/1995.

La normativa comunitaria en materia de impuestos especiales de fabricación dictada a partir de 1992 afecta básicamente a tres aspectos del régimen jurídico en estos tributos:

1. Esta normativa, en cierta medida, limita la potestad de los legisladores de los Estados miembros a la hora de establecer y regular estos impuestos. Hace referencia a la circulación de estos productos y la estructura de su imposición, así como del establecimiento de tipos mínimos de gravámenes.
2. En la armonización de los diferentes procedimientos tributarios en relación con la acción y el efecto de exigir estos impuestos (documentación, autorizaciones a los depositarios, información de los movimientos y controles, entre otros).
3. Aprobación de exenciones de tipos de gravámenes aplicables a determinados productos en determinados Estados miembros a petición de suya. Por ejemplo, el vino en España).

A la hora de autorizar el funcionamiento de determinados establecimientos en la Unión Europea, deben poseerse las autorizaciones administrativas que acreditarán su condición en el sector en el que realice su actividad. Se obtendrá el número de registro como operador afectado por estos impuestos, el denominado código de actividad y establecimiento (CAE). Este código permite identificar a las empresas que llevan a cabo estas actividades y su correcta tributación. Gracias al censo SEED, podrá comprobarse las empresas a las cuales pueden facturárseles los impuestos especiales en régimen suspensivo.

Vocabulario

CAE: sigla de código de actividad y establecimiento, que autoriza a expedir productos a la Unión Europea con suspensión de impuestos especiales.

Censo SEED: sirve para verificar la existencia o no de un código de actividad y establecimiento en nuestros clientes, con la posibilidad de facturación en suspensión del impuesto especial.

Respecto a estos impuestos:

- **Hecho imponible:** está sujeto al impuesto especial la fabricación e importación de estos productos dentro del ámbito territorial comunitario e interno. Existen una serie de supuestos de no sujeción, es decir, que no se produce el hecho imponible: pérdidas o mermas que no excedan de porcentajes reglamentarios.

    Ejemplo: una empresa francesa fabrica *cointreau*. El hecho imponible se produce en Francia (ámbito comunitario). Si su destino es España, circulará en régimen suspensivo devengándose el impuesto a su llegada a un depósito de recepción español. Si se fabricase en España, el hecho imponible se producirá en España (ámbito interno).

- **Devengo:** es un impuesto que se grava solo una vez. Por ello, los impuestos especiales de fabricación no se devengan hasta que el producto objeto de gravamen sale de la fábrica o del depósito fiscal o bien cuando los productos se ponen a disposición de los consumidores. Siempre es en el país de destino donde se soporta la fiscalidad correspondiente.

    Se dará un régimen suspensivo cuando los productos salgan de la fábrica o del depósito fiscal con destino a otras fábricas, depósitos fiscales o a exportación, una entrega intracomunitaria. En estos casos, el devengo del impuesto se producirá cuando el bien se entregue al receptor último en su lugar de destino. En los casos de importación, el devengo se produce en el momento en el nace la deuda aduanera.

Figura 10.2. La finalidad de los impuestos especiales es someter a gravamen los productos en el Estado miembro donde tenga lugar el consumo.

- **Sujeto pasivo:** en el artículo 8 de la edición actualizada a 14 de diciembre del 2016 sobre los impuestos especiales, puede encontrarse a los obligados tributarios. Por nombrar alguno de los más significativos:
  - — Los depositarios autorizados, siempre que el devengo del impuesto se produzca en el momento en que el bien salga de la fábrica o del depósito fiscal o con ocasión del autoconsumo de los bienes.
  - — Las personas obligadas al pago de la deuda aduanera, cuando el devengo se produce como consecuencia de una importación o de la salida de una zona franca.
  - — Los destinatarios registrados y receptores autorizados, cuando el impuesto se devengue en el momento de la recepción del producto gravado.
  - — En calidad de sustitutos del contribuyente, sus representantes fiscales.

  Los sujetos pasivos estarán obligados a presentar las correspondientes declaraciones tributarias y a practicar autoliquidaciones, así como a prestar garantías para responder del cumplimiento de sus obligaciones tributarias.
- **Base imponible y tipos impositivos:** la base imponible está constituida en función del valor del producto, por unidades físicas tales como el peso, el volumen u otras. Los tipos impositivos podrán ser:
  - — **Gravamen *ad valorem*:** en función del valor económico de los bienes fabricados o vendidos.
  - — **Gravamen específico:** en función de alguna unidad física de medida, peso o volumen.
  - — **Gravamen mixto:** que utiliza ambos criterios al mismo tiempo.

  Al estar armonizados los impuestos especiales de fabricación en el ámbito europeo, será la Unión Europa la que fije los tipos impositivos mínimos que deberán aplicarse, por encima de los cuales deben estar los tipos impositivos vigentes en todos los Estados miembros.
- **Cesión de los impuestos especiales de fabricación a las comunidades autónomas:** parte de la recaudación que se obtiene a través de los impuestos indirectos de fabricación se encuentra cedida a las comunidades autónomas, salvo el impuesto sobre la electricidad, en el que está cedida el 100 % de la recaudación.

Impuestos especiales sobre el alcohol y bebidas alcohólicas

Dentro de estos impuestos, pueden encontrarse:

- El impuesto sobre la cerveza.
- El impuesto sobre el vino y bebidas fermentadas.
- El impuesto sobre producto intermediario.
- El impuesto sobre el alcohol y bebidas derivadas.

Tabla 10.1. Base imponible y arancel en los impuestos especiales

Impuestos especiales	Base imponible	Arancel
De fabricación.	Volumen, peso o valor.	Tipo establecido%.
Bebidas alcohólicas.	Volumen a 20 °C de temperatura.	€/hl, según la graduación alcohólica.
Hidrocarburos.	Volumen, peso o poder energético.	€/l. €/t.
Tabaco.	Precio de venta al público.	€/100 o 1000 cigarrillos.
Determinados vehículos.	Valor de mercado en el momento.	Cilindrada (%).

Todos ellos están identificados por nomenclatura combinada (NC) en los códigos 2203, 2204, 2205, 2206, 2207 y 2208. La base imponible son hectolitros (hl) de producto acabado a la temperatura de 20 °C y los tipos €/hl según su grado alcohólico.

Ejemplo	Sidra 2206.00.51.00
Base imponible	Hectolitro (hl)
Tipo de arancel a terceros	7,7 €/hl
Impuestos especiales	0 €/hl

Figura 10.3. Asturias y Euskadi acaparan la mayor parte de la producción de la sidra en el plano nacional, mientras que Francia, Inglaterra e Irlanda son los grandes productores mundiales.

¿Sabías que

En España, el impuesto se exigirá conforme a los siguientes apartados:

1. **Vinos tranquilos.** 0 euros por hectolitro.
2. **Vinos espumosos.** 0 euros por hectolitro.
3. **Bebidas fermentadas tranquilas.** 0 euros por hectolitro.
4. **Bebidas fermentadas espumosas.** 0 euros por hectolitro.

Actividad propuesta 10.3

Identifica en una importación de ron cubano el devengo y el sujeto pasivo. Busca su número TARIC teniendo en cuenta que está embotellado en botellas de 75 cl y contiene 40° de alcohol. Indica los impuestos aplicados: arancel, II. EE. e IVA.

Impuesto sobre las labores del tabaco

Forman parte de este impuesto los cigarros y cigarritos, los cigarrillos, la picadura para liar y los demás tabacos para fumar. Dentro de la nomenclatura combinada, pueden encontrarse en los códigos 2401, 2402 y 2403. Su base imponible y tipos impositivos son los que se indican en la Tabla 10.2.

Tabla 10.2. Impuestos especiales sobre las labores del tabaco

Base imponible	Tipos impositivos
Valor del producto. Precio máximo de venta al público.	*Ad valorem.*
Número de unidades.	Gravámenes específicos.

Ejemplo	Cigarros puros 2402.10.00.00
Base imponible	PVP en expendedurías de tabaco
Tipo de arancel a terceros	26 %
Impuestos especiales	15,8 % (epígrafe 1. código 0F0)

Figura 10.4. La Directiva 2014/40/UE, sobre productos del tabaco, entró en vigor el 19 de mayo del 2014 y es aplicable en los países de la UE desde el 20 de mayo del 2016.

¿Sabías que

Por medio de la Ley 1/2011, de 21 de enero, de Gobierno de Canarias, se crea el impuesto autonómico sobre las labores del tabaco que grava en una única fase la fabricación y la importación de las labores del tabaco. Es un impuesto indirecto y su ámbito de aplicación son las islas Canarias.

Impuesto sobre la electricidad

El impuesto sobre la electricidad está dentro del grupo de impuestos especiales. Se aplica al consumo y a la potencia. Su objetivo es garantizar un consumo responsable de los recursos limitados que ofrece la naturaleza y en unas condiciones medioambientales que protejan la salud de las personas. Este tipo de gravamen lo establece el Ministerio Energía, Turismo y Agenda Digital. Este impuesto es cobrado por su comercializador de energía y remitido al Gobierno.

La Ley 38/1992, de 28 de diciembre, es la que establece estas tasas sobre la potencia y el consumo a todas las viviendas que tengan dado de alta un suministro de electricidad, independientemente de si se realiza consumo o no. Este impuesto tiene como fin recaudar el importe correspondiente al antiguo recargo en concepto de *coste específico asignado a la minería del carbón*.

Respecto a este impuesto:

- **Base imponible:** está constituida por el resultado de multiplicar por el factor 1,05113 el importe total que se habría determinado como base imponible del IVA, excluidas las cuotas del impuesto sobre la electricidad.
- **Tipo impositivo:** es el 4,864 %, aunque las cuotas resultantes de la aplicación de este tipo impositivo no podrán ser inferiores a las cuantías siguientes:
  — 0,5 € por megavatio-hora, cuando la electricidad suministrada se destine a usos industriales.
  — 1 € por megavatio-hora, cuando la electricidad suministrada se destine a otros usos.
- **Sujeto pasivo:** el impuesto sobre la electricidad deben pagarlo todas aquellas personas que tengan contratado un suministro de luz, independientemente de si realizan o no consumo de electricidad dentro de la vivienda.

  Ejemplo: se calcula de la forma establecida por la legislación, multiplicando el porcentaje 4,864 % por 1,05113 y por el total del coste de su consumo más potencia. En las facturas, aparecerán de esta forma:

$$4{,}864\ \% \times (\text{coste consumo} + \text{potencia}) \times 1{,}05113$$

Impuesto sobre hidrocarburos

Aunque se trata de un impuesto especial de fabricación, también puede clasificarse como impuesto medioambiental. El consumo de los hidrocarburos genera emisión de dióxido de carbono y, por ello, es responsable del efecto invernadero y del cambio climático.

¿Sabías que

En el régimen fiscal especial de Ceuta y Melilla, en su imposición indirecta, se encuentran:

- **Impuesto sobre el valor añadido:** no se aplica. En su lugar, se aplica el impuesto sobre la producción, los servicios y la importación (IPSI).
- **Impuestos especiales:** solo se exigen el impuesto especial sobre determinados medios de transporte, sobre la fabricación y la electricidad. Sin embargo, existe un gravamen complementario del IPSI sobre las labores del tabaco y sobre los carburantes.

Cuando se habla de hidrocarburos, se hace referencia a la gasolina con y sin plomo, el gasóleo, gas licuado de petróleo, gas natural, biodiésel, biocarburantes, queroseno y los demás aceites ligeros y otros hidrocarburos que puedan utilizarse como carburante o combustible, a excepción del carbón o la turba, entre otros.

Respecto a este impuesto:

- **Base imponible:** puede ser de dos tipos:
  — El volumen de estos productos expresados en miles de litros a una temperatura de 15 °C.
  — Cuando el tipo impositivo haga referencia a la unidad de peso o de energía, será el peso del producto expresado en toneladas métricas o su poder energético expresado en gigajulios (GJ).
- **Tipo impositivo:** pueden ser de dos tipos:
  — Una cantidad fija por cada mil litros de producto.
  — Por tonelada de peso.

El tipo de gravamen se integrará mediante la suma de los tipos estatales y autonómicos. Las comunidades autónomas pueden establecer un tipo impositivo autonómico para gravar suplementariamente estos productos que se consuman en sus respectivos territorios.

¿Sabías que

Hay comunidades autónomas que no aplican el impuesto autonómico sobre el carburante, entre ellas podrían citarse País Vasco, Cantabria, La Rioja, Castilla y León y Canarias.

Ejemplo	Gas natural 2711.21.00.00
Base imponible	Terajulio (TJ)
Tipo de arancel a terceros	0 %
Impuestos especiales	1,15 €/GJ para uso general y 0 €/GJ para usos distintos de los del carburante

Figura 10.5. España es un país importador de gas natural y nuestros principales suministradores son Argelia (con un porcentaje mayor del 50 %), seguida de Noruega, Catar, Nigeria y Trinidad y Tobago.

10.2.2. Impuesto sobre determinados medios de transporte

El impuesto sobre determinados medios de transporte (IEDMT) grava en España la primera matriculación definitiva, circulación o uso de coches, embarcaciones y aeronaves. Se crea por la armonización del tipo impositivo del IVA que suprime los tipos incrementados hasta ese momento existente. Su finalidad puede ser compensar esa pérdida de recaudación que en los años ochenta gravaba la adquisición de un vehículo con un 33 % de IVA especial o de lujo.

Estos determinados medios de transporte se refieren, en general, a la primera matriculación definitiva de:

- Vehículos automóviles nuevos o usados provistos de motor para su propulsión.
- Embarcaciones y buques de recreo o deportes náuticos, nuevos o usados, que tengan más de 80 m de eslora y las motos náuticas.
- Aviones, avionetas y demás aeronaves, nuevas o usadas, provistas de motor mecánico.

Ámbito de aplicación:

- En Canarias, con carácter general, los tipos impositivos aplicables son un 1 % inferior a los previstos en el artículo 70 de la Ley 38/1992 para la península e Islas Baleares.
- En Ceuta y Melilla, el tipo es del 0 % para todos los epígrafes previstos en el artículo 70 de la Ley 38/1992.

Respecto a este impuesto:

- **Hecho imponible:** la primera matriculación definitiva de esos medios de transporte. Hay que tener en cuenta que, en España, solo se realiza una vez la matriculación del vehículo, independientemente de que cambie de propietario.
- **Devengo:** el momento de la compraventa de un vehículo ante su primera matriculación.
- **Base imponible:**
  — Si es nuevo, será el precio o contraprestación por la compra del vehículo antes de aplicar el IVA.
  — Si es usado será su valor del mercado en la fecha del devengo del impuesto.
- **Tipo impositivo:** está en función de la emisión del CO_2. A modo de ejemplo:
  — **El 0 %:** vehículos de emisiones menores o iguales a 120 g/km de CO_2.
  — **El 4,75 %:** vehículos de emisiones mayores de 120 y menores de 160 g/km de CO_2.
  — **El 9,75 %:** vehículos de emisiones mayores o iguales de 160 y menores de 200 g/km CO_2.
  — **El 14,75 %:** vehículos de emisiones mayores o iguales a 200 g/km de CO_2.
- **Sujeto pasivo:** persona física o jurídica a cuyo nombre se solicita la matriculación del medio de transporte.
- **Tramitación:** impreso 576 sobre el impuesto especial sobre determinados medios de transporte.

Este impuesto también depende de las características del vehículo y de la comunidad autónoma donde se matricule. Desde el 2008, el cobro del impuesto de matriculación es una competencia traspasada a las comunidades autónomas.

Ejemplo	Coche diésel (emisión CO_2 120/150) : 8605.00.00.00
Base imponible	Unidades (UN) valor CIF
Tipo de arancel a terceros	1,7 %
Impuestos especiales	4,75 %

Figura 10.6. El sector del automóvil ocupa el primer lugar en las exportaciones en España, no hay que olvidar que el 82 % de todos coches fabricados se destinan a la exportación.

¿Sabías que

La normativa Euro 6 marca una reducción drástica de los gases contaminantes, especialmente los óxidos nitrosos de las emisiones de los vehículos a motor. Entró en vigor en Europa el 1 de septiembre del 2014.

10.2.3. Impuesto especial sobre el carbón

En la Ley 38/1992, de 28 de diciembre, de Impuestos Especiales, puede observarse que tienen consideración de carbón los productos comprendidos en los códigos de nomenclatura combinada 2701, 2702, 2704, 2708, 2713 y 2714 establecidos por el Reglamento (CEE) 2.658/87 del Consejo, de 23 de julio de 1987.

El ámbito de aplicación del impuesto especial sobre el carbón (IEC) es todo el territorio español, excepto Canarias y Ceuta y Melilla.

Respecto a este impuesto:

- **Hecho imponible:** se somete a tributación la primera venta o entrega de carbón efectuada tras su producción, adquisición intracomunitaria, importación o autoconsumo.
- **Devengo:** el momento en que se pone a disposición del comprador o en el momento de su autoconsumo (en el caso que lo consumiese la misma fábrica que efectúa la extracción).
- **Sujeto pasivo:** los productores o extractores, importadores, adquirentes intracomunitarios y las empresas revendedoras.
- **Base imponible:** el poder energético del carbón expresado en gigajulios (GJ).
- **Tipo impositivo:** estará en función de unos epígrafes, que pueden resumirse en:
  - **Epígrafe 1.1:** carbón destinado a uso con fin profesional: 0,15 €/GJ.
  - **Epígrafe 1.2:** carbón destinado a otros usos 0,65 €/GJ.

Ejemplo	Las demás hullas para uso profesional 2701.19.00.00
Base imponible	Unidades (UN) valor CIF
Tipo de arancel a terceros	0 %
Impuestos especiales	0,15 €/GJ %

Figura 10.7. La producción de carbón muestra un crecimiento en Asia, a la vez que va disminuyendo en Europa. Los mayores productores son China, los Estados Unidos, la India, Australia y Rusia.

Recuerda

De todos es conocido que el carbón es la fuente que más CO_2 emite a la atmósfera. Por ello, el impuesto del carbón puede configurarse como un tributo ambiental.

10.3. Sistema de control de movimientos de impuestos especiales

Llamado EMCS (sigla del inglés *excise movement control system*), es un sistema creado por la Unión Europea para controlar los movimientos entre los Estados de los productos objeto de impuestos especiales (alcohol y bebidas alcohólicas, tabaco e hidrocarburos).

Su implantación es obligatoria en toda la Unión para los operadores económicos que envíen o reciban este tipo de productos. Este sistema está en rigor desde el 1 de julio del 2013 y sustituye al documento de acompañamiento 500. En un principio, fue de forma voluntaria, pero, desde el 1 de enero del 2014, la presentación electrónica es obligatoria (eDA).

Implica el intercambio de información no solo entre cliente y proveedor, sino con las aduanas de los diferentes países para realizar la declaración de estos productos ante las administraciones fiscales de cada Estado por el que pasan las mercancías.

Se distingue entre el sistema de control de movimientos de impuestos especiales interno y el sistema de control de movimientos de impuestos especiales intracomunitario como el procedimiento informático utilizado para envíos de productos objeto de impuestos especiales en régimen suspensivo, a tipo reducido o bajo supuesto de exención con origen y destino en el ámbito territorial interno (nacional) y también para exportación cuando la entrada (DUA) y la salida de la Unión Europea se efectúe por aduana nacional.

¿Quién está obligado a utilizar el sistema de control de movimientos de impuestos especiales interno? Los expedidores, los que, teniendo un código de actividad y establecimiento, expidan productos objeto de impuestos especiales en el ámbito territorial interno o para la exportación y salida directa de la Unión Europea por territorio nacional en régimen suspensivo o a tipo reducido o con exención.

Forma de funcionamiento:

- El expedidor envía el e-DA (mensaje electrónico) a la Agencia Estatal de Administración Tributaria (AEAT).
- La Administración valida el e-DA, lo numera (asigna su número de referencia, ARC) y devuelve el e-DA al expedidor.
- La AEAT reenvía el mensaje al destinatario.
- El expedidor envía físicamente la mercancía en régimen suspensivo amparada por el e-DA. La mercancía llega al destinatario.
- El destinatario envía la notificación de la recepción de la mercancía a su AEAT (mensaje electrónico con el conforme o con las incidencias si las hubiese).
- La AEAT le notifica la recepción y se lo devuelve al destinatario.
- La AEAT confirma el movimiento ante la aceptación de la recepción de la mercancía sujeta a los impuestos especiales.

Actividad propuesta 10.4

En una venta a distancia, ¿cuál es el momento del devengo y el sujeto pasivo de los II. EE.?

El código administrativo de referencia

El código administrativo de referencia (ARC) es el número de referencia asignado por las autoridades competentes del Estado miembro de expedición al documento administrativo electrónico, una vez que los datos del borrador han sido validados.

Consta de 21 dígitos más un número de secuencia, por ejemplo:

13ESD26200N0000194567

13	Año
ES	Siglas de España
D26200	Oficina gestora
N	Sigla nacional
00001945	Numeración
6	Dígito control
7	Número de secuencia

Ante un código administrativo de referencia, ¿cómo identificar si el envío es de un sistema de control de movimientos de impuestos especiales interno o uno intracomunitario? El formato del código administrativo de referencia nacional tiene en la posición undécima una N (de nacional), mientras que uno comunitario tendrá un cero en este mismo lugar. Los códigos administrativos de referencia cuyas posiciones tercera y cuarta corresponden a combinaciones distintas a ES (FR, IT, etc.) corresponden a expedidores intracomunitarios.

Recuerda

Los impuestos especiales son impuestos indirectos que se gravan una sola vez en el país de destino. Aunque el origen de una bebida alcohólica sea europeo, el tipo de impuesto especial sobre el alcohol que se aplicará será el del Estado miembro de destino.

Por ejemplo, si se tienen 1000 l de vodka lituano en botellas de 75 cl con un grado volumétrico de alcohol del 40 % y código TARIC 2208.60.11.00 y para los productos con un grado alcohólico volumétrico adquirido superior a 1,2% vol.: tipo de 830,25 €/hl de alcohol puro. Es decir: Cuota II. EE. = 4 x 830,25 = 3321 € (400 l de alcohol; 4 hl).

Figura 10.8. En España, el impuesto especial sobre el vino y las bebidas fermentadas está sujeto a un tipo de 0 euros por hectolitro.

Enlaces web

Impuestos especiales en la UE:
https://europa.eu/youreurope/business/vat-customs/excise-duty/index_es.htm

http://trade.ec.europa.eu/tradehelp/es/impuestos-especiales

Normativa europea de productos de tabaco:
https://ec.europa.eu/health/tobacco/products_es

SEED, verificación de autorización de impuestos especiales:
http://ec.europa.eu/taxation_customs/dds2/seed/seed_consultation.jsp?Lang=es

Agencia Tributaria, impuestos especiales:
http://www.agenciatributaria.es/AEAT.internet/Inicio/La_Agencia_Tributaria/Aduanas_e_Impuestos_Especiales/_Presentacion/Impuestos_especiales/Impuestos_especiales.shtml

Ley 38/1992, de 28 de diciembre, sobre Impuestos Especiales:
https://www.boe.es/buscar/act.php?id=BOE-A-1992-28741

Sistema de control de movimientos de impuestos especiales:
http://www.emcs.es

Normativa

Ley 38/1992, de 28 de diciembre, de Impuestos Especiales.

Real Decreto 1165/1995, de 7 de julio de 1995, por el que se aprueba el Reglamento de Impuestos Especiales.

Real Decreto 1041/2013, de 27 de diciembre que modifica el reglamento anterior, añadiendo disposiciones en relación con los impuestos especiales de fabricación y el impuesto sobre el valor de la producción de energía eléctrica.

Documento

Modelo 560. Impuesto sobre la electricidad. Declaración-liquidación.

Modelo 561. Impuesto sobre la cerveza. Declaración-liquidación.

Modelo 563. Impuesto sobre el alcohol y bebidas derivadas. Declaración-liquidación.

Modelo 564. Impuesto sobre hidrocarburos. Declaración-liquidación.

Modelo 566. Impuesto sobre las labores del tabaco. Declaración-liquidación.

IMPUESTOS ESPECIALES

IMPUESTOS INDIRECTOS

- IVA: Gravan TODOS los consumos
- II. EE.: Gravan CIERTOS consumos

Social
Sanidad
Medioambiental

- **Objetivos:** hecho imponible en relación con un producto
- **Instantáneos:** cuando se realiza la operación
- **Monofásicos:** una vez en todo el proceso
- **Superpuestos al IVA:** Importe + bien + IVA

TIPOS

- **Especiales de fabricación**
  - **Motivos sanitarios:** alcohol y drogas
  - **Motivos medioambientales:** electricidad e hidrocarburos
- **Sobre determinados medios de transporte**
- **Sobre el carbón**

Actividades de comprobación

10.1. Los impuestos especiales son impuestos indirectos que...

a) ... no repercuten en el consumidor final.

b) ... gravan el consumo de determinados bienes.

c) ... se aplican a todos los productos.

d) ... se aplican a la exportación de determinados bienes.

10.2. Los impuestos especiales son...

a) ... indirectos.

b) ... objetivos.

c) ... instantáneos.

d) Todas las respuestas son correctas.

10.3. Si la operación está en el ámbito de aplicación de los impuestos especiales, pero por motivos legales se exime de su pago...

a) ... es una operación exenta.

b) ... es una operación no sujeta.

c) ... debe presentarse el documento único administrativo.

d) ... no puede importarse el bien por el que se realiza la operación.

10.4. Los impuestos especiales se devengan cuando...

a) ... están en tránsito.

b) ... llegan a destino.

c) ... los productos se ponen a disposición de los consumidores.

d) Ninguna respuesta es correcta.

10.5. Los impuestos especiales de fabricación se clasifican por motivos...

a) ... sanitarios.

b) ... de destino de la mercancía.

c) ... medioambientales.

d) ... sanitarios y medioambientales.

10.6. Los sujetos pasivos pueden ser...

a) ... depósitos registrados.

b) ... personas obligadas al pago de la deuda aduanera.

c) ... receptores autorizados.

d) Todas las respuestas son correctas.

10.7. El gravamen ad valorem está en función de...

a) ... el valor económico de los bienes fabricados o vendidos.

b) ... alguna unidad física de medida, peso o volumen.

c) ... utiliza ambos criterios.

d) Todas las respuestas son correctas.

10.8. El gravamen específico está en función de...

a) ... el valor económico de los bienes fabricados o vendidos.

b) ... alguna unidad física de medida, peso o volumen.

c) ... utiliza ambos criterios.

d) Todas las respuestas son correctas.

10.9. El gravamen mixto...

a) ... el valor económico de los bienes fabricados o vendidos.

b) ... alguna unidad física de medida, peso o volumen.

c) ... utiliza ambos criterios.

d) Todas las respuestas son correctas.

10.10. La recaudación del impuesto especial de la electricidad está cedida a las comunidades autónomas en...

a) ... un 50 %.

b) ... un 78 %.

c) ... un 100 %.

d) ... un 0 %.

Actividades de aplicación

10.11. Copia y completa la tabla con los impuestos especiales de los diferentes productos:

Mercancía	TARIC	Impuestos especiales
Cerveza de malta, botellas de 1 l, 2° de alcohol.		
Vodka, 1 l, 50° de alcohol.		
Champán.		
Vermú, 1 l, 14,4° de alcohol.		

10.12. Suponiendo que se importa vodka de Rusia en botellas de 1 l y con un contenido de alcohol del 50 % y teniendo en cuenta que el valor en la aduana de 100 000 € y la cantidad de 25 000 l, halla la deuda tributaria del producto:

Mercancía	TARIC	Arancel	Impuestos especiales	IVA
Vodka, 1 litro, 50° de alcohol.				

10.13. Se importan puros habanos de Cuba Cuba con un valor de aduana de 15 000 euros. Teniendo en cuenta que el número de puros/paquetes de 200 g es de 5000 unidades y el precio de venta al público en los estancos es de 12 €, determina la deuda tributaria del producto:

Mercancía	TARIC	Arancel	Impuestos especiales	IVA
Puros habanos				

10.14. Suponiendo unos datos generales

- Valor en la aduana: 100 000 €.
- Volumen: 25 000 l.
- Número de puros/paquetes de 200 g: 5000 uds.
- PVP en los estancos: 3 €.

Halla la deuda tributaria de los aranceles e impuestos especiales del vino tinto Rioja, 12 % de alcohol, y el benceno como carburante.

10.15. Supón que se importa una partida de gas natural (licuado) desde el puerto de Argel (Argelia). Se trata de una cisterna que contiene 20 000 l de 800 GJ y el importe de la factura es de 2000 € en condiciones CIP (puerto Algeciras). Responde a las siguientes preguntas:

- ¿Cuál es el número TARIC?
- ¿Qué arancel se le aplicará?
- ¿Cuál es el impuesto especial que se le aplica?
- ¿Cuál es la deuda tributaria a la importación a consumo? Calcúlala.

Actividades de ampliación

10.16. Averigua cuántas veces se aplican los impuestos especiales y su ámbito de aplicación. Contrástalo con la Ley de Impuestos Especiales y nombra los artículos en los que pueden encontrarse las respuestas.

10.17. Investiga para encontrar los datos que completarán el siguiente cuadro:

Mercancía	TARIC	Arancel a terceros	Impuesto especial	IVA
Antracitas, uso profesional				
Propeno				
Vino blanco, 75 cl, 12 % vol.				
Puros habanos				
Vehículo japonés de 1300 cm^3				

10.18. Busca los números TARIC de las siguientes partidas haciendo mención a si están o no sujetos a los impuestos especiales.

Mercancías	TARIC	Arancel a terceros	Sujetos a impuestos especiales
Champán, 11 % alc.			
Vino tinto Rioja, 12 % alc.			
Brandy, 31 % alc.			
Benceno como carburante			
Lignitos aglomerados			
Brea			
Tabaco de mascar			
Vehículo nuevo de 1700 cm^3			
Cigarrillos puros			

10.19. Investiga en internet sobre los temas indicados y nombra:

- Las regiones de la Unión Europea donde no se aplican sus normas para los II. EE.
- Las reglas que deben cumplirse para transportar mercancías a otros países de la UE sin pagar los derechos de los II. EE.

11

El impuesto sobre el valor añadido

CONTENIDOS

OBJETIVOS

- Visualizar de forma general el IVA.
- Comprender y aprender la terminología del impuesto.
- Señalar las características generales del impuesto sobre el valor añadido.
- Identificar el funcionamiento del IVA en las operaciones de compraventa interiores, intracomunitarias e internacionales.
- Reconocer la documentación necesaria para la gestión y autoliquidación del IVA.
- Comprender y saber cumplimentar el Intrastat.

INTRODUCCIÓN

El impuesto sobre el valor añadido (IVA) es uno de los impuestos más populares. Se dice que es un impuesto indirecto porque recae sobre el consumidor independientemente de su capacidad económica. Este impuesto se aplica sobre las mercancías y grava tres clases de operaciones distintas: entregas de bienes y prestaciones de servicios realizadas por empresarios y profesionales en el desarrollo de su actividad en la península e Islas Baleares, adquisiciones intracomunitarias de bienes realizadas por empresarios o profesionales e importaciones de bienes, cualquiera que sea quien las realice, ya sea empresario, profesional o particular.

En esta unidad, se detallan las peculiaridades que tienen estas operaciones de una forma básica. Además, se incluye el sistema Intrastat, por su relación con las declaraciones del IVA, sobre todo en lo que se refiere a las autoliquidaciones de adquisiciones intracomunitarias.

11.1. Definición, características, tipos y ámbitos de aplicación

El impuesto sobre el valor añadido, conocido por las siglas *IVA*, es el impuesto más común y el más extendido. Al recaer sobre el consumo, se lo considera un impuesto indirecto. Hay que tener en cuenta que afecta directamente a todas las operaciones de compraventa de bienes y a las prestaciones de servicios.

Figura 11.1. El IVA es el impuesto que más recauda después del IRPF (un 30 % de la recaudación anual aproximadamente).

Su regulación principal se encuentra en la Ley 37/199, de 28 de diciembre, (LIVA) y en el reglamento aprobado en el Real Decreto 1624/1992, de 29 de diciembre. Sus características son las siguientes:

- Es un impuesto **indirecto,** no se aplica directamente a una persona con nombre y apellidos como el de la renta, sino que se paga en función del consumo que se haga.
- Es un impuesto **objetivo,** no tiene en cuenta las circunstancias personales del sujeto pasivo tanto para determinar su base imponible como el tipo de gravamen.
- Es un impuesto **proporcional,** pues es un porcentaje que se aplica a todos los productos y servicios.
- Es un impuesto que **grava todos los bienes y servicios.** Lo paga el consumidor final y las empresas hacen de recaudadores de Hacienda. La empresa recogerá y pagará el IVA y la diferencia la devolverá a la Administración Pública.
- Este impuesto es **una de las fuentes de financiación más importantes** de los Estados.

El IVA en la Unión Europea no está unificado. Puede encontrarse un IVA diferente en cada uno de los países que la componen. Lo que sí es común es que existan diferentes tipos dependiendo del producto o servicio. Los países van cambiando estos tipos a lo largo del tiempo. En España, los tipos impositivos en vigor desde el 1 de septiembre del 2012, son los siguientes:

- **IVA general:** el 21 % aplicable a la mayoría de los productos.
- **IVA reducido:** el 10 % aplicable a algunos productos y servicios.
- **IVA superreducido:** el 4 % aplicable a productos de primera necesidad.

El tipo impositivo aplicable en cada operación será el vigente en el momento del devengo.

¿Sabías que

El IVA repercutido es el IVA que la empresa cobra cuando vende un producto, mientras que el IVA soportado es el IVA que la empresa paga cuando compra un producto.

Cada mes, trimestre o año, depende del tipo de autodeclaración, la empresa deberá liquidar con Hacienda el IVA. Se restará el IVA repercutido menos el IVA soportado. Si el resultado es positivo, la empresa estará obligada a pagar a la Administración. Si el resultado es negativo, la Administración estará obligada a devolver a la empresa o compensar en siguientes declaraciones.

El IVA se aplica en la península y en las Islas Baleares. En Canarias, en su lugar, se aplica el impuesto general indirecto canario (IGIC). En las ciudades de Ceuta y Melilla, se aplica el impuesto sobre la producción, los servicios y la importación (IPSI).

¿Sabías que

Ante los fueros del País Vasco, si se opera exclusivamente dentro de estos territorios, solo se tributará en ellos. Si no se superan los 10 000 000 € en el volumen de ventas del año anterior, solo se tributa en su territorio. Si se superan los 10 000 000 €, se tributará en función de las operaciones realizadas en cada uno de los territorios.

11.2. Elementos básicos del impuesto y la obligación del sujeto pasivo

Los elementos básicos del impuesto sobre el valor añadido son:

- El **hecho imponible** se genera en las entregas de bienes y prestación de servicios, adquisiciones intracomunitarias de bienes e importaciones.
- La **base imponible** es el importe total de la contraprestación de la operación sujeta al IVA. Se incluirán —entre otros— conceptos tales como *comisiones, transportes, seguros, tributos* que recaigan sobre la misma operación gravada, etc.

  Base imponible = importe de la venta – descuentos + gastos accesorios
- El **tipo impositivo** es un tanto por ciento aplicable a la base imponible en cada operación.
- La **cuota tributaria** es el resultado de aplicar el tipo impositivo a la base imponible.
- El **devengo** se produce con la puesta a disposición de los bienes o la ejecución del servicio.
- El **sujeto pasivo** es la persona física o jurídica que realiza la entrega de bienes o presta servicios sujetos al impuesto. Están obligados a presentar a la Administración Pública mensual o trimestral y anualmente una declaración para liquidar el IVA. Pueden darse dos situaciones:
  — **IVA a ingresar:** durante el periodo por liquidar, el IVA repercutido (impuesto recogido de las ventas e ingresos) es superior al IVA soportado (impuesto entregado por las compras y gastos). La diferencia es la cantidad que ha de ingresarse a la Administración.
  — **IVA a compensar o devolver:** el IVA soportado es superior al IVA repercutido en dicho periodo. Si esto ocurriese, podría deducirse en otras declaraciones (trimestrales) o la Hacienda Pública tendría que devolver (mensuales).

Actividad propuesta 11.1

En el impuesto del IVA, identifica al contribuyente, el sujeto pasivo y la entidad recaudadora.

- La **declaración-liquidación del IVA** se llevará a cabo en el territorio común y en los territorios forales (País Vasco y Navarra). En el caso de que el sujeto pasivo efectúe operaciones en territorio común y en territorios del País vasco o Navarra, habrá que tener en cuenta lo dispuesto en el concierto económico respecto al País Vasco y al convenio económico en lo que se refiera a Navarra.

Figura 11.2. El sujeto pasivo es la persona física o jurídica que hace frente al pago de una obligación tributaria, en este caso, del IVA.

El periodo de tiempo que comprende cada autoliquidación se denomina *periodo de liquidación,* que puede ser mensual o trimestral. Con carácter general, todos los sujetos pasivos presentan autoliquidaciones trimestrales, salvo los inscritos en el registro de devolución mensual y las grandes empresas.

A efectos de este impuesto, tienen la condición de grandes empresas los sujetos pasivos cuyo volumen de operaciones, calculado conforme a lo dispuesto en la ley del impuesto, hubiese excedido durante el año natural inmediato anterior de 6 010 121,04 €.

¿Sabías que

La recaudación por IVA en el 2016 fue de 62845 millones de euros, con un incremento del 4,2% respecto al año anterior. Esta subida se explica fundamentalmente por la evolución de la base del impuesto, aunque también estuvo impulsada por el cambio en la gestión del IVA de importación en el 2015.

Actividad propuesta 11.2

Explica la diferencia entre sujeto pasivo y contribuyente.

11.3. Tipos de operaciones en función de la aplicación del IVA: sujetas, exentas y no sujetas

Hay tres tipos de operaciones cuando se habla del IVA:

1. **Operaciones sujetas a IVA:** son las entregas de bienes y servicios realizados por empresas o profesionales a título oneroso y siempre que se desarrolle dentro de su actividad empresarial.
2. **Operaciones no sujetas al IVA:** existen operaciones que no quedan sometidas al IVA. A modo de ejemplo, pueden nombrarse las entregas gratuitas de muestras con fines de promoción, las entregas de bienes gratuitas realizadas por las administraciones públicas, las entregas de dinero a título de contraprestación o pago.
3. **Operaciones exentas del IVA:** son aquellas entregas de bienes que, aun suponiendo que se da el hecho imponible, la legislación aplicable establece que no están sometidas a gravamen.

En España, se consideran exentas —entre otras— las siguientes operaciones:

- La enseñanza.
- Los servicios médicos.
- Los seguros.
- Los servicios de mediación de operaciones financieras.
- Los alquileres.
- La entrega de bienes desde la península e Islas Baleares con destino a los Estados miembros o a terceros países, es decir, expediciones intracomunitarias y exportaciones.

Figura 11.3. El tipo de IVA en el transporte de mercancías es del 21 %, mientras que el transporte de viajeros tributa al 10 %.

11.4. Tipos de regímenes

Los regímenes del IVA son los siguientes:

- **Régimen general:** en este régimen, están todas las empresas que no se encuentran en los regímenes especiales o que han renunciado al régimen simplificado. El empresario, en sus ventas, deberá repercutir el IVA correspondiente al importe de la operación y exigir a sus proveedores las facturas en las que soportará el IVA de sus compras. Están obligadas a presentar la autoliquidación de IVA.
- Entre los **regímenes especiales**, destacan:
  - **Régimen simplificado:** pueden acogerse a este régimen empresas del sector industrial, comerciantes, servicios y ciertas actividades agropecuarias. Existe una coordinación entre este régimen simplificado y el régimen de estimación objetiva y el IRPF. Esto quiere decir que toda actividad acogida al régimen simplificado de IVA determinará su rendimiento neto por el régimen de estimación objetiva.

    Se encuentran en este régimen aquellas empresas que no rebasen ciertos límites en su volumen de ingresos anuales. Estos umbrales suelen ser revisados y modificados. Desde el 1 de enero del 2016, son los siguientes:

- El volumen de ingresos en el año inmediato anterior para el conjunto de sus actividades es de 150 000 €, aunque se excluyen del cómputo las actividades agrícolas, forestales y ganaderas, cuyo límite es de 250 000 €.
- Las adquisiciones e importaciones de bienes y servicios en el año inmediato anterior para el conjunto de sus actividades, excluidas las relativas al inmovilizado, es de 150 000 €.

Estas empresas están obligadas a presentar la autoliquidación del IVA. En este régimen, se determina el IVA devengado aplicando unos módulos correspondientes a cada actividad. La empresa podrá deducir las cuotas de IVA soportadas en la compra de bienes, servicios y las de sus activos fijos. Estas empresas deberán llevar un libro de registro de facturas recibidas y conservar copia del recibo acreditativo del pago de la compensación durante cuatro años desde el devengo del impuesto.

— **Régimen de recargo de equivalencia:** este régimen es aplicable a los comerciantes minoristas. Los proveedores repercutirán en sus facturas, además del IVA correspondiente, un recargo de equivalencia dependiendo del tipo de IVA. En este régimen, no se realizan declaraciones de IVA.

11.5. Clasificación del IVA en función de dónde se realicen las operaciones

A la hora de aplicar o no el IVA, hay que tener en cuenta en toda compraventa de mercancías el ámbito del intercambio:

- Cuando se da una compraventa entre empresas españolas, se trata de una operación interior (compra interior o venta interior).
- Cuando se da una compraventa entre empresas europeas, estaría dándose una operación intracomunitaria (adquisición intracomunitaria o entrega intracomunitaria).
- Cuando se da una compraventa entre empresas de la Unión Europea y empresas de terceros países, se haría referencia a operaciones internacionales (importación y exportación).

¿Sabías que?

Las compras por internet, cuando el remitente es una empresa, presentan las siguientes características:

- Si el valor del envío es menor o igual a 22 €, está exento de arancel y de IVA.
- Si el valor es mayor de 22 y menor de 150 €, está exento del arancel pero sujeto a IVA.
- Si es mayor de 150 €, está sujeto a arancel del 2,5 % e IVA del 21%.

11.6. El IVA en operaciones intracomunitarias

En el ámbito del IVA, se utilizan los términos de adquisiciones intracomunitarias y entregas intracomunitarias de bienes cuando se trata de compras y ventas a países miembros de la Unión Europea.

Toda empresa que quiera realizar operaciones intracomunitarias deberá tener un número de identificación fiscal, NIF-IVA. Las empresas españolas tendrán un NIF compuesto por el prefijo ES seguido de una letra que identifica su forma jurídica, un número aleatorio de siete dígitos y un número de control. Como ejemplo, podría citarse el de la empresa de transportes TransNatur Norte, SL: ES-B20449393.

La composición del NIF en cada uno de los países de la Unión Europea es diferente. A modo de ejemplo, puede citarse Alemania con DE + 9 caracteres numéricos o Croacia con HR + 11 caracteres numéricos.

Toda empresa interesada en realizar operaciones intracomunitarias, compras y ventas con empresas de la Unión Europea, deberá solicitar la inclusión en el Registro de Operadores Intracomunitarios cumplimentando la declaración de alta o modificación, modelo 036. La asignación del NIF-IVA supone que el operador constará en el censo VIES (sistema de intercambio de información sobre el IVA). La confirmación sobre la validez de un número IVA y su atribución a un intracomunitario supondrá la exención de las entregas de bienes intracomunitarios. Ello implica facturar a la empresa intracomunitaria el valor de la mercancía sin IVA.

El comprador de la mercancía debe comunicar el NIF-IVA a la empresa con quien se realice la operación y el vendedor lo hará constar en las facturas correspondientes. Este tiene la obligación de verificar que la empresa compradora esté registrada en el censo VIES.

Realizar este tipo de operaciones obliga a presentar el modelo 349 «Declaración recapitulativa de operaciones intracomunitarias».

Recuerda

El CIF pasó a denominarse *NIF* el 1 de enero del 2008, con la entrada en vigor en España del Real Decreto 1065/2007.

En toda compraventa intracomunitaria entre empresas, se encuentran:

- **La entrega de bienes:** en las transacciones entre los Estados miembros, uno de sus pilares básicos para que no se produzca una situación de no imposición o de doble imposición es la exención en las entregas intracomunitarias de bienes. Las entregas de bienes a empresarios o profesionales, sujetos pasivos de IVA, tributan en el país de destino, es decir, en el país del empresario que adquiere como adquisición intracomunitaria de bienes. Por ello, hay que remarcar que las ventas o entregas de mercancías a países intracomunitarios están exentas, es decir, en las facturas no aparecerá el IVA.

Figura 11.4. En las entregas comunitarias, la principal característica es que están exentas de IVA. Por lo tanto, en las facturas emitidas, no se aplica el IVA.

- **La adquisición de bienes:** en ellas, como consecuencia de lo anterior, la empresa se autoliquida el IVA (según el tipo de gravamen del país de destino) en el momento de la declaración de dicho impuesto.

11.6.1. Definición

Son las adquisiciones intracomunitarias las que van a desarrollarse en este apartado, ya que las entregas están exentas. Dichas adquisiciones se liquidarán integradas en la autoliquidación que, periódicamente, presentan las empresas por todas sus operaciones. Se hace referencia a las adquisiciones intracomunitarias de bienes realizadas en la península e Islas Baleares por empresarios, que van a tributar por el IVA español como regla general.

11.6.2. Hecho imponible

Para que se produzca el hecho imponible habrá que tener en cuenta:

- La compraventa a título oneroso de bienes o mercancías.
- Los bienes han de ser transportados desde otro Estado miembro al territorio de aplicación del impuesto. Si no hubiese transporte desde otro Estado miembro, se daría a la operación el tratamiento de entrega interior en el Estado en que se produzca.
- El vendedor debe ser empresario o profesional.
- El adquirente debe ser empresario o profesional o persona jurídica que no actúe como tal.

Sabías que

El documento de transporte es la prueba de esta operación intracomunitaria, pues dará fe del movimiento desde un Estado miembro a otro. Por ejemplo:

- Un empresario español entrega mercancías a un empresario establecido en Italia que, sin sacarlas de España, las vende a otra empresa española. Se dan dos entregas: la primera es la venta de productos a la empresa italiana que no es una operación intracomunitaria, pues no salen del territorio español. La segunda es la venta en España por la empresa italiana, en este caso, también se trata de una operación interior sujeta al IVA, ya que no hay transporte fuera de España.
- Un comerciante español realiza por teléfono un pedido a un empresario portugués. Un transportista subcontratado por el empresario portugués entrega la mercancía. Esta operación es una adquisición de bienes sujeta al IVA en España.

11.6.3. Base imponible

La base imponible del impuesto es la cantidad sobre la que debe aplicarse el tipo de gravamen, es decir, la cuantificación o valor monetario del hecho imponible, o, lo que es lo mismo, el importe total de la contraprestación. Se incluye en el concepto de *contraprestación:* el valor del bien principal más los accesorios tales como gastos de comisiones, portes, seguros, etc., incluidos en factura. La base imponible de las adquisiciones intracomunitarias de bienes se determinará de acuerdo con lo dispuesto para las entregas de bienes y prestaciones de servicios en general.

11.6.4. Tipos

El tipo es el porcentaje que se aplica sobre la base imponible para obtener la cuota. Los tipos impositivos fijados en España para las adquisiciones intracomunitarias, según establece la ley, son: uno de tipo general y dos de tipos reducidos para dar un tratamiento favorable a determinadas operaciones. El tipo aplicable a cada operación será el vigente en el momento del devengo. En el momento de la publicación: tipo impositivo general (el tipo general del impuesto vigente es el 21 %) y los tipos impositivos reducidos (los tipos reducidos vigentes son el 10 y el 4 %).

11.6.5. Sujeto pasivo

Por regla general, se entiende por *sujeto pasivo* el empresario o profesional, persona física o jurídica, que entrega bienes o presta servicios: el vendedor.

En el caso de transacciones intracomunitarias, se aplica una de las reglas especiales. Esta regla es la denominada *regla de inversión del sujeto pasivo,* según la cual, es sujeto pasivo el empresario o profesional que recibe los bienes o servicios: el destinatario.

Esta regla es aplicable cuando quien realiza las operaciones no está establecido en el territorio de aplicación del IVA español, salvo, entre otros casos, cuando se trate de entregas intracomunitarias de bienes o de entregas de bienes con destino a la exportación, exentas en ambos casos del IVA.

11.6.6. Devengo

El impuesto se devengará en el momento en que se consideren efectuadas las entregas de bienes similares.

Por norma, el devengo del impuesto se producirá el día 15 del mes siguiente a aquel en el que se inicie la expedición o el transporte de los bienes con destino al adquirente. No obstante, si, con anterioridad a la citada fecha, se hubiera expedido factura por dichas operaciones, el devengo tendrá lugar en su fecha de expedición.

11.7. El IVA en operaciones con terceros países

En el ámbito del IVA, cuando se utilizan los términos de *importación* y *exportación,* se hace referencia a las adquisiciones o entregas de bienes a países no comunitarios, es decir, entradas y salidas del territorio aduanero comunitario.

El IVA en las operaciones de exportación

Las exportaciones son entregas de bienes que suponen la realización del hecho imponible del impuesto, pero respecto de las cuales la ley establece que no deben ser sometidas a gravamen.

Recuerda

En el caso de que se realice una operación exenta de IVA, en la factura, debería incluirse la siguiente mención:

- En el caso de que se realice una exportación, la mención podría ser: «Exportación exenta de IVA de acuerdo con el artículo 21 de la Ley 37/1992 del IVA».
- En el caso de que se realice una entrega intracomunitaria de bienes, la mención sería: «Entrega intracomunitaria de bienes exenta de IVA, de acuerdo con el artículo 25 de la Ley 37/1992 del IVA».

En cualquiera de los casos, bastaría con incluir la mención «operación exenta de IVA».

Por ello, las exportaciones de bienes son exenciones plenas del IVA. Esto implica que el empresario que realiza la entrega del bien y que no repercute el impuesto se le permite deducir el IVA soportado en las adquisiciones relacionadas con esta operación exenta.

Por ello, toda empresa exportadora estará inscrita en el Registro de Devolución del IVA y realizará las declaraciones mensualmente.

Figura 11.5. Las exportaciones están exentas de IVA y, en las importaciones, se realiza el pago en el momento de la liquidación de los derechos arancelarios.

Actividad propuesta 11.3

Explica todo aquello que sepas sobre la exención del IVA en las exportaciones.

El IVA en operaciones de importación

En este apartado, va a entresacarse lo fundamental y especifico en lo que se refiere al IVA en las importaciones:

- Respecto al hecho imponible, están sujetas al IVA las importaciones —entrada de bienes de terceros países en territorio aduanero comunitario— cualquiera que sea el fin al que se destinen y la condición del importador.

  Cuando el bien se coloque en zona franca, depósito franco y otros depósitos o se vincule a los regímenes aduaneros o fiscales, salvo el régimen de depósito distinto del aduanero, la importación solo se producirá cuando el bien salga de dichas áreas o abandone los citados regímenes y siempre que el bien no sea objeto de una exportación o de una entrega intracomunitaria exenta.
- Serán sujetos pasivos del impuesto quienes realicen las importaciones. Además del importador, pueden ser responsables del pago del impuesto, entre otros:
  - — Los agentes de aduanas con responsabilidad solidaria cuando actúe en nombre propio, pero por cuenta de su cliente.
  - — Los agentes de aduanas con responsabilidad subsidiaria cuando actúe en nombre y por cuenta de su cliente.
- El devengo del impuesto se produce cuando hubiera tenido lugar el devengo de los derechos de importación, de acuerdo con la legislación aduanera, es decir, en la fecha en la que los bienes entren en la aduana de importación con el fin de que se produzca la efectiva entrada en la península o Islas Baleares de la mercancía importada. Por tanto, se trata de la importación a consumo.
- En el caso de abandono del régimen de depósito distinto del aduanero, cuando se abandone el régimen.

¿Sabías que

Un depósito distinto del aduanero es el almacén fiscal que puede usar una empresa con NIF español donde pueden introducirse mercancías de importación sin tener que pagar el IVA ni en el momento de la entrada ni de salida de la mercancía.

Por ejemplo, un importador realiza una importación en un contenedor. Este se vacía en el almacén y realizan tareas de paletización, clasificación. A continuación, vende esta mercancía a un cliente español. La operación está exenta de IVA, por lo que este último es el que deberá autoliquidar el IVA.

- La base imponible es el valor en aduana añadiendo los conceptos siguientes en cuanto no estén comprendidos en él:
  - — Los impuestos, derechos, exacciones y demás gravámenes que se devenguen con motivo de la importación, salvo el IVA.
  - — Los gastos accesorios, como las comisiones y los gastos de embalaje, transporte y seguro que se produzcan hasta el primer lugar de destino de los bienes en el interior de la Unión.

  De forma resumida, podría decirse que es valor del envío en factura hasta la primera frontera de la Unión Europea y otros impuestos y derechos, excepto el propio IVA.

Actividad propuesta 11.4

¿Qué conceptos forman parte de la base imponible del IVA en las importaciones?

- En las importaciones a consumo, el impuesto sobre el valor añadido se liquida en la aduana. Se calculará sobre el valor en aduana más los aranceles, más los II. EE., más los ajustes negativos que se han tenido en cuenta en la declaración de valor DV-1 (incluidos en la factura de compraventa internacional y que son gastos nacionales).

Actividad propuesta 11.5

Se realiza una importación en términos FOB (puerto Callao) de una partida de mangos por un valor de 100 000 € con unos gastos de flete de 1000 € y una póliza de seguro de 500 €. Teniendo en cuenta que existe un arancel del 3 % y un IVA del 4 %, halla la cuota del IVA de importación.

11.8. La autodeclaración del IVA

Todo sujeto pasivo presentará un único modelo de declaración por periodo de liquidación. La presentación deberá realizarse incluso en los periodos en los que no existan cuotas devengadas ni se practique deducción de cuotas soportadas o satisfechas, salvo cuando se trate de declaraciones no periódicas que solo se presentarán cuando se realice el hecho que motiva su presentación.

El periodo de tiempo que comprende cada autoliquidación se denomina *periodo de liquidación,* que puede ser mensual o trimestral. Con carácter general, todos los sujetos pasivos presentan autoliquidaciones trimestrales, salvo los inscritos en el registro de devolución mensual y las grandes empresas cuyo periodo de liquidación es mensual. La última autodeclaración, ya sea mensual o trimestral, deberá presentarse de forma simultánea con la declaración resumen anual.

Figura 11.6. El formulario 303 es un modelo de autoliquidación del IVA que tiene carácter periódico y ha de ser presentado por los sujetos que lleven a cabo cualquier tipo de operación comercial.

Recuerda

A efectos de este impuesto, tienen la condición de grandes empresas los sujetos pasivos cuyo volumen de operaciones hubiese excedido durante el año natural inmediato anterior los 6 010 121,04 €.

Tabla 11.1. Modelos y plazos de la autoliquidación en la Hacienda estatal

Impreso	Periodo presentación	Plazo	Empresas
303	Trimestral.	20 días.	Modelo general.
303	Mensual.	20 días.	Grandes empresas.
303	Mensual.	20 días.	Registro de devolución del IVA.
390	Resumen anual.	Del 1 al 30 de enero.	Todas las empresas.

Tabla 11.2. Modelos y plazos de la autoliquidación en la Hacienda del País Vasco

Impreso	Periodo presentación	Plazo	Empresas
300	Trimestral.	25 días.	Modelo general.
320	Mensual.	25 días.	Grandes empresas.
330	Mensual.	25 días.	Registro de devolución del IVA.
390	Resumen anual.	Del 1 al 30 de enero.	Todas las empresas.

Todos los impresos, aunque lleven numeración diferente, distintos periodos de liquidación o sean de distintas haciendas, recogen las cantidades por declarar en los mismos conceptos. A continuación, se explican las casillas más comunes a la hora de rellenar una autoliquidación y suponiendo que la empresa declara en régimen general al 100 % en Hacienda estatal.

Régimen general:

Liquidación (3)

Régimen general

IVA devengado		Base imponible		Tipo %		Cuota
Régimen general	01		02		03	
	04		05		06	
	07		08		09	
Adquisiciones intracomunitarias de bienes y servicios	10				11	
Otras operaciones con inversión del sujeto pasivo (excepto. adq. intracom)	12				13	
Modificación bases y cuotas	14				15	
Recargo equivalencia	16		17		18	
	19		20		21	
	22		23		24	
Modificaciones bases y cuotas del recargo de equivalencia	25				26	
Total cuota devengada ([03] + [06] + [09] + [11] + [13] + [15] + [18] + [21] + [24] + [26])...					27	

IVA deducible		Base		Cuota
Por cuotas soportadas en operaciones interiores corrientes	28		29	
Por cuotas soportadas en operaciones interiores con bienes de inversión	30		31	
Por cuotas soportadas en las importaciones de bienes corrientes	32		33	
Por cuotas soportadas en las importaciones de bienes de inversión	34		35	
En adquisiciones intracomunitarias de bienes y servicios corrientes	36		37	
En adquisiciones intracomunitarias de bienes de inversión	38		39	
Rectificación de deducciones	40		41	
Compensaciones Régimen Especial A.G. y P.			42	
Regularización bienes de inversión			43	
Regularización por aplicación del porcentaje definitivo de prorrata			44	
Total a deducir ([29] + [31] + [33] + [35] + [37] + [39] + [41] + [42] + [43] + [44])			45	
Resultado régimen general ([27] - [45])			46	

Figura 11.7. Impreso general del modelo 303. IVA. Autoliquidación.

IVA devengado

Casilla 01, 04 y 07	Base imponible de las ventas interiores.
Casilla 02, 05 y 08	Tipo impositivo del 21,10 y el 4 %.
Casilla 03, 06 y 09	Cuota respectiva de cada tipo impositivo.
Casilla 10	Base imponible de adquisiciones intracomunitarias.
Casilla 11	Total de cuota según los tipos impositivos.
Casilla 27	Suma de todas las cuotas devengadas.

IVA deducible	
Casilla 28	Base imponible de las compras interiores.
Casilla 29	InfoTotal de cuota según los tipos impositivos.
Casilla 32	Base imponible de importación de bienes.
Casilla 33	Total de cuota según los tipos impositivos.
Casilla 36	Base imponible de adquisiciones intracomunitarias.
Casilla 37	Total de cuota según los tipos impositivos.
Casilla 45	Suma de todas las cuotas a deducir.
Casilla 46 (casilla 27-casilla 45)	Resultado del régimen general.

Información general:

Información adicional

Entregas intracomunitarias de bienes y servicios 59

Exportaciones y operaciones asimiladas 60

Operaciones no sujetas o con inversión del sujeto pasivo que originan el derecho a deducción 61

Exclusivamente para aquellos sujetos pasivos acogidos al régimen especial del criterio de caja y para aquéllos que sean destinatarios de operaciones afectadas por el mismo:

Importes de las entregas de bienes y prestaciones de servicios a las que habiéndoles sido aplicado el régimen especial del criterio de caja hubieran resultado devengadas conforme a la regla general de devengo contenida en el art. 75 LIVA .... Base imponible 62 Cuota 63

Importes de las adquisiciones de bienes y servicios a las que sea de aplicación o afecte el régimen especial del criterio de caja .... Base imponible 74 Cuota soportada 75

Figura 11.8. Impreso general del modelo 303. IVA. Autoliquidación. Información adicional.

Casilla 59	Entregas intracomunitarias.
Casilla 60	Exportaciones.

Resultado:

Resultado

Suma de resultados ([46] + [58]) 64

Atribuible a la Administración del Estado 65 % 66

Cuotas a compensar de periodos anteriores 67

Exclusivamente para sujetos pasivos que tributan conjuntamente a la Administración del Estado y a las Diputaciones Forales. Resultado de la regularización anual. 68 euros

Resultado ([66] - [67] + [68]) 69

A deducir (exclusivamente en caso de autoliquidación complementaria): Resultado de la anterior o anteriores declaraciones del mismo concepto, ejercicio y periodo 70

Resultado de la liquidación ([69] - [70]) 71

Figura 11.9. Impreso general del modelo 303. IVA. Autoliquidación. Resultado.

Casilla 64	Resultado del régimen general (casilla 46).
Casilla 66	Tanto por ciento atribuible a la Administración estatal.
Casilla 77	IVA de importación liquidado pendiente de ingreso en la aduana.
Casilla 67	Cuotas por compensar de periodos anteriores.
Casilla 69	Resultado de la casilla 66 + casilla 77 – casilla 67.
Casilla 71	Resultado de la liquidación casilla 69.

Si el resultado de la casilla 71 es negativo, se rellena la casilla 72 y será el importe por compensar para posteriores periodos de liquidación.

Si el resultado de la casilla 71 es positivo, se rellena la casilla del importe y será la cantidad que haya que ingresar a la Hacienda estatal en este periodo de declaración del impuesto sobre el valor añadido.

11.9. El sistema del Intrastat

El sistema Intrastat se pone en marcha como consecuencia del mercado único europeo, el 1 de enero de 1993, que tuvo como una de sus consecuencias la supresión de las aduanas en los intercambios entre los países miembros. La falta de control debido a la anulación de la mayor parte de trámites, documentos y controles relacionados con estos intercambios y el uso del documento único administrativo exclusivamente para relaciones comerciales con países no comunitarios hicieron surgir este sistema de declaración estadística del comercio intracomunitario. La Unión Europea, a través del Reglamento (CE) 3330/91 del Consejo, de 7 de noviembre, instituyó este sistema de Intrastat a través del cual se recogen los datos estadísticos de los intercambios de bienes entre los Estados miembros.

El sistema Intrastat es común para todos los Estados miembros y está regulado por el Reglamento (CE) 638/2004 del Parlamento Europeo y del Consejo, de 31 de marzo.

11.9.1. Ámbito territorial

Se incluyen dentro del sistema Intrastat todas las mercancías que circulen de un Estado miembro de la Unión Europea a otro Estado, ya sea objeto de transacción comercial o no.

Figura 11.10. Están obligados a presentar el Intrastat las personas físicas o jurídicas que están sujetas a IVA, intervienen en un intercambio de bienes con otro Estado y superan los umbrales.

El territorio estadístico coincide —con alguna salvedad— con el territorio aduanero recogido en el artículo 4 del Código Aduanero. Por ejemplo, el territorio aduanero español está formado por la península, las islas Baleares y las islas Canarias, por lo que quedan excluidas del territorio Ceuta y Melilla. En lo que se refiere al territorio estadístico español, no se incluirán en el sistema Intrastat las expediciones o introducciones que se efectúen entre las islas Canarias y el territorio estadístico de los Estados miembros.

11.9.2. Umbrales estadísticos

Existen dos tipos de umbrales:

- **El umbral estadístico de exención:** es la cantidad facturada a partir de la cual una persona jurídica está obligada presentar la declaración del Intrastat. En este umbral, habrá que tener en cuenta, por un lado, las introducciones y, por otra, las expediciones.
- **El umbral estadístico de Intrastat:** es la cantidad facturada a partir de la cual una persona jurídica está obligada a suministrar más información que la simplificada de la declaración, es decir, tendrá que rellenar más casillas.

Con periodicidad anual, la Agencia Estatal de Administración Tributaria (AEAT) publica una orden donde se establecen los umbrales estadísticos para el nuevo año. Su publicación suele ser en el mes de febrero. Ejemplo de ello son los umbrales establecidos para el año 2017 publicados a través de la orden HAP/178/2014, de 11 de febrero. Los umbrales de exención están en 400 000 tanto en introducciones como en expediciones y los umbrales estadísticos, en 6 000 000 tanto para introducciones como expediciones.

11.9.3. Sujeto pasivo

Empresas que realicen operaciones de compra-adquisición o venta-expedición con países miembros y superen el umbral de exención del Intrastat.

También el Intrastat admite la figura del tercer declarante, que es aquella persona en la que el obligado estadístico (empresa) puede delegar la presentación de su declaración.

11.9.4. Plazos y lugar de presentación

Las declaraciones normales se presentan mensualmente, durante los doce primeros días naturales del mes siguiente al periodo al que se refieren las compraventas de bienes declaradas.

El lugar de presentación está en función de cuál sea el medio de presentación elegido. Si el soporte es papel, se presentará ante las oficinas provinciales (OPI) o locales (OLI) de Intrastat correspondiente al domicilio fiscal del obligado estadístico o del tercer declarante. Si se elige la vía telemática, la presentación se realizará a través de la página web de la Agencia Tributaria (http://www.agenciatributaria.es).

Recuerda

El modelo 349. Declaración informativa. Declaración recapitulativa de operaciones intracomunitarias deben cumplimentarlo los contribuyentes que hayan realizado entregas o adquisiciones intracomunitarias de bienes y operaciones triangulares, así como quienes hayan prestado o recibido servicios intracomunitarios en los términos previstos en el artículo 79 del Reglamento del IVA.

El Intrastat deberá coincidir con el modelo 349 cuando las operaciones realizadas entre los Estados miembros se deban exclusivamente al tráfico de mercancías exclusivamente.

11.9.5. Tipos de declaraciones

Existen diferentes tipos de declaraciones de Intrastat dependiendo de la información que desea aportarse:

- **Declaraciones normales:** es el conjunto de todas las introducciones y expediciones que, en referencia al comercio intracomunitario, ha realizado el obligado estadístico (empresa) dentro de un periodo.
- **Declaraciones cero:** se produce cuando el obligado estadístico debe presentar, aunque en ese periodo no hubiera realizado ningún intercambio intracomunitario. Por ejemplo, periodo vacacional o que en ese mes no se ha realizado ninguna compra o venta intracomunitaria.
- **Declaraciones rectificativas:** es aquella mediante la cual se introducen variaciones en los datos de una declaración normal presentada con anterioridad. Por ejemplo, una devolución.
- **Declaraciones anulativas:** es la que anula íntegramente declaraciones normales que fueron presentadas con anterioridad.

11.9.6. Datos por consignar

Los formularios, tanto los de introducciones como los de expediciones, se rellenan con las facturas emitidas y con las facturas recibidas en los intercambios de mercancías con los países miembros de la Unión Europea. Los formularios son muy semejantes en cuanto a la información que ha de aportarse en las respectivas casillas.

Como normativa de consulta, tanto para la cumplimentación de las casillas como para el manejo de los anexos, podría echarse mano de la Resolución de 27 de enero del 2009 de la presidencia de la Agencia Estatal de Administración Tributaria para la elaboración de las estadísticas de intercambios de bienes entre Estados miembros (sistema Intrastat).

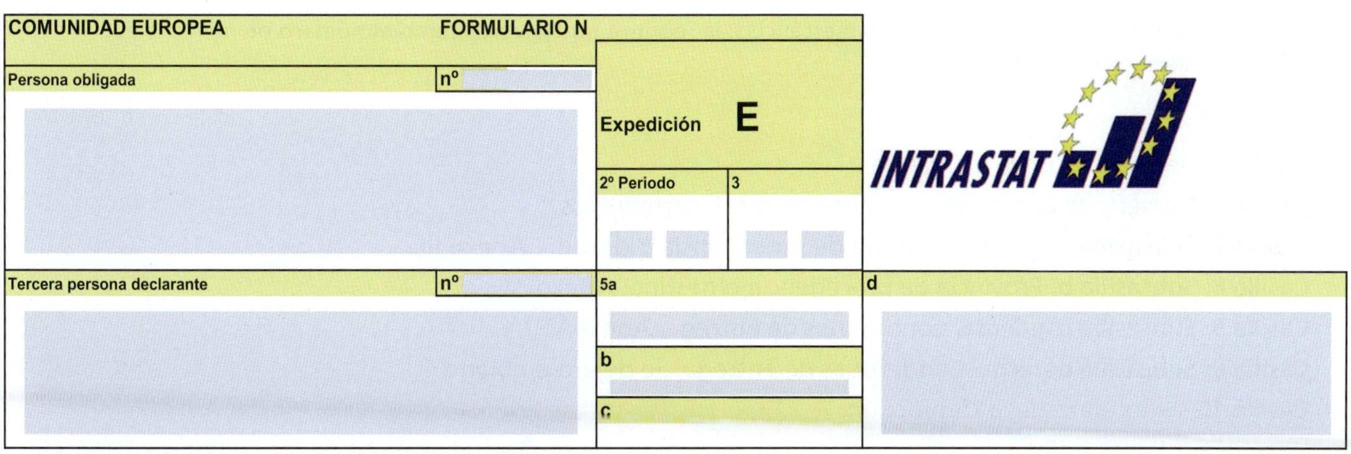
COMUNIDAD EUROPEA
FORMULARIO N
Persona obligada
nº
Expedición E
2º Periodo
3
Tercera persona declarante
nº
5a
b
c
d
INTRASTAT

Figura 11.11. Formulario de la declaración de Intrastat.

Casilla 1: Persona obligada a presentar la declaración con su NIF.

Casilla 2: Subcasilla izquierda. Mes del periodo de referencia. (01)

Casilla 2: Subcasilla derecha. Año del periodo de referencia. (17)

Casilla 3: Subcasilla izquierda. Carácter de la declaración.

Se indicará el número de orden de la declaración presentada dentro de las correspondientes al periodo de referencia indicado en la casilla 2. Siendo este, para declaraciones rectificativas o anulativas, el número de la declaración original que se rectifica o anula. Las declaraciones normales o complementarias nunca podrán tener referenciado en esta casilla un número de orden asignado previamente a otra declaración del mismo periodo de referencia relativa al mismo flujo.

Casilla 3: Subcasilla derecha. Carácter de la declaración.

Se indicará el carácter de la declaración:

N: Si se trata de la 1.ª declaración normal por periodo.

C: Si se trata de la 2.ª o sucesivas declaraciones adicionales a una ya presentada.

R: Para declaración rectificativa (R).

A: Para declaración anulativa (A).

Se dejará en blanco en declaraciones sin operaciones cuando se use el formulario correspondiente de los anexos II-B y II-D.

Casilla 4: Persona en la que el obligado estadístico (empresa) puede delegar la presentación de su declaración.

Casilla 5: Subcasilla a. Número de la oficina de Intrastat.

Casilla 5: Subcasilla b. Número de partidas totales.

Casilla 5: Subcasilla c. Sigla ISO de la moneda (EUR).

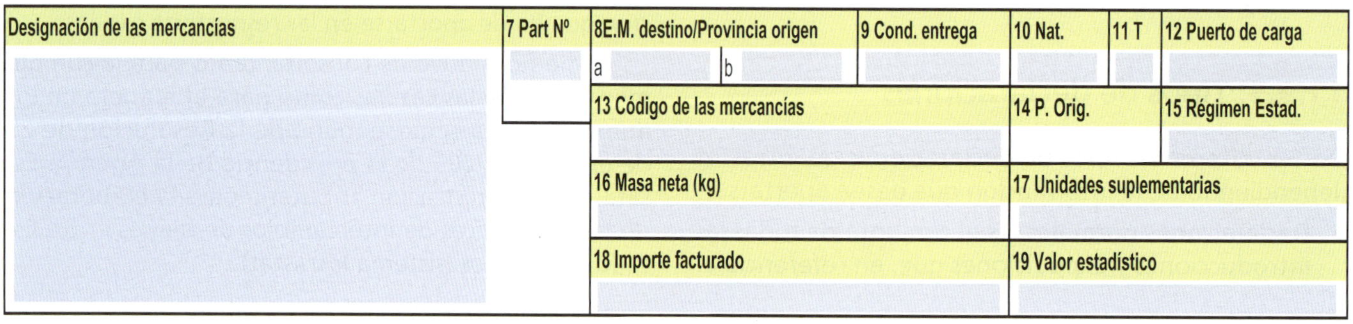

Figura 11.12. La casilla 6 «Descripción de la mercancía» se repetirá tantas veces como el número de mercancías que haya que declarar en ese periodo.

Casilla 6: Descripción de la mercancía.

Casilla 7: Número de la partida. Los números serán correlativos.

Casilla 8: Subcasilla a. Estado miembro de procedencia o destino. Anexo III.

Casilla 8: Subcasilla b. Provincia de procedencia o destino. Anexo IV.

Casilla 9: Subcasilla izquierda. Condiciones de entrega. Anexo V.

Casilla 9: Subcasilla derecha. Condiciones de entrega. Se dejará en blanco.

Casilla 10: Naturaleza de la transacción.

Se señalará la naturaleza de la transacción por medio de dos dígitos, el primero de los cuales corresponde a la columna A y el segundo a las subdivisiones de esta referidas en la columna B según la codificación recogida en el anexo VI.

Casilla 11: Modalidad de transporte probable. Anexo VII-A.

Casilla 12: Puerto de carga/descarga. Anexo VII-B.

Casilla 13: Nomenclatura combinada.

Casilla 14: País de origen (se rellena en las Introducciones).

Casilla 15: Régimen estadístico. Anexo X.

Casilla 16: Masa neta.

Casilla 17: Unidades suplementarias: Qm, Lt.

Casilla 18: Importe factura.

Casilla 19: Valor de las mercancías o importe de factura, excluido el IVA.

Respecto a las casillas en negrita, estarán obligados a facilitar esta información cuando el importe anual facturado de las operaciones de las introducciones o de las expediciones —cada una por separado— hayan superado los 6 000 000 €.

Además de esta declaración del Intrastat, las empresas deberán cumplimentar el impreso 349 «Declaración recapitulativa de operaciones intracomunitarias». Generalmente, se presenta dentro de los 25 primeros días naturales del mes inmediato siguiente al correspondiente periodo mensual.

Figura 11.13. La importancia del mercando interior de la Unión Europea se pone de relieve en el hecho de que el comercio interior de mercancías (expediciones y llegadas combinadas) de la Unión es superior al comercio exterior (exportaciones e importaciones combinadas) para cada Estado miembro de la Unión Europea, a excepción de Malta y el Reino Unido, donde están muy equilibrados.

Enlaces web

VIES, Consulta de operadores de IVA intracomunitarios españoles:
https://www2.agenciatributaria.gob.es/viescoes.html

VIES, Consulta de operadores de IVA intracomunitarios:
http://ec.europa.eu/taxation_customs/vies/?locale=es

Agencia Tributaria:
http://www.agenciatributaria.es

Fiscalidad y Unión Europea:
https://ec.europa.eu/taxation_customs/home_fr

Oficina de Intrastat:
http://www.oficinadeintrastat.com

Eurostat, comercio internacional de mercancías:
http://ec.europa.eu/eurostat/statistics-explained/index.php/International_trade_in_goods/es

Documento

Intrastat, presentación de declaraciones estadísticas.

Modelo 303. Autoliquidación mensual o trimestral del IVA.

Modelo 390.Declaración resumen anual del IVA.

Normativa

- Con relación al **IVA**:
  - — **Directiva 2006/112/CE,** del Consejo Europeo, de 28 de noviembre, relativa al sistema común del impuesto sobre valor añadido.
  - — **Ley 37/1992**, de 28 de diciembre, reguladora sobre el impuesto sobre el valor añadido.
  - — **Real Decreto 1619/2012**, de 30 de noviembre, por el que se aprueba el reglamento por el que se regulan las obligaciones de facturación.
  - — **Ley 28/2014,** de 27 de noviembre, por la que se modifica la Ley 37/1992, de 28 de diciembre, del impuesto sobre el valor añadido.
- Con relación al **Intrastat**:
  - — **Reglamento CE 638/2004,** del Parlamento Europeo y del Consejo, de 31 de marzo.
  - — **Reglamento CEE 1982/2004, de la Comisión Europea**, de 18 de noviembre.
  - — **Resolución de 27 de enero del 2009**, de la presidencia de la Agencia Estatal de Administración Tributaria, para la elaboración de las estadísticas de intercambios de bienes entre Estados miembros (sistema Intrastat).

EL IMPUESTO SOBRE EL VALOR AÑADIDO

FUENTE DE FINANCIACIÓN IMPORTANTE DE LOS ESTADOS

Impuesto sobre el valor añadido

- Impuesto indirecto: recae sobre el consumidor, independientemente de su capacidad económica
- Impuesto objetivo: no tiene en cuenta las características del individuo
- Impuesto proporcional: el porcentaje se aplica a los productos y servicios
- Impuesto que grava TODOS los bienes y servicios

Tipos impositivos

21 % - IVA general
10 % - IVA reducido
4 % - IVA superreducido

Tipos de operaciones en función de la aplicación del IVA

- Sujetas a IVA
- No sujetas a IVA
- Exentas del IVA

Elementos básicos del IVA

Hecho imposible	Cuota tributaria
Base imponible	Devengo
Tipo impositivo	Sujeto activo

Autodeclaración del IVA

Todo sujeto pasivo presentará un único modelo de declaración por periodo de liquidación

El sistema Intrastat

Sistema por el que se mantiene el control estadístico de las operaciones intracomunitarias, puesto que las fronteras físicas en la Unión Europea desaparecieron

Actividades de comprobación

11.1. El impuesto sobre el valor añadido…

a) … recae sobre el consumo.

b) … se considera un impuesto indirecto.

c) … afecta directamente a las operaciones de compraventa.

d) Todas las respuestas son correctas.

11.2. Los tipos impositivos del IVA son…

a) … el 21, el 10 y el 4 %.

b) … el 23, el 14 y el 10 %.

c) … el 18, el 6 y el 3 %.

d) Ninguna respuesta es correcta.

11.3. La cuota tributaria es…

a) … el periodo de tiempo que comprende cada autoliquidación.

b) … el importe total de la contraprestación de la operación sujeta al IVA.

c) … el resultado de aplicar el tipo impositivo a la base imponible.

d) … un tanto por ciento aplicable a la base imponible en cada operación.

11.4. El tipo impositivo es…

a) … el importe total de la contraprestación de la operación sujeta al IVA.

b) … un tanto por ciento aplicable a la base imponible en cada operación.

c) … el periodo de tiempo que comprende cada autoliquidación.

d) … el resultado de aplicar el tipo impositivo a la base imponible.

11.5. Para ser considerada gran empresa, el volumen de operaciones debe ser mayor a…

a) … 6 000 000 €.

b) … 6 010 121,04 €.

c) … 6 100 400,04 €.

d) … 6 121 010,40 €.

11.6. En el régimen general del IVA, las empresas deben…

a) … repercutir el IVA y exigir su devolución.

b) … repercutir el IVA de las compras y soportar el IVA de las ventas.

c) … repercutir el IVA de las ventas y soportar el IVA de las compras.

d) Todas las respuestas son correctas.

11.7. En una exportación, el hecho imponible se generará cuando…

a) … se dé la salida efectiva por la aduana del país expedidor.

b) … se dé el levante a la mercancía.

c) … la mercancía quede vinculada a un depósito aduanero.

d) … no se generará hecho imponible, pues la exportación está exenta de IVA.

11.8. La base imponible del IVA en la importación es…

a) … el valor en aduana junto con otros impuestos y gastos accesorios.

b) … el total facturado menos los portes.

c) … el valor de la mercancía en condiciones FOB.

d) Ninguna respuesta es correcta.

11.9. En la Hacienda de Guipúzcoa, el plazo de presentación del modelo 390 es…

a) … trimestral.

b) … del 1 al 31 de enero.

c) … cada 20 días.

d) … cada 40 días.

11.10. El Intrastat es…

a) … un sistema de declaración estadística del comercio intracomunitario.

b) … un sistema de presentación de la autoliquidación del IVA de exportación.

c) … un sistema de declaración estadística del comercio con terceros países.

d) … el sistema de exención de IVA a la exportación.

Actividades de aplicación

11.11. Identifica al obligado tributario o sujeto pasivo de las siguientes operaciones:

a) Una empresa de Éibar compra cerillas una empresa de Albacete.

b) Una empresa de Éibar vende cerillas a una empresa de Lyon.

c) Una empresa de Valladolid compra leche de una empresa de Bucarest.

d) Una empresa de Vigo compra habanos a una empresa de Bogotá.

11.12. Señala si podrían incluirse en la base imponible de aceites lubricantes de automoción los bidones si son considerados por derecho a devolución. Si la compra fuese de puros habanos cubanos, ¿se aplicaría sobre el impuesto especial al que están gravados? Argumenta la respuesta empleando la legislación aplicable.

11.13. Identifica los tipos impositivos de los elementos de el siguiente cuadro:

Compraventa de bienes	Tipo impositivo
Libro de GACI.	
Garaje.	
Lámpara.	
Horno de pan.	
Agua.	
Huevos.	
Botella de ron.	
Orquídea.	
Tampones.	

11.14. Determina la base imponible en los siguientes supuestos:

a) La empresa Ubi compra piezas de automóvil a la empresa Cars por un valor de 100 000 €. Además, paga en concepto de transporte de Elgóibar a Madrid 500 €.

b) Una empresa comercializadora de tabaco importa por el puerto de Barcelona habanos de Cuba por un valor de 500 000 €. Se ha pagado de arancel 12 000 € y de impuestos especiales 1 000 000 €.

c) La empresa de lubricantes Bercol pacta con una distribuidora vallisoletana mercancías por un valor de 60 000 € y, además, hay que tener en cuenta que la mercancía va en bidones retornables por un coste de 5000 €. Al cabo de quince días, se devuelven los bidones.

d) La empresa Salbat —fabricante de hornos de obradores de pastelería— vende a la panificadora leonesa Panleo un horno por valor de 1 000 000 €. Dado que es un cliente habitual, se le concede un descuento de 10 %, transporte 800 €, un seguro de 5000 € y 1000 € por la instalación y puesta a punto.

11.15. La empresa Piopio, SL, ubicada en Soria vende a la empresa Gallinas negras, SA, 10 000 pollitos de la especie castellana a 0,3 €/ud. Por ser cliente habitual, se le aplica un descuento en factura del 10 %. El transporte en un camión completo adecuado al transporte de animales vivos desde Soria a Murcia asciende a 1000 €. Halla el importe total de la factura.

11.16. Suponiendo que la tabla siguiente recoge las operaciones de compraventa de la empresa distribuidora de productos agrícolas Siemprevivas, SL, cuyas cantidades son las bases imponibles totales al tipo general, tanto de las facturas emitidas como de las recibidas. Calcula el importe de las liquidaciones trimestrales del IVA.

Operación	1.º trimestre	2.º trimestre	3.º trimestre	4.º trimestre
Ventas.	1 000 000 €	400 000 €	1 600 000 €	1 500 000 €
Compras.	250 000 €	560 000 €	500 000 €	120 000 €

11.17. Un empresario soriano productor de torreznos dispone de la siguiente información para realizar su declaración trimestral del IVA y su volumen de ventas del año anterior ascendió a 2 300 000 €.

Operación	Tipo (%)	Base imponible (€)
Venta a una empresa gallega.	21	90 000
Venta a una empresa francesa.	21	150 000
Venta a una empresa canaria.	21	50 000
Venta a una empresa marroquí.	21	500 000
Venta a Melilla.	21	350 000
Compra a una empresa soriana.	21	280 000
Compra a una empresa canaria.	21	40 000
Compra a una empresa catalana.	21	30 000
Compra a una empresa Ceuta.	21	150 000
Venta a una empresa mallorquina.	21	120 000
Venta a una empresa zaragozana.	21	400 000

a) Determina el modelo que ha de presentarse, el plazo y la Hacienda en la que presentará su autoliquidación.

b) Calcula el IVA por ingresar o compensar resultante de las operaciones realizadas este segundo trimestre.

11.18. La empresa MercaGuadalajara, SA, dedicada a la distribución de piña recién recolecta, ecológica y de alta calidad, se encuentra en el Registro de Devolución de IVA.

Durante el mes de mayo, realiza las siguientes operaciones:

	Compras (€)	Ventas (€)
Nigeria	300 000	
Italia	50 000	
Costa Rica	500 000	
Tailandia	200 000	
Andalucía Colombia México	10 000 440 000 150 000	
Francia		200 000
Andalucía		50 000
Madrid		500 000
Mallorca		150 000
Ceuta		140 000
Suiza Portugal País Vasco Cataluña		150 000 400 000 180 000 250 000

Se supone que dichos importes son la base imponible del IVA, concretamente de la comercialización de piñas agrupadas por zonas, y las importaciones han sido despachas a consumo.

Datos del año anterior que han de tenerse en cuenta:

- Entregas intracomunitarias: 7 500 000 €.
- Adquisiciones intracomunitarias: 200 000 €.
- Volumen de ventas del año pasado: 72 500 000 €.

8 Tributación por razón de territorio (Sólo para sujetos pasivos que tributan a varias Administraciones)	Administraciones						
	Territorio común	87	50	%	Suma de resultados (65 + 83)	84	
	Álava	88	2	%	Resultado atribuible a territorio común (84 x 87)	92	
	Guipúzcoa	89	8	%	Compensación de cuotas del ejercicio anterior atribuible a territorio común	93	
	Vizcaya	90	10	%			
	Navarra	91	5	%	***Resultado de la liquidación anual atribuible a territorio común (92 - 93)***	94	

Detalle de las operaciones realizadas en mayo:

a) **Compra Nigeria:**
5000 cajas de piñas
Peso neto 5000 Peso bruto 5500
FOB (Aeropuerto Ciudad del Cabo)
Importe facturado 300 000
Valor estadístico 305 000

b) **Compra Italia:**
4000 cajas de piñas
Peso Neto 4000 Peso bruto 4500
FOB (Aeropuerto de Milán)
Importe facturado 50 000
Valor estadístico 50 000

c) **Compra Costa Rica:**
6000 cajas piñas
Peso neto 6000 Peso bruto 6500
FOB (Aeropuerto Abidjan)
Importe facturado 500 000
Valor estadístico 512 000

d) **Compra Tailandia:**
5000 cajas de piñas
Peso neto 5000 Peso bruto 5500 DDU (fabrica Éibar)
Importe facturado 200 000
Valor estadístico 180 000

e) **Venta Colombia:**
10 000 cajas de piñas
Peso neto 100 000 Peso bruto 10 500
DDU (fábrica París)
Importe facturado 440 000
Valor estadístico 400 000

f) **Venta México:**
4000 cajas de piñas
Peso neto 3400 Peso bruto 4000
DDU (fábrica París)
Importe facturado 150 000
Valor estadístico 145 000

g) **Venta Francia:**
5000 cajas de piñas
Peso neto 4500 Peso bruto 5000
DDU (fábrica París)
Importe facturado 200 000
Valor estadístico 200 000

h) **Venta Ceuta:**
4000 cajas de piñas
Peso neto 3500 Peso bruto 4000
FOB (Puerto Algeciras)
Importe facturado 140 000
Valor Estadístico 140 000

i) **Venta Suiza:**
3800 cajas de piñas
Peso neto 4000 Peso bruto 4500
CIF (Aeropuerto Estocolmo)
Importe facturado 150 000
Valor estadístico 150 000

j) **Venta Portugal:**
10 000 cajas de piñas
Peso neto 10 000 Peso bruto 10 500
DDU (MercaOporto) 400 000
Importe facturado y valor estadístico 400 000

a) Busca el tipo impositivo aplicable a la piña.
b) Indica las comunidades autónomas en las que debe hacer la autoliquidación y cada cuánto tiempo suponiendo que la empresa TransNatur, SA, le realiza las declaraciones.
c) Realiza la autoliquidación del IVA en Hacienda estatal.
d) Elabora el Intrastat.
e) Si trabajases en TransNatur, ¿qué le aconsejarías a tu cliente MercaGuadalajara?

Actividades de ampliación

11.19. Busca el NIF de tres empresas españolas y comprueba que están en el censo VIES. Explica qué implicación tiene que se confirme su inclusión en dicho censo y qué habría que hacer ante una compraventa de una partida de aceites de oliva si el NIF comunicado por el comprador francés no apareciese en el censo.

11.20. Encuentra los tipos de recargo de equivalencia que se le aplicarán a la librería Sapiens sabiendo que tiene la condición de minorista. Teniendo en cuenta que ha comprado a la editorial Paraninfo 10 libros de GACI, cuyo precio unitario es de 20 €, determina el total de factura recibida y cuánto deberá ingresar a Hacienda en sus declaraciones de IVA.

11.21. Contesta a las siguientes preguntas relativas al Intrastat:

- ¿Cuál es el territorio estadístico del sistema Intrastat? ¿Y en España?
- ¿Dónde se presenta y en qué plazo?
- ¿Cuál es el umbral de exención y de valor estadístico?
- ¿Qué es el modelo 349? ¿Se declaran solo las compraventas de bienes?
- La Orden HFP/36/2018, de 18 de enero, en la que se establecen determinadas disposiciones relativas al Intrastat, en su artículo 8 hace referencia a las casillas que suprimen la obligación de declarar. ¿Cuáles son?

11.22. Responde en cada uno de los siguientes casos si habría que declarar las operaciones en el Intrastat o no, suponiendo que en todos ellos se supera el umbral de exención:

- Una empresa que compra queso a los Países Bajos y los vende en Canarias, Ceuta y Melilla.
- Una empresa compra chocolate a Suiza y luego lo distribuye por la península ibérica.
- Una empresa extranjera que opera en España y realiza ventas a Francia e Italia.
- Una empresa catalana que se dedica al mantenimiento de máquinas industriales y realiza sus servicios en Perpiñán y Narbona.
- Una empresa que elabora chocolate y compra la materia prima en Bélgica.
- Una empresa de transportes internacionales que trabaja con envíos de Alemania e Italia.
- Una empresa que compra toallas en Portugal para venderlas en España y el resto de la Unión Europea.

12

Unidad global I. Expediente completo de exportación

CONTENIDOS

12.1. Presentación del expediente de exportación: venta de una partida de aceite lubricante a una empresa de la India
12.2. Documentación que ha de cumplimentar el exportador
12.3. Búsqueda de información necesaria para el despacho de aduanas
12.4. Documentación necesaria para un despacho de exportación definitiva
12.5. Facturación del transitario TransNatur a su cliente

OBJETIVOS

- Unificar y confluir lo aprendido en anteriores unidades en este expediente de exportación.
- Tener una visión general de una exportación en la Unión Europea, visualizando los pasos que han de tenerse en cuenta para llevarla a cabo.
- Utilizar todos los conocimientos adquiridos a lo largo de las unidades anteriores y saber utilizarlos en un expediente de exportación.
- Identificar y saber buscar la información necesaria para llevar adelante la exportación de una mercancía en la Unión Europea.
- Localizar y cumplimentar la documentación necesaria para realizar un despacho de exportación.

INTRODUCCIÓN

Con el expediente de exportación que se presenta en esta unidad, pretende unificarse todo lo que, a lo largo del libro, ha ido aprendiéndose de forma aislada en cada una de las unidades anteriores y, a la vez, poner en práctica dichos contenidos.

12.1. Presentación del expediente de exportación: venta de una partida de aceite lubricante a una empresa de la India

Para dar comienzo a esta unidad, lo primero es realizar la contextualización del expediente de exportación.

Figura 12.1. Puerto de Chennai, anteriormente puerto de Madrás, es el segundo puerto más grande de la India, ubicado en la ciudad del mismo nombre situada al sur del país.

Trabajando en TransNatur Norte, en el equipo de consolidación de contenedores con destino a los países de Asia del Sur, se recibe un correo electrónico de un cliente —la empresa Viro 2, SA, fabricante de aceites lubricantes para engranajes industriales— donde se comunica que ha acordado con una empresa de la India la venta de 32 bidones en condiciones FOB (puerto de Bilbao) y solicita que se le envíe la tarifa.

Para	Josune Urrosolo (jurrosolo@iru.transnatur.com)
De	Jon Martín (jonm@viro2.com)
Cc	aduana@iru.transnatur.com
Cc	info@viro2.com
Asunto	Tarifas Chennai, India — Recibido 7/9/2017

Buenos días, Josune:

Te escribo en relación con un envío que tenemos que hacer con destino a la India.

A estos efectos, te envío los datos necesarios para que me puedas facilitar las tarifas para los siguientes incoterm:

FOB (Puerto Bilbao)
CIP (Puerto Chennai)

La mercancía es la siguiente:
32 bidones de aceite lubricante
1 bidón: peso neto 185 kg / peso bruto 200 kg
1 palé contiene 4 bidones (medidas con mercancía 1,2 × 1,2 × 1,07)
Peso de un palé de madera 30 kg
Valor de la mercancía EXW 291,875 /bidón
NO APILAR

Esperando tu respuesta, atentamente
JON MARTÍN

Viro 2, SA
Aceites Lubricantes

Figura 12.2. Este documento es el correo electrónico entre el vendedor de la mercancía y el transitario. En función del incoterm acordado entre el vendedor y el comprador, el vendedor solicita las tarifas al transitario para la entrega de la mercancía en el lugar acordado.

Recuerda

Cuando la mercancía se deja en manos del porteador antes de que esté a bordo del buque, no es aconsejable el uso del incoterm FOB (como ocurre, por ejemplo, con la mercancía en contenedores que se entrega habitualmente en una terminal). En estos casos, debería utilizarse el FCA (puerto de origen).

Vocabulario

Transitario: empresa que presta servicios en el transporte internacional de mercancías.

Tabla 12.1. Tarifa grupaje del transitario TransNatur (Cotización LCL/LCL Destino Chennai-India)

Concepto	Tarifa grupaje
Flete Bilbao-Chennai.	~50€ t/m^3
BAF.	Incluido
Otros gastos (puerto Bilbao).	
Obtención de divisas.	1 % sobre el flete
Manipulaciones.	29 €/t, 15 m^3
B/L.	40 €
T3.	4,12 €/t
Despacho de aduanas.	30 €
Seguro a todo riesgo (opcional).	227,5 €
Movimiento del contenedor.	3 € t/m^3
Recogida Bera 8000 kg aprox.	230 €

También es preciso conocer y tener en cuenta los siguientes datos:

- Servicio semanal: TT 26-27 días.
- Gastos de puerto-flete: redondeo hacia arriba.
- 1,33817 $/€.
- IVA no incluido.
- Validez de la tarifa 15 días.

Sabías que

Cuando se habla de tarifas marítimas de contenedores, se hace referencia a los siguientes conceptos:

- **Contenedor completo:** en función del destino.
- **Grupaje en contenedor o carga fraccionada:** en este modalidad, se comparan toneladas (t) y metros cúbicos (m^3) y se elige el mayor para aplicar la tarifa.

Los ajustes o recargos que se general en un B/L, que son porcentajes sobre el flete, generalmente, son:

- **BAF:** ajuste de combustible.
- **CAF:** ajuste de moneda.

Figura 12.3. Buque transoceánico llegando a 18 000 TEU (acrónimo inglés de «unidad equivalente a veinte pies») y estiba de la mercancía en palés dentro de un contenedor.

32 BIDONES   4 BIDONES/PALÉ   8 PALÉS

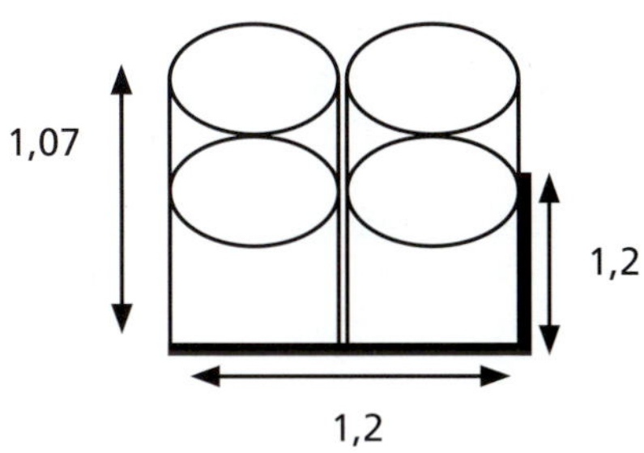

VOLUMEN: 1,20 × 1,20 × 1,07			1,54 METROS CUB/PALÉ 8 PALÉS **13 METROS CUB**
PESO B.	32 BID. 8 PALÉS	200 kg/B 30 kg/P	6400 kg 240 kg **6640 kg**
PESO N.	**32 BID.**	**185 kg/B**	**5920 kg**
VALOR MERCANCÍA	**291,875 €/B**	**32 BID**	**9340 €**

Figura 12.4. Estiba del envío en palés y características de la mercancía que forma dicho envío.

Por las medidas de los palés (1,2 × 1,2), no podrían estibarse las 8 en un contenedor de 20 ft, sino en uno de 40 ft. Medidas del contenedor de 20 ft (5,9 × 2,35). Por ello, esta mercancía iría agrupada con otra con el mismo destino, puerto de Chennai (India), en un contenedor de 40 ft, medidas (12,031 × 2,35).

A continuación, hay que detallar el cálculo de la tarifa de TransNatur al cliente según el incoterm solicitado: FOB (puerto Bilbao), teniendo en cuenta que:

- Volumen: 12,33 m^3 = 13 m^3.
- Peso bruto: 6,64 t = 7 t.

Tabla 12.2. Cálculo de las tarifas según los incoterms FOB y CIP

FOB (Puerto de Bilbao)		CIP (Puerto de Chennai)	
Concepto	**Importe**	**Concepto**	**Importe**
Transporte Irún-Bilbao.	230	Transporte Irún-Bilbao.	230
Despacho de aduana.	30	Despacho de aduana.	30
B/L.	40	B/L.	40
T-3.	28,84	T-3.	28,84
Manipuladores.	203	Manipuladores.	203
Movimiento contenedor.	39	Movimiento contenedor.	39
		Flete-Bilbao-Chennai.	650
		Seguro.	227,5
		Obtención de divisas.	6,5
TOTAL	570,84	TOTAL	1 454,84

Para	Jon Martín (jonm@viro2.com)
De	Josune Urrosolo (jurrosolo@iru.transnatur.com)
Cc	aduana@iru.transnatur.com
Cc	info@viro2.com
Asunto	Tarifas Chennai, India — Recibido 7/9/2017

Estimado Jon.
Referente a su solicitud de información sobre las tarifas, nos complace informarle de lo siguiente:

FOB (Puerto Bilbao) 570,84 *
CIP (Puerto Chennai) 1 454,84 *

*IVA no incluido

Quedamos a su disposición para lo que necesite, gracias de antemano.
Un cordial saludo,

Josune Urrosolo
TransNatur Norte, SL
Dpto. Aduanas

Figura 12.5. Este documento es el correo electrónico del transitario al vendedor de la mercancía con las tarifas solicitadas.

Sabías que

Los contenedores marítimos más utilizados son los de 20 y 40 ft (pies). Suele usarse como unidad de medida para conocer el movimiento de mercancías en los puertos 1 o 2 TEU (unidad equivalente a veinte pies).

Estos vienen marcados:

- **FCL/FCL:** 1 exportador/1 destinatario.
- **LCL/LCL:** varios exportadores/varios destinatarios.
- **FCL/LCL:** 1 exportador/varios destinatarios.
- **LCL/FCL:** varios exportadores/1 destinatario.

Tras aportarle las tarifas solicitadas, el cliente envía otra comunicación confirmando las condiciones de venta.

Para	Josune Urrosolo (jurrosolo@iru.transnatur.com)
De	Jon Martín (jonm@viro2.com)
Cc	aduana@iru.transnatur.com
Cc	info@viro2.com
Asunto	Tarifas Chennai, India — Recibido 12/9/2017

Buenos días, Josune:
Hemos recibido las tarifas y las hemos remitido al cliente. Quiere la mercancía en condiciones FOB (Puerto Bilbao).
Te envío las direcciones y los NIF:

Viro2, SA
Bº Zalain, 42
20300, Irún (Guipúzcoa)
NIF: ES-A12345678

Salen Steel Plant, SA
Montiet Road, Red Cross Building
600008, Tamil Nau (India)
NIF: IN-A12345678

Te envío, además, la autorización de despacho y el certificado de origen.
Debería salir en un plazo máximo de 1 semana.
Si necesitas cualquier información, estoy a tu disposición.

Atentamente,

JON MARTÍN

Viro 2, SA
Aceites Lubricantes

Figura 12.6. Este documento es el correo electrónico del vendedor de la mercancía al transitario en la que confirma la solicitud del incoterm acordado entre el vendedor y el comprador de la mercancía FOB (puerto de Bilbao).

12.2. Documentación que ha de cumplimentar el exportador

Entre la documentación imprescindible que debe entregar el vendedor y que deberá acompañar a la mercancía, está la **factura de compraventa.** Mediante el original de la factura, se facilitará toda la información sobre la venta. Aunque no existe un modelo universal de factura internacional, se aconseja incluir la partida arancelaria y el incoterm. Debe pactarse con el importador el número de ejemplares, tanto originales como copias.

Podría acompañar a la mercancía, también como documento, la **lista de contenidos *(packing list)*.** Su objetivo es detallar la cantidad de mercancía enviada. La información que ofrece debe tener una relación directa con la que aparece en la factura comercial.

En este envío de mercancía —homogénea y visible por el tipo de embalaje utilizado—, no sería obligatorio emitir dicho documento.

SALEM STEEL PLANT SA
Montit Road Red
Cruss Buling
600008, Tamil Nau
India
IN-A12345678

VIRO2 SA
B.º Salin, 42
31780, Bera (Navarra)
España

ES-A12345678

FRA. N.º 001/2017 — 12 de septiembre del 2017

CONCEPTO	IMPORTE
DIVISA **EUR** CARACTERÍSTICAS/EXPEDICATIONS **BIDONES DE ACEITE LUBRICANTE** PARTIDA ARANCELARIA **2710.19.90.00** FACTURACIÓN **32 bidones × 291,875 /bidón**	**9340**
CONDICIONES DE ENTREGA **FOB TERMINAL DE CONTENEDORES NOATUM** VALOR FOB	**570,84**
FORMA DE ENVÍO **MARÍTIMO** ADUANA DE DESPACHO **4811** BILBAO MARÍTIMA	
TOTAL FACTURA	**9910,84**
FORMA DE PAGO Transferencia bancaria con fecha del embarque ES15 12345678912345678912	

PACKING LIST	
Bultos	8
Peso neto	5920
Peso bruto	6640
Volumen	12

Figura 12.7. Factura de compraventa internacional. Los gastos FOB no tienen por qué coincidir con la tarifa del transitario: nunca es menor, pero sí es habitual facturar con una cantidad mayor.

12.3. Búsqueda de información necesaria para el despacho de aduanas

Es preciso conocer el origen de la mercancía, así como los acuerdos de la Unión Europea con la India:

- **Nomenclatura ISO país:** IN.
- **Acuerdo:** sistema preferencia generalizada (SPG). Es un acuerdo unilateral. Favorece las importaciones en la UE de las mercancías originarias de países del acuerdo. En las exportaciones desde la UE, no habría que expedir ningún certificado. En las importaciones, para aplicar menores o exención de aranceles, deberá presentarse el certificado FORM-A.

También hay que investigar para saber las barreras y aranceles de la mercancía a su entrada a la India:

- En la web Taric, se muestra el régimen de comercio: exportación e importación libres.
- En la web Market Access Database, se encuentra la nomenclatura del sistema armonizado (6 dígitos) 2710.19: 2710.19.90 --- Other.

Import into the EU
EU Tariffs
Other Resources

Tariffs | Related notes for tariffs

Click on the code to check additional duties and taxes that apply to your product

Code	Product description	MFN
27	CHAPTER 27 - MINERAL FUELS, MINERAL OILS AND PRODUCTS OF THEIR DISTILLATION; BITUMINOUS SUBSTANCES; MINERAL WAXES:	
2710	Petroleum oils and oils obtained from bituminous minerals, other than crude; preparations not elsewhere specified or included, containing by weight 70 % or more of petroleum oils or of oils obtained from bituminous minerals, these oils being the basic constituents of the preparations; waste oils:	
	- Petroleum oils and oils obtained from bituminous minerals (other than crude) and preparations not elsewhere specified or included, containing by weight 70 % or more of petroleum oils or of oils obtained from bituminous minerals, these oils being the basic constituents of the preparations, other than those containing biodiesel and other than waste oils:	
2710.12	- - Light oils and preparations:	
	- - - Motor Spirit:	
2710.12.11	- - - - Special boiling point spirits (other than benzene, toluol) with nominal boiling point range 55-115 °C	5%
2710.12.12	- - - - Special boiling point spirits (other than benzene, benzol, toluene and toluol) with nominal boiling point range 63-70 °C	5%
2710.12.13	- - - - Other special boiling point spirits (other than benzene, benzol, toluene and toluol)	5%
2710.12.19	- - - - Other	5%
2710.12.20	- - - Natural gasoline liquid (NGL)	5%
2710.12.90	- - - Other	5%
2710.19	- - Other:	
2710.19.10	- - - Superior kerosene oil (SKO)	5%
2710.19.20	- - - Aviation turbine fuel (ATF)	0%
2710.19.30	- - - High speed diesel (HSD)	2.5%
2710.19.40	- - - Light diesel oil (LDO)	5%
2710.19.50	- - - Fuel oil	5%
2710.19.60	- - - Base oil	5%
2710.19.70	- - - Jute batching oil and textile oil	5%
2710.19.80	- - - Lubricating oil	5%
2710.19.90	- - - Other	5%

Figura 12.8. Pantallazo de la web Market Access Database (http://madb.europa.eu).

Dentro de la lista de países para MFN, se encuentran las tasas de nación más favorecida que representan los tipos arancelarios regulares aplicables a todos los países. Normalmente, se aplican entre países de la OMC. Estos tipos preferenciales pueden concederse en virtud de los acuerdos del libre comercio o del sistema generalizado de preferencia (SPG). A la entrada, podría soportarse un 5 % de arancel. Se cumplimentará, además, el certificado de origen de la UE.

Clasificación de la mercancía según la nomenclatura TARIC:

- 2710.19.99.00 Los demás aceites lubricantes y los demás.
- Libre a la exportación e importación.
- Nota.
- Arancel 0 %.
- IVA 21 %.

Al ser una exportación solo afecta a esta expedición, por lo que la mercancía es libre a la exportación.

Figura 12.9. Ante un intercambio entre la Unión Europea y un país con acuerdo SPG, al ser un acuerdo unilateral, cuando se exporta desde un país de la Unión, no se cumplimenta el certificado FORM-A, pues solo se reducen aranceles cuando se importan a la Unión Europea mercancías originarias de esos países.

12.4. Documentación necesaria para un despacho de exportación definitiva

En este apartado, se recoge la documentación mínima que deberá cumplimentar el transitario para el envío de esta mercancía:

- Apertura del expediente.
- Carta de porte.
- Certificado de recepción.
- Certificado de origen de la UE.
- B/L (conocimiento de embarque).
- DUA de exportación.

¿Sabías que

Los operadores de transporte y logística tienen una red de corresponsales o agentes en las principales ciudades, puertos y aeropuertos de cualquier lugar del mundo donde lleva a cabo sus operaciones.

Los acuerdos de corresponsalía establecen unos estándares de servicios para el transporte y la distribución con sus correspondientes tarifas acordadas.

TransNatur Transportes Internacionales	Parque Logístico Lambarren C/Arañabur, 3, Edificios E-F, 20280 Oiartzun - Guipúzcoa

n.º Expediente	2017/187	Fecha	12/9/2017

CLIENTE Viro2 SA B.º Zlain, 42 20300, Irún (Guipúzcoa)	**REMITE** Viro2 SA
DESTINATARIO Salen Steel Plant, SA Montiet Road, Red Cross Building 600008, Tamil Nau (India)	**Emisión pedido** a Transportista — Sí / ~~No~~ Matrícula Fecha carga Fecha descarga Firma
Lugar de carga B.º Zalain, 42 — 21/2/2017 20300, Irún (Guipúzcoa) — 9:00 h	**Lugar de descarga** TransNatur Bilbao
Mercancía Bidones de aceite lubricante	**Bultos** 8 palés **Peso** Bruto 6640 Neto 5920
Observaciones NO APILAR	**Referencia**

Pedido recibido y revisado por

Josune Urrosolo

Figura 12.10. Apertura del expediente.

CERTIFICADO DE RECEPCIÓN **C-100254**

************* Josune U. ************* C-100254 13/9/2017

Cliente	VIRO2 SA	Destino final	INDIA
Bultos	8	Tipo	PX
Bruto	6640	NO APILAR	Pos. ADT A-214
Neto	5920		

****

Preparado para Exportación — Lugar de entrega TRANSNATUR BILBAO

Aduana de Salida ES004811 Bilbao Marítima

TransNatur Norte, SL - Parque Logístico Lanbarren, C/ Arañuburu, 3, Edificios E-F

Figura 12.11. El certificado de recepción es el documento que introduce la mercancía en un depósito temporal pendiente de despacho de aduanas de exportación.

Figura 12.12. La capacidad de un barco de portacontenedores se mide, normalmente, en números TEU (unidad equivalente a veinte pies).

1. Remitente
Viro2 SA
B.º Zalain, 42
20300, Irún (Guipúzcoa)

TransNatur
Transportes Internacionales

2. Consignatario/destinatario
Salen Steel Plant, SA
Montiet Road, Red Cross Building
600008, Tamil Nau (India)

14. Porteador
TRANSNATUR NORTE SL

Matrículas del vehículo
6697 HST R-2015-BCG

3. Lugar de entrega de la mercancía
TRANSNATUR BILBAO

15. Porteadores sucesivos

4. Lugar y fecha de carga
IRÚN 13/9/2017 9:00H

16. Reservas y observaciones del porteador

5. Documentación anexa
Sobre con documentación

6. Marcas	7. N.º de bultos	8. Embalaje	9. Mercancía	10. Peso bruto	11. Volumen
	8	PALÉS	BIDONES DE ACEITE	6640	13 m³

17. Portes
Debidos
~~Pagados~~

12. Instrucciones del cargador
NO APILAR

13. Acuerdo particular

18. Formalizado en
IRÚN 13/9/2017

Firma remitente
Viro2 SA

Firma transportista
TransNatur Transportes Internacionales

Firma consignatario
TransNatur Transportes Internacionales

Figura 12.13. Carta de porte por carretera.

1.Expedidor, *Expéditeur*, Consignor
VIRO2, SA
B.º SALIN, 42
20300, IRUN (GUIPÚZCOA)
ESPAÑA

N.º A205692

ORIGINAL

COMUNIDAD EUROPEA
COMMONAUTE EUROPEENNE EUROPEAN COMMUNITY

CERTIFICADO DE ORIGEN
CERTIFICAT D'ORIGINE CERTIFICATE OF ORIGIN

2.Destinatario, *Destinataire*, Consignee
SALEN STEEL PLANT SA
MONTIET ROAD
RED CROSS BUILDING
600008, TAMIL NAU
INDIA

3. País de origen, *Pays d'origine*, Country of origin
ESPAÑA

4. Informaciones relativas al transporte (Mención facultativa)
Information relatives au transport (Mention facultative)
Transport details (Optional)
BUQUE AALDERDIJK

5. Observaciones, Remarques, Remarks

6. Nº de orden, marcas, numerción, número y naturaleza de los bultos, designación de las mercancías
Nº d'ordre, marques, numeros, nombre et nature des colis, designation des marchandises
Item number, marks, number and kind of packages, description of the goods

32 BIDONES DE ACEITE LUBRICANTE
2710.19.90.00

7. Cantidad
Quantite
Quantity

6640 kg

8. La autoridad que suscribe certifica que las mercancías designadas son originales del país que figura en la casillas nº. 3
L'autorite soussignee certifie que las merchandises designees ci-dessus sont originaires du pays digurante das la case nº 3
The undersigned authority certifies that the goods described above originate in the country shown in box 3

CÁMARA DE COMERCIO DE GIPUZKOA
Irún, 13/02/2017

Lugar y fecha de expedición, nombre, firma y sello de la autoridad competente
Lieu et date de delivrance, designation, signatura et cachet de l'autorite competante
Place and date of issue, name, signatura and stamp of competent authority

Figura 12.14. Certificado de origen de la UE.

¿Sabías que

Podemos diferenciar dos tipos de *Bill of Lading:*

- ***Master Bill of Lading,*** contrato de transporte marítimo entre la naviera y el transitario. Se utiliza cuando es un contenedor completo para un cargador o cuando se exige en el medio de pago del crédito documentario.
- ***House Bill of Lading,*** contrato de transporte marítimo entre el transitario y su cliente cargador. Este es habitual cuando en un contenedor se agrupan mercancías de diferentes cargadores.

Exportador			B/L No.	BIOTML9090009
Viro2 SA B.º Zalain, 42 20300, Irún (Guipúzcoa)			Fecha	13/9/2017
Destinatario Salen Steel Plant, SA Montiet Road, Red Cross Building 600008, Tamil Nau (India)			TransNatur Transportes Internacionales	
Notificar a Salen Steel Plant, SA				
Transporte en origen Carretera	**Lugar de carga** Irún			
Buque Aalderdijk	**Puerto de carga** Bilbao			
Puerto de descarga Chemnai	**Lugar de envío** Tamil Nau	**Destino final de la mercancía** Tamil Nau		

Marcas	Descripción de la mercancía	Peso bruto	Volumen
	8 PALÉS 32 BIDONES DE ACEITE	6640	5920
	FREIGHT COLLET LCL/LCL CLEAN ON BOARD		

Filete	N.º B/L	Filete	Prepaid	Collect
COLLECT	3 THREE			

Fecha	Lugar, fecha y firma
13/9/2017 TransNatur Transportes Internacionales	Bilbao, 13/9/2017 TransNatur Transportes Internacionales

Figura 12.15. Conocimiento de Embarque (B/L). Al ser un envío marítimo consolidado, el documento es un *House Bill of Lading* y existirá un *Master* que agrupará tantos *House* como envíos se consoliden en el contenedor.

¿Sabías que

El conocimiento de embarque (B/L) tiene las siguientes características:

- Es un recibo de las mercancías embarcadas y certifica el estado en que estas se encuentran (limpio o sucio, *clean board/dirty board*).
- Prueba la existencia del contrato de transporte, cuyas condiciones suelen figurar al dorso.
- Acredita el título de propiedad de la carga transportada a favor de su legítimo tenedor y mediante el cual y exclusivamente se tiene derecho a recibir en el puerto de destino la mercancía.
- Es negociable y admitido como título de crédito por los bancos en los créditos documentarios.

COMUNIDAD EUROPEA EXP-12

A ADUANA DE EXPEDICIÓN/EXPORTACIÓN

1 DECLARACIÓN: EX | A

17-ES-004811-1-123456-7

3 (Ejemplar para el expedidor/exportador)

2 Expedidor/Exportador — Nº ESA12345678
MIRO2, SA
BARRIO ZALAIN, 42
20300 IRUN
GUIPUZCOA
ESPAÑA

3 Formularios | 4 List. de carga

5 Partidas: 1 | 6 Total bultos: 8 | 7 Número de referencia

8 Destinatario — Nº
SALEM STEEL PLANT SA
MONTIET ROAD, RED CROSS BUILDING
600008 TAMIL NAU

INDIA

9 Responsable financiero — Nº

10 País primer destino | 11 País transacción | 13 P.A.C.

14 Declarante/Representante — Nº ESB20449393
[2] TRANSNATUR NORTE, S.L.

15 País de expedición/exportación | 15 Cód. P. exped./export: a ES b | 17 Cód. país de destino: a IN b

16 País de origen | 17 País de destino

18 Identidad y nacionalidad medio transporte a la partida | 19 Ctr.: 0

20 Condiciones de entrega: FOB PUERTO BILBAO 1

21 Identidad y nacionalidad medio transporte activo en frontera: BUQUE AALDERDIJK DK

22 Divisa e importe total factura: EUR 9910,84 | 23 Tipo cambio | 24 Naturaleza transacc.: 1 1

25 Modo transporte en frontera: 1 | 26 Modo transporte interior | 27 Lugar carga

28 Datos financieros y bancarios

3

29 Aduana de salida: ES004811 | 30 Localización de las mercancías: 4811BIO001

31 Bultos y descripción de las mercancías — Marcas y numeración - Nº contenedor(es) - Número y clase
8 PALÉS, RDO.

BIDONES DE ACEITE LUBRICANTE.

32 Partida Nº | 33 Código de las mercancías: 27101990 00

34 Cód. país de origen: a b 20 | 35 Masa bruta (kg): 6640

37 RÉGIMEN: 10.00 | 38 Masa neta (kg): 5920 | 39 Contingente

40 Documento de carga/Documento precedente

41 Unidades suplementarias: 9910,84

44 Indicaciones especiales/ Documentos presentados/ Certificados y autorizaciones
N380: ES-001/2017 12-09-2017; 1217: ES-CR100254 12-09-2017; N705: ES-BIOTML9090009 13-09-2017; Y024: ESAEOF770000000AF 13-09-2010; Y025: ESAEOF770000000AF 13-09-2010; N861: ES-A205692 12-09-2017.

Cód. I.E.

46 Valor estadístico: 9910,84

47 Cálculo de los tributos

Clase	Base imponible	Tipo	Importe	MP
		Total:		

48 Aplazamiento de pago | 49 Identificación depósito

B DATOS CONTABLES

50 Obligado principal — Nº — Firma:
representado por
Lugar y fecha:

C ADUANA DE PARTIDA

51 Aduanas de paso previstas (y país)

52 Garantía no válida para — Cód.

53 Aduana de destino (y país)

D CONTROL POR LA ADUANA DE PARTIDA — Sello:
Resultado:
Precintos colocados: Número:
marcas:
Plazo (fecha límite):
Firma:

54 Lugar y fecha:
OIARTZUN 13-9-2017
Firma y nombre del declarante/representante:
TRANSNATUR NORTE, S.L.
NIF: B20449393

Figura 12.16. Documento único administrativo de exportación.

¿Sabías que

Cuando la autorización es para una operación, en la casilla número 14, se indicará la clave O. Las autorizaciones globales deberán estar previamente registradas en la aduana y serán comprobadas de forma automática para admitir la declaración.

12.5. Facturación del transitario TransNatur a su cliente

Por último, se realizará la emisión de la factura comercial por parte del transitario a su cliente (exportador) por la cuantía fijada.

En este caso, se ha facturado con IVA, pero hay que recordar que, si el cliente estuviese inscrito en el Registro de Devolución Mensual o Registro de Exportadores y Otros Operadores Económicos, la factura podría ir sin IVA.

TransNatur Transportes Internacionales	Parque Logístico Lambarren C/Arañabur, 3, Edificios E-F, 20280 Oiartzun - Guipúzcoa

FRA. N.º: 2017187-8874/026	30/9/2017

CONCEPTO	IMPORTE
Transporte Irún-Bilbao	230
Despacho de aduana	30
B/L	40
Manipulaciones	213,44
Movimiento contenedor	22,08
T-3	30,32
SUBTOTAL	570,84
IVA 21 %	119,8764

TOTAL FACTURA	**690,75**
FORMA DE PAGO Transferencia bancaria ESB98765432198765432198	

Figura 12.17. Factura comercial emitida por el transitario a su cliente, exportador.

Figura 12.18. Fort Kochi es una región de la ciudad Kochi en el estado de Kerala (India).

Enlaces web

Plan cameral de las exportaciones, documentos aduaneros:
http://www.plancameral.org/web/portal-internacional/documentos-importacion-exportacion#despliega

Plan cameral de las exportaciones, cálculo del precio de exportación:
http://www.plancameral.org/web/portal-internacional/guias-online-exportacion/-/guias-online-exportacion/e5e1b4a8-ecff-4358-8dee-e3c3c108367b

Aduana Argentina, calculador de contenedores *(containers)*:
http://www.aduanaargentina.com/cc.php

Aduana Argentina, aduanas del mundo:
http://www.aduanaargentina.com/listado.php?seccion=24

Market Access Database, documentación requerida a mercancías de la Unión Europea en los países del mundo:
http://madb.europa.eu/madb/datasetPreviewFormIFpubli.htm?datacat_id=IF&from=publi

Market Access Database, arancel aplicado a mercancías de la Unión Europea en los países del mundo:
http://madb.europa.eu/madb/euTariffs.htm

Agencia Tributaria, resolución documento único administrativo 2017:
http://www.agenciatributaria.es/AEAT.internet/Inicio/La_Agencia_Tributaria/Normativa/Normativa_tributaria_y_aduanera/Legislacion_de_Aduanas_e_Impuestos_Especiales/Normativa_aduanera/Resolucion_DUA/Resolucion_DUA.shtml

EXPEDIENTE COMPLETO DE EXPORTACIÓN

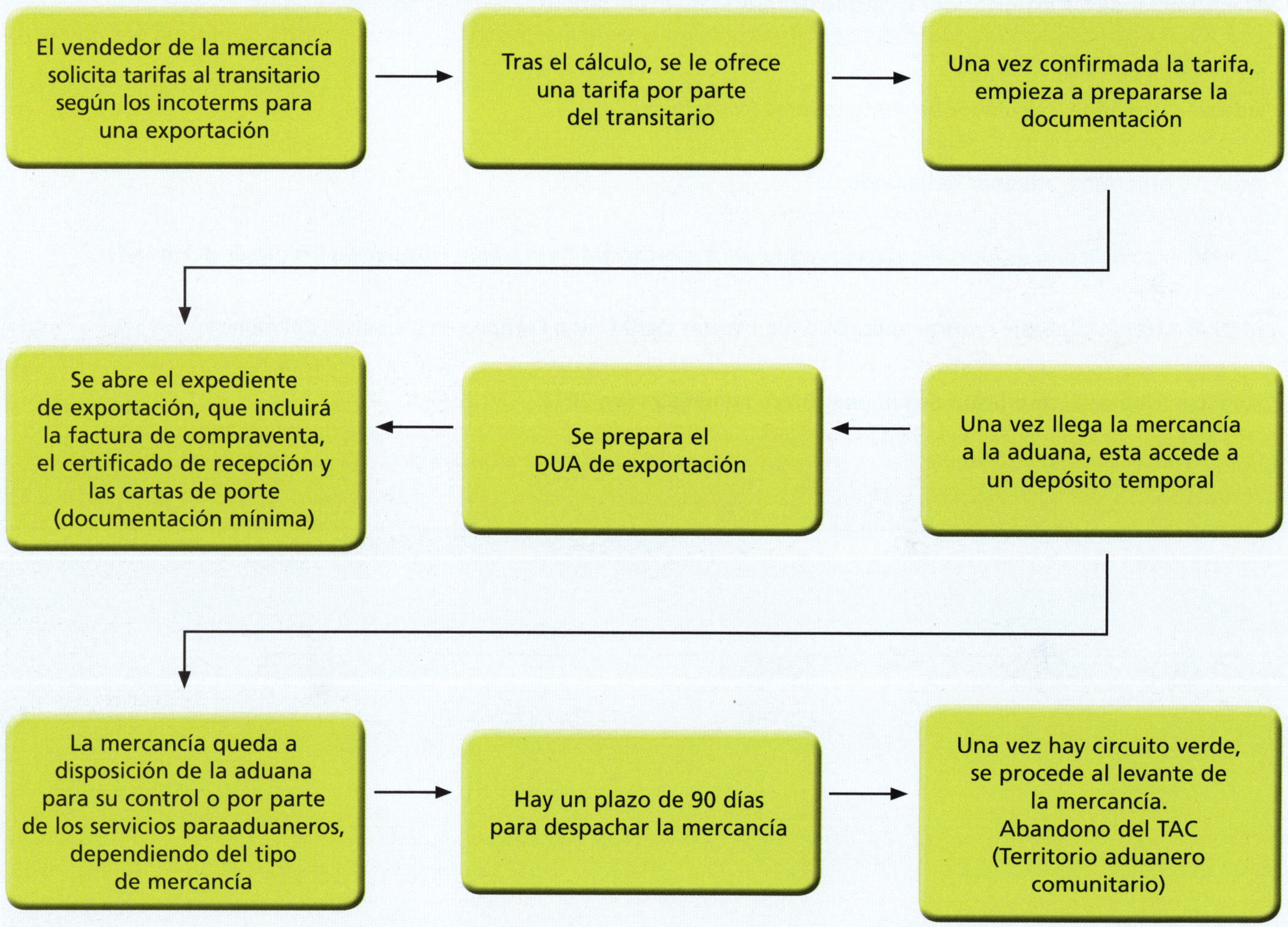

13

Unidad global II. Expediente completo de importación

CONTENIDOS

13.1. Presentación del expediente de importación: compra de una partida de cámaras fotográficas digitales a una empresa de Japón

13.2. Documentación que acompañará a la mercancía

13.3. Búsqueda de información necesaria para el despacho de aduanas

13.4. Documentación necesaria para un despacho de importación a consumo

13.5. Facturación del transitario TransNatur a su cliente

OBJETIVOS

- Unificar y confluir lo aprendido en anteriores unidades en este expediente.
- Tener una visión general de una importación en la Unión Europea, visualizando los pasos que han de tenerse en cuenta para llevarla a cabo.
- Utilizar todos los conocimientos adquiridos a lo largo de las unidades anteriores y saber utilizarlos en un expediente de importación.
- Identificar y saber buscar la información necesaria para llevar adelante una importación de una mercancía en la Unión Europea.
- Localizar y cumplimentar la documentación necesaria para realizar un despacho de importación.

INTRODUCCIÓN

Con el expediente de importación que va a presentarse en esta unidad, pretende unificarse lo que, a lo largo del libro, ha ido aprendiéndose de formar aislada en cada una de las unidades anteriores y, a la vez, poner en práctica dichos contenidos.

13.1. Presentación del expediente de importación: compra de una partida de cámaras fotográficas digitales a una empresa de Japón

Para dar comienzo a esta unidad, lo primero es realizar la contextualización del expediente de importación. Para ello, obsérvese primeramente el siguiente mapa.

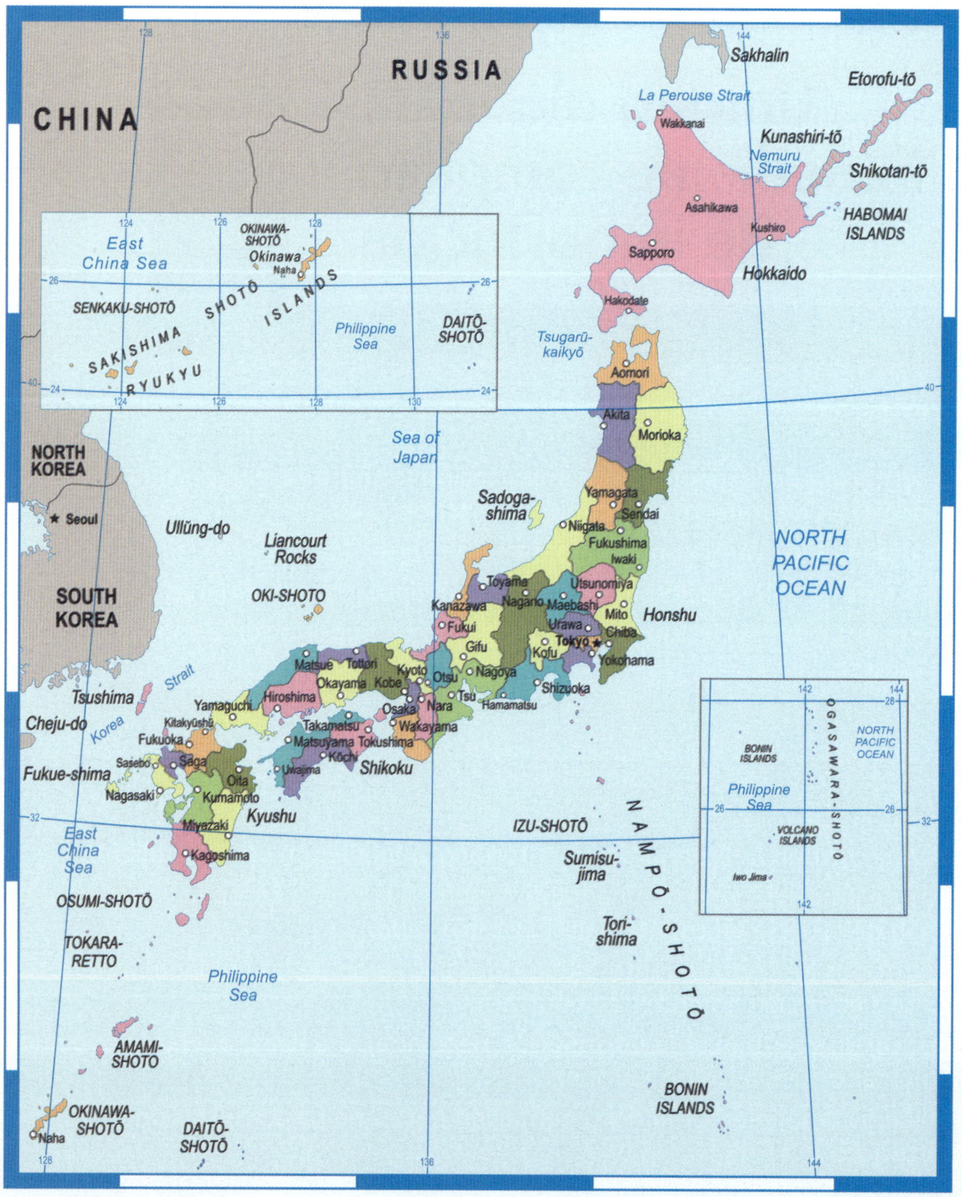

Figura 13.1. Japón es la cuarta mayor economía de exportación en el mundo. Sus exportaciones no están sujetas a ninguna restricción, no están gravadas por ningún impuesto y, además, están exentas del impuesto al consumo.

Trabajando en TransNatur Norte (empresa transitaria), se recibe una llamada de un cliente habitual —el grupo Aldaphoto, «distribuidor de equipos fotográficos de alta calidad»— con la que quiere comunicarse que ha comprado una partida de cámaras en condiciones FCA (aeropuerto Narita Tokio). Desea que se le haga el despacho de aduanas y se acerque la mercancía a su empresa. Enviará un correo electrónico con datos sobre la compra de las cámaras:

Para	Josune Urrosolo (jurrosolo@iru.transnatur.com)
De	Jon Martín (jonm@aldaphoto.com)
Cc	aduana@iru.transnatur.com
Cc	info@aldaphoto.com
Asunto	Importación Japón - URGENTE — Recibido 16/10/2017

Buenos días, Josune.
Te escribo en relación con un envío que tenemos que traer desde Japón.
Debemos suministrar al cliente de manera urgente dicha mercancía, por lo que agradezco que esté en su empresa a las 11h del lunes.
Las condiciones son FCA (Aeropuerto de Tokio).

La mercancía es la siguiente:
1 europalé que contiene 250 cámaras de fotos.
100 cámaras = 35 000 JPY/UN
150 cámaras = 54 000 JPY/UN
Dos modelos diferentes.

Con la mercancía, llegará el sobre con la documentación necesaria para realizar el despacho de aduanas.
Esperando tu respuesta, atentamente

JON MARTÍN

Figura 13.2. Correo eléctrico enviado por la empresa Aldaphoto (comprador-importador) a TransNatur (transitario) solicitando la tarifa según el incoterm acordado con el vendedor japonés, FCA (aeropuerto de Tokio).

La descripción de la mercancía es la siguiente:

1 europalé que contiene 100 cámaras MF863 a 35 000 ¥/ud. y 150 cámaras VF 273 a 54 000 ¥/ud.; precio EXW. Cada una de ellas vendrá con su código de barras para identificar su origen.

Datos para el despacho:

- 1 europalé que irá consolidada con otras cargas en un ULD.
- Se utiliza para el despacho de importación a consumo en el aeropuerto de Bilbao el número de identificación 2135 del representante aduanero Antonio Montes de la empresa TransNatur.
- El depósito aduanero utilizado para el despacho: 4801XA1025.

Figura 13.3. El código TARIC de las cámaras digítales es 8525.80.30.00.

Tarifas de grupaje de los transitarios en Japón y España:

- Transitario Tokiologistic (JPY, yenes):
  - — Alquiler de ULD aéreos: 50 000.
  - — Alquiler de TEU marítimos: 18 000.
  - — Transporte (fábrica/aeropuerto Tokio): 22 500.
  - — Despacho aduanas de exportación: 10 000.
  - — *Hanling* origen a cobrar al transitario: 30 000.
  - — Cumplimentar el AWB: 20 000.
  - — Estiba en el puerto Hong Kong: 23 400.
  - — Transporte aéreo (adjunto AWB).
  - — (Flete 37000, MYC 7500, NSC 1500).
  - — Seguro: 10 000.
  - — *Hanling* en destino: 13 200.
  - — DOD[1]: 3 %.
  - — Despacho importación: 12 000.
  - — Deuda tributaria[2]: según envío.
  - — Transporte interior en destino: 15 000.
- Transitario TransNatur Norte (EUR, euros):
  - — Alquiler de ULD aéreos: 400.
  - — Alquiler de TEU marítimos: 200.
  - — Transporte en origen: 475.
  - — Despacho aduanas de exportación: 150.
  - — *Hanling* origen a cobrar al transitario: 100.
  - — Cumplimentación AWB: 50.

[1] Comisión que cobra el transitario a su cliente por los pagos que hace en divisas en su nombre.

[2] Supóngase que el cambio que se aplica a la comisión por pagos en divisas es el mismo que el del despacho del Banco de España (aunque no es lo habitual).

— Estiba en el puerto Hong Kong: 200.
— Transporte aéreo (adjunto AWB): 800.
— Prima seguro Leónidas. Bilbao: 100.
— *Hanling* aeropuerto Bilbao: 60.
— Comisión oficial despacho importación: 150.
— Plus camión frigorífico: 20.
— Plus camión animales vivos: 25.
— Plus camión rampa + grúa: 15.
— DOD[3]: 3 %
— Transporte interior en destino: 135.

Recuerda

Los **incoterms** se acuerdan entre el vendedor de la mercancía y el comprador, mientras que los **transitarios** son quienes organizan el transporte internacional del envío de la mercancía.

Además, exceptuando el EXW y el DDP, en los que solo existe un transitario, en el resto de incoterms, habrá dos, uno contratado por el vendedor y el otro por el comprador:

- Si el incoterm acordado es un **EXW,** al transitario lo contratará el comprador.
- Si el incoterm acordado es un **DDP,** al transitario lo contratará el vendedor.

Es preciso detallar el cálculo de la tarifa del transitario japonés según el incoterm solicitado. FCA (aeropuerto Narita Tokio):

FCA (aeropuerto Narita Tokio) = 22 500 + 10 000 = **32 500** ¥

Tabla 13.1. Cálculo de la tarifas incoterms

FCA	Aeropuerto de Tokio
Concepto	Importe
Transporte (aeropuerto de Tokio)	22 500 ¥
Despacho de aduana	10 000 ¥
TOTAL	32 500 ¥

Figura 13.4. FCA-Free Carrier (libre transportista, lugar convenido). Entrega sobre camión en Narita Tokyo Airport (Japón).

[3] Dependiendo del incoterm, los gastos, el vendedor y el comprador se cogerán de uno u otro transitario.

Tabla 13.2. Cálculo de la tarifas incoterms desde el punto de vista del importador de la mercancía

DDP	Destino
Concepto	Importe
Handling en origen.	100
AWB.	50
Transporte internacional.	800
Seguro.	100
Handling en destino.	60
Despacho de aduanas.	150
Transporte interior en destino.	135
IVA + aranceles.	19822,82
TOTAL	21217,82

Para: Jon Martín (jonm@aldaphoto.com)
De: Josune Urrosolo (jurrosolo@iru.transnatur.com)
Cc: aduana@iru.transnatur.com
Cc: info@aldaphoto.com

Asunto: Importación Japón - URGENTE | Recibido 16/10/2017

Estimado Jon.
Estamos encantados de poder ayudarle en la entrega de la mercancía.
Nuestra tarifa es la siguiente:

21217,82 - **IVA no incluido**

Quedamos a su disposición para lo que necesite, gracias de antemano.
Un cordial saludo,

Josune Urrosolo
TransNatur Norte, SL
Dpto. Aduanas

Figura 13.5. Correo electrónico de la empresa transitaria a su cliente en el que se le indica la tarifa.

Para	Josune Urrosolo (jurrosolo@iru.transnatur.com)		
De	Jon Martín (jonm@aldaphoto.com)		
Cc	aduana@iru.transnatur.com		
Cc	info@aldaphoto.com		
Asunto	Importación Japón - URGENTE	Recibido	17/10/2017

Buenos días, Josune.

Hemos recibido las tarifas y estamos de acuerdo con ellas.
Adelante.

Atentamente,

JON MARTÍN

Figura 13.6. Correo electrónico de la empresa importadora en el que se acepta la tarifa.

13.2. Documentación que acompañará a la mercancía

En la operativa de la importación de una mercancía en la Unión Europea, hay unos documentos que son imprescindibles para el cumplimiento de las formalidades aduaneras: la factura de compraventa y el documento de transporte internacional.

- **Factura de compraventa internacional:**

  100 CASIN EASYSHARE MF863 × 35 000 ¥/ud. = 3 500 000

  150 CASIN EASYSHARE VF273 × 54 000 ¥/ud. = 8 100 000

  GASTOS FCA (aeropuerto Narita Tokio): 32 500

  Total factura: 11 632 500 ¥

GRUPO ALDAPHOTO SA
Carretera Bilbao-Galdacano, 23
48004 Bilbao
Vizcaya
SPAIN
VAT ES-A12345678

CASIN INC.
4 Chome 2-3 Higashijujo, Kita-Ku
Tokyo 114-0001

JAPAN
VAT JP-A12345678

INVOICE N.º 012525/2017

DATE 21/7/2017

CONCEPTO	IMPORTE
CURRENCY **JPY**	
HS CODE **8525.80**	
DESCRIPCIÓN OF THE GOODS **100 × CASIN EASY SHARE MF863 × 35 000 JPY/UN** **150 × CASIN EASY SHARE VF273 × 54 000 JPY/UN**	**3 500 000,00** **8 100 000,00**
INCOTERMS 2010 **FCA (Narita Tokyo Airport)**	**32 500,00**
SHIPMENT **By Air**	
The exporter of the goods certifies that except otherwise indicated the good are japan origin	
TOTAL AMOUNT	**11 632 500,00 ¥**
PAY TERMS — BANK TRANSFER IBAN JP 07123456789012345678912	

PACKING LIST	
Packages	1
Net W.	950 kg
Gross W.	1020 kg
Vol.	0,768 m^3

Figura 13.7. Factura de compraventa internacional.

- **Conocimiento a**éreo: en este documento, se incluye el mayor número de gastos para, luego, poder deducir más a la hora de aplicar el ajuste aéreo para el cálculo del valor en la aduana:

  Hanling origen: 30 000

  AWB: 20 000

  Flete: 37 000

  MYC: 7500

  NSC: 1500

  Total AWB: 96 000 ¥

JPY | 75 | 64966403 — 075-64966403

Shipper's Name and Address	Shipper's Account Number	Not Negotiable
GRUPO ALDAPHOTO SA CARRETERA BILBAO=GALDACANO 23 48004 BILBAO -ESPANA		**Air Waybill** Issued by TOKIOLOGISTICS INC. Copies 1, 2 and 3 of this Air Waybill are originals and have h same validity.

Consignee's Name and Address	Consignee's Account Number	
CASIN INC. 4 CHOME 2-3 HIGASHIJUJO, KITA-KU TOKYO 114-0001 - JAPON		It is agreed that the goods described herein are accepted in apparent good order and condition (except as noted) for carriage SUBJECT TO THE CONDITIONS OF CONTRACT ON THE REVERSE HEREOF. ALL GOODS MAY BE CARRIED BY ANY OTHER MEANS INCLUDING ROAD OR ANY OTHER CARRIER UNLESS SPECIFIC CONTRARY INSTRUCTIONS ARE GIVEN HEREON BY THE SHIPPER, AND SHIPPER AGREES THAT THE SHIPMENT MAY BE CARRIED VIA INTERMEDIATE STOPPING PLACES WHICH THE CARRIER DEEMS APPROPRIATE. THE SHIPPER'S ATTENTION IS DRAWN TO THE NOTICE CONCERNING CARRIER'S LIMITATION OF LIABILITY. Shipper may increase such limitation of liability by declaring a higher value for carriage and paying a supplemental charge if required.

Issuing Carrier's Agent Name and City		Accounting Information
XING XANG SHU TOKIOLOGISTICS		
Agent's IATA Code: 1234 - T	Account No.	
Airport of Departure (Addr. of First Carrier) and Requested Routing: NARITA TOKYO		

To	By First Carrier	Routing and Destination	to	by	to	by	Currency	CHGS	WT/VAL PPD	WT/VAL COLL	Other PPD	Other COLL	Declared Value for Carriage	Declared Value for Customs
BIO	IBERIA						JPY			X		X	NVD	NVD

Airport of Destination	Flight/Date	For Carrier Use Only	Flight/Date	Amount of Insurance	
BILBAO	IB325, 24/07/2017				INSURANCE - if carrier others Insurance, and such insurance is requested in accordance with the conditions the real, indicate amount to be insured in figures in box marked "Amount of Insurance".

Handling Information
FRAGILE
LABELLED
DOCUMENTS ATTACHED TO AWB
SCI: X

No. of Pieces RCP	Gross Weight	kg/lb	Rate Class / Commodity Item No.	Chargeable Weight	Rate / Charge	Total	Nature and Quantity of Goods (incl. Dimensions or Volume)
1	1020	K		1200	30,33	37000	250 DIGITAL CAMERAS GROUPAGE - CONSOLIDATION NO. AKE12345IBE
1	1020					37000	

Prepaid	Weight Charge	Collect	Other Charges
			HANC 30000 AWA 20000 MYC 7500 NSC 1500
Valuation Charge			
Tax			
Total Other Charges Due Agent		20000	Shipper certifies that the particulars on the face hereof are correct and that insofar as any part of the consignment contains dangerous goods, such part is properly described by name and is in proper condition for carriage by air according to the applicable Dangerous Goods Regulations.
Total Other Charges Due Carrier		39000	XING XANG SHU TOKIOLOGISTICS Signature of Shipper or his Agent
Total Prepaid		Total Collect: 96000	
Currency Conversion Rates		CC Charges in Dest. Currency	22/07/2017 — Executed on (date); TOKYO — at (place); XING XANG SHU TOKIOLOGISTICS — Signature of issuing Carrier or its Agent
		Charges at Destination	Total Collect Charges

Figura 13.8. Conocimiento aéreo (AWB). Al ser un envío consolidado, es un HAWB o *House*; en lugar de una compañía aérea, lo emite un agente IATA, Tokiologistics Inc.

Recuerda

El **AWB** o conocimiento aéreo es el documento del transporte aéreo. Cuando hay consolidación de cargas en un ULD, pueden existir dos tipos de documentos:

- El **HAWB o** ***House:*** es el documento que relaciona contractualmente a un transitario (agente IATA consolidador) con cada uno de los cargadores (exportadores) de las mercancías consolidadas. Frente a los distintos cargadores, el transitario asume las responsabilidades del transportista aéreo.
- El **MAWB o** ***Master:*** es el documento que relaciona al agente IATA o consolidador con la compañía aérea. En él se recoge toda la mercancía consolidada en el ULD. En este caso, el transitario actúa como único cargador frente a la compañía aérea.

Por ello habrá un solo *Master* y tantos *House* como envíos consolidados.

Sabías que

Los **ULD** se identifican con un código alfanumérico, que es el siguiente: **letra** (tipo de ULD); **letra** (largo y ancho de la base de un ULD); **letra** (perfil y adaptabilidad con las bodegas de los aviones); **número de 5 dígitos** (número de serie del ULD); **dos letras** (identificación del propietario).

Por ejemplo: AKH 46394 NH.

- **Certificado de origen de la Cámara Comercio de Tokio:** puede incluirse en la factura la coletilla sobre el origen de la mercancía.

  La declaración en factura podría ser: «El exportador de los productos incluidos en el presente documento [autorización aduanera n.º .... declara que, salvo indicación en sentido contrario, estos productos gozan de un origen ....».

13.3. Búsqueda de información necesaria para el despacho de aduanas

Cuando se realiza una importación, es decir, la adquisición de un bien procedente de otro país, debe tenerse en cuenta que el despacho a través de la aduana implica la realización de una serie de consultas, que serán más o menos complejas dependiendo, entre otras cosas, del lugar de origen de la mercancía y del medio de transporte utilizado:

Anexo 25 ajuste aéreo. Asia. Zona M — 83 %

- Valor de aduana:

Cambio en el mercado de divisas: *BOE* del 21 de junio del 2017 (otras disposiciones).

A. Total factura — 11 632 500 ¥

1 euro/124,25 yenes

93.621,73 €

B. Total AWB — 96 000 ¥

1 euro/124,25 yenes — **772,64 €**

(El seguro no lo se incluye en el DV-1 porque se contrata a una aseguradora española.)

C. Ajuste aéreo

Anexo 25: 83 % (100 – 83 = 17 %) sobre 772,64 — **131,35 €**

D. Valor en aduana

93 621,73 € + 772,64 € – 131,35 € = **94 263,02 €**

- Clasificación de la mercancía según la nomenclatura TARIC:
  8525.80.30.00
  Importación libre
  Unidades suplementarias UN unidades

Recuerda

El **umbral mínimo** a partir del cual se cobra el arancel es de **150 €** o, lo que es lo mismo, si el valor en aduana es inferior a esa cifra, la importación está exenta de tasas arancelarias.

- Tipos de impuestos aplicados:
  Arancel a terceros: 0 %
  Arancel 0 % sobre 94 263,02 euros 0
  Base imponible IVA (94 263,02 + 131,35 = 94 394,37)
  IVA: 21 % sobre 94 394,37 **19 822,82 €**

Figura 13.9. Un elemento unitario de carga o ULD es un contenedor o palé metálico usado para cargar mercancías en aviones de fuselaje ancho y algunos de fuselaje estrecho. Cada ULD lleva una lista o manifiesto de carga para que su contenido sea controlado.

13.4. Documentación necesaria para un despacho de importación a consumo

En este apartado, se recoge la documentación mínima que deberá cumplimentar el transitario para el envío de la mercancía:

- Apertura del expediente.
- Certificado de recepción (depósito temporal).
- DV-1.
- DUA de importación.

TransNatur Transportes Internacionales	Parque Logístico Lambarren C/Arañabur, 3, Edificios E-F, 20280 Oiartzun - Guipúzcoa

n.º Expediente	27424	Fecha	17/10/2017

CLIENTE	**REMITE**
Grupo Aldaphoto, SA Ctra. Bilbao-Galdacano, 23 48004 Bilbao	Casin INC. 114-0001 Tokio
DESTINATARIO	**Emisión pedido** a Transportista — Sí / ~~No~~
Grupo Aldaphoto, SA	Matrícula
	Fecha carga
	Fecha descarga
	Firma
Lugar de carga Aeropuerto de Bilbao	**Lugar de descarga** Ctra. Bilbao-Galdacano, 23 48004 Bilbao
Mercancía 250 Cámaras fotográficas	**Bultos** 1 europalé **Peso** Bruto 1020 kg, Neto 950 kg
Observaciones NO APILAR	**Referencia**

Pedido recibido y revisado por
Josune Urrosolo

Figura 13.10. Apertura de expediente.

CERTIFICADO DE RECEPCIÓN

************* *************

Cliente	**Grupo Aldaphoto**		Destino final	Bilbao	
Bultos	1	Tipo	**Europalé**		
Bruto	1020	***************		Ubicación	11
Neto	950	***************			

****

Bultos en buen estado Lugar de entrega Bilbao

Aduana de Entrada Bilbao Aérea

TransNatur Norte, SL - Parque Logístico Lanbarren, C/ Arañuburu, 3, Edificios E-F

Figura 13.11. Certificado de recepción.

Recuerda

En lo relativo a los costes aduaneros mínimos, existen tres cargos distintos a los que hay que hacer frente habitualmente:

- Arancel e impuestos especiales.
- IVA a la importación.
- Honorarios y otros gastos del representante aduanero a los que también se grava por separado con un 21 % de IVA.

IMP-13

COMUNIDAD EUROPEA — DECLARACION DE LOS ELEMENTOS RELATIVOS AL VALOR EN ADUANA — **D.V.1**

1 NOMBRE Y DIRECCION DEL VENDEDOR(en letras de molde)
CASIN INC.
4 CHOME 2-3 HIGASHIJUJO, KITA-KU
114-0001 TOKIO

JAPON

PARA USO DE LA ADMINISTRACION

2 (a) NOMBRE Y DIRECCION DEL COMPRADOR (en letras de molde)
GRUPO ALDAPHOTO SA
CTRA. BILBAO-GALDACANO, 23
48004 BILBAO
VIZCAYA
ESPAÑA

2 (b) NOMBRE Y DIRECCION DEL DECLARANTE(en letras de molde)
TRANSNATUR NORTE, SL

OBSERVACION IMPORTANTE

Al firmar y presentar esta declaración el declarante se compromete en cuanto a la exactitud y la integridad de la información suministrada en el presente formulario, en cualquiera de sus hojas suplementarias que le acompañan y a la autenticidad de todos los documentos presentados en su apoyo. El declarante también se responsabilizará de suministrar la información adicional o la documentación necesaria para establecer el valor en aduana de las mercancías.

3 Condiciones de entrega
FCA3 TOKIO

4 Número y fecha de la factura
JP-012515/2017 del 21-07-2017

5 Número y fecha de contrato

6 Número y fecha de cualquier resolución aduanera relativa a los apartados 7 a 9.

Márquese con X la casilla adecuada

7 (a) ¿Existe VINCULACION entre comprador y vendedor en el sentido del apartado 2 del artículo 143(*) del Registro (CEE) nº 2454/93? — SI [ ] NO [X]
En caso negativo, pásese al apartado 8.
(b) ¿Ha INFLUIDO la vinculación en el precio de las mercancias importadas? — SI [ ] NO [ ]
(c) (respuesta facultativa) ¿Se APROXIMA MUCHO el valor de transacción de las mercancías importadas a algún valor de los mencionados en la letra (b) del apartado 2 del artículo 29 del Reglamento (CEE) nº 2913/92?. — SI [ ] NO [ ]
En caso afirmativo, explíquese con detalle.

8 (a) ¿Existen RESTRICCIONES para la cesión o utilización de las mercancías por el comprador, distintas de las que:
- impongan o exijan la ley o las autoridades en la Comunidad,
- limiten la zona geográfica donde pueden revenderse las mercancías, o
- no afectan sustancialmente al valor de las mercancías?. — SI [ ] NO [X]
(b) ¿Dependen la venta o el precio de CONDICIONES ó PRESTACIONES, cuyo valor no pueda determinarse con relación a las mercancías objeto de valoración?. — SI [ ] NO [X]
Especifíquese la naturaleza de las restricciones, condiciones o prestaciones, según el caso:

Si puede determinarse el valor de las condiciones o prestaciones, indíquese su importe en el apartado 11 (b).

9 (a) ¿Existen CANONES Y DERECHOS DE LICENCIA relativos a las mercancias importadas que el comprador esté obligado a pagar, directa o indirectamente, como condición de venta?. — SI [ ] NO [X]
(b) ¿Está la venta condicionada por un acuerdo, según el cual una parte del producto de cualquier REVENTA, CESIÓN ó UTILIZACION posterior de las mercancías importadas, revierta directamente o indirectamente al vendedor?. — SI [ ] NO [X]
En caso de respuesta afirmativa a una de las preguntas, especifíquese las condiciones, y, si es posible, indíquese los importes en los apartados 15 y 16.

(*) NOTA DE LA CASILLA 7

1. SOLO SE CONSIDERA QUE EXISTE VINCULACION ENTRE LAS PERSONAS EN LOS CASOS SIGUIENTES:
   (a) si cada una forma parte de la Dirección o del Consejo de Administración de la empresa de la otra;
   (b) si ambas tienen jurídicamente la condición de asociadas;
   (c) si una es empleada de otra;
   (d) si una persona cualquiera posee, controla o tiene directa o indirectamente el 5%, o mas de las acciones o títulos con derecho a voto de una y de otra;
   (e) si una de ellas controla, directa o indirectamente, a la otra;
   (f) si ambas son controladas, directa o indirectamente, por una tercera persona;
   (g) si juntas controlan, directa o indirectamente, a una tercera persona;
   (h) si son miembros de la misma familia.
2. El hecho de que el comprador y el vendedor estén vinculados no impide necesariamente el uso del valor de transacción (ver apartado 2 del artículo 29 del Reglamento (CEE) nº 2913/92 así como la nota interpretativa a dicho artículo en el Anexo 23.

10 (a) Números de hojas suplementarias D.V.1 BIS

10 (b) (Localidad): OIARTZUN
(Fecha): 25-7-2017
Firma:
TRANSNATUR NORTE, SL
NIF: B20449393

Figura 13.12. Documento DV-1 (declaración del valor de la mercancía en la aduana). Página 1.

IMP-13

PARA USO DE LA ADMINISTRACION

		Partida de orden	Partida de orden	Partida de orden
A. Base de cálculo	11 (a) Precio neto en la MONEDA DE FACTURACION (Precio efectivamente pagado o por pagar en el momento a considerar para la determinación del valor en aduana)	11632500		
	(b) Pagos indirectos - véase apartado 8 (b) (Tipo de cambio: 124,25)	0		
	12 Total A en MONEDA NACIONAL	93621,73		
B.ADICIONES: Importes en MONEDA NACIONAL NO INCLUIDOS en A (*)	13 Costes soportados por el comprador (a) Comisiones, excepto las comisiones de compra	0		
	(b) Gastos de corretaje	0		
	(c) Envases y embalajes	0		
Indiquense A CONTINUACION las posibles decisiones anteriores de las autoridades aduaneras referentes a estas cuestiones:	14 Bienes y servicios suministrados por el comprador, gratuitamente o a precio reducido y utilizados en la producción y venta para la exportación de las mercancías importadas: Los valores indicados se repartirán, si llega el caso, de manera adecuada. (a) materiales, componentes, partes y elementos similares incorporados a las mercancias importadas	0		
	(b) herramientas, matrizes, moldes y objetos similares utilizados en la producción de las mercancías importadas	0		
	(c) materiales consumidos en la producción de las mercancías importadas	0		
	(d) trabajos de ingeniería, de desarrollo, artísticos y de diseño, planos y croquis, realizados fuera de la Comunidad y necesarios para la producción de las mercancías importadas	0		
	15 Cánones y derechos de licencia - véase apartado 9 (a)	0		
	16 Producto de cualquier reventa, cesión o utilización posterior, que revierta al vendedor - véase apartado 9 (b)	0		
	17 Gastos de entrega hasta ______ (lugar de introducción) (a) Gastos de transporte	772,64		
	(b) Gastos de carga y de manipulación	0		
	(c) Seguro	0		
	18 Total B	772,64		
C.DEDUCCIONES: importes en MONEDA NACIONAL INCLUIDOS en A (*)	19 Gastos de transporte posteriores a la llegada al lugar de introducción	131,35		
	20 Gastos relativos a trabajos de construcción, instalación, montaje, mantenimiento o sistencia técnica, realizados después de la importación	0		
	21 Otros gastos (especifíquese) ______	0		
	22 Derechos de aduanas y otros gravámenes pagaderos en la Comunidad como consecuencia de la importación o de la venta de las mercancías	0		
	23 Total C	131,35		
24 VALOR DECLARADO (A+B+C)		94263,02		

(*) Cuando los importes son pagaderos en MONEDA EXTRANJERA, indíquese aquí el importe en la moneda extranjera y el tipo de cambio relativo a cada elemento y partida de orden.

Referencia | Importe | Tipo de cambio

Figura 13.13. Documento DV-1 (declaración del valor de la mercancía en la aduana). Página 2.

COMUNIDAD EUROPEA IMP-13

A ADUANA DE DESTINO

1 DECLARACIÓN: IM | A

17 ES002045 3 014582 9

8 — Ejemplar para el destinatario

2 Expedidor/Exportador N°
CASIN INC.
4 CHOME 2-3 HIGASHIJUJO, KITA-KU
114-0001 TOKIO
JAPON

3 Formularios | 4 List. de carga

5 Partidas: 1 | 6 Total bultos: 1 | 7 Número de referencia

8 Destinatario N° ESA483456789
GRUPO ALDAPHOTO SA
CTRA. BILBAO-GALDACANO, 23
48004 BILBAO
VIZCAYA
ESPAÑA

9 Responsable financiero N°

10 País últ. Proc. | 11 País transacc./prod. | 12 Elementos del valor | 13 P.A.C.

14 Declarante/Representante N° ESB20449393
[3] TRANSNATUR NORTE, SL

15 País de expedición/exportación | 15 Cód. P. exped./export.: a JP b | 17 Cód. país de destino: a b 48

16 País de origen | 17 País de destino

18 Identidad y nacionalidad medio transporte a la llegada: IB325 24/07/2017 | 19 Ctr.: 0

20 Condiciones de entrega: FCA TOKIO 3

21 Identidad y nacionalidad medio transporte activo en frontera: ES

22 Divisa e importe total facturado: JPY 11632500 | 23 Tipo cambio | 24 Naturaleza transacc.: 1 1

25 Modo transporte en frontera: 4 | 26 Modo transporte interior | 27 Lugar de descarga

28 Datos financieros y bancarios

29 Aduana de entrada: ES004801 | 30 Localización de las mercancías: 4801XA1025

31 Bultos y descripción de las mercancías — Marcas y numeración - N° contenedor(es) - Número y clase:
1 PALETA, RDO.
CAMARAS FOTOGRAFICAS DIGITALES.

32 Partida N° | 33 Código de las mercancías: 85258030 00

34 Cód. país de origen: a JP b | 35 Masa bruta (kg): 1020 | 36 Preferencia: 100

37 RÉGIMEN: 40.00 | 38 Masa neta (kg): 950 | 39 Contingente

40 Documento de carga/Documento precedente: X 20170722075ES325075649 66403

41 Unidades suplementarias | 42 Precio del artículo: 94263,02 | 43 Cód. M.E.

44 Indicaciones especiales/ Documentos presentados/ Certificados y autorizaciones:
N380: JP-012515/2017 21-07-2017; N740:
075-64966403 22-07-2017; Y024: ESAF0000002
12-05-2012; Y025: ESAF0000002 12-05-2017;
N934; 7002: 131,35.
B.IVA: 94263,02+0+131,35=94394,37

Cód. I.E. | 45 Ajuste: +772,64 -131,35

46 Valor estadístico: 94263,02

47 Cálculo de los tributos

Clase	Base imponible	Tipo	Importe	MP
A00	94263,02	0 %	0,00	R
B00	94394,37	21 %	19822,82	R
		Total:	19822,82	R

48 Aplazamiento de pago | 49 Identificación depósito

B DATOS CONTABLES
17ESAGL2000000001
17ESAGL2000000002
17ESAGL2000000003

50 Obligado principal N° — representado por — Lugar y fecha: — Firma:

C ADUANA DE PARTIDA

51 Aduanas de paso previstas (y país)

52 Garantía no válida para | Cód. | 53 Aduana de destino (y país)

I CONTROL POR LA ADUANA DE DESTINO

54 Lugar y fecha:
OIARTZUN 25-7-2017
Firma y nombre del declarante/representante:
TRANSNATUR NORTE, SL
NIF: B20449393

Figura 13.14. Documento único administrativo de importación (DUA).

¿Sabías que

Los contenedores marítimos más utilizados son los de 20 y 40 ft (pies). Suele usarse como unidad de medida para conocer el movimiento de mercancías en los puertos 1 o 2 TEU (unidad equivalente a veinte pies).

Estos vienen marcados:

- **FCL/FCL:** 1 exportador/1 destinatario.
- **LCL/LCL:** varios exportadores/varios destinatarios.
- **FCL/LCL:** 1 exportador/varios destinatarios.
- **LCL/FCL:** varios exportadores/1 destinatario.

13.5. Facturación del transitario TransNatur a su cliente

Por último, deberá realizarse la emisión de la factura comercial por parte del transitario a su cliente (importador) por la cuantía fijada.

Hemos realizado un despacho de importación a consumo. Hay que resaltar que solo se aplicará el IVA a los servicios nacionales que ha prestado el transitario a su cliente el importador.

Figura 13.15. Un agente de carga internacional o transitario es una empresa que actúa en nombre de los importadores, exportadores y otras empresas para organizar el transporte de mercancías de forma segura, eficiente y rentable en cualquier medio de transporte.

Trans Natur Transportes Internacionales	Parque Logístico Lambarren C/Arañabur, 3, Edificios E-F, 20280 Oiartzun - Guipúzcoa

FRA. N.º:	2017/9965

CONCEPTO		**IMPORTE**
Handling en Origen		100
AWB		50
Transporte Internacional		800
IVA + Aranceles		19 822,82
SUBTOTAL 1		20 772,82
Seguro		100
Handling en Destino		60
Despacho de Importación		150
Transporte Interior		135
SUBTOTAL 2		445
IVA SUBTOTAL 2	21 %	93,45

TOTAL FACTURA		**21 311,27**
FORMA DE PAGO	Transferencia bancaria	
ES02044789965412354441		

Figura 13.16. Factura emitida por el transitario a su cliente (importador).

Enlaces web

Observatorio de la Complejidad Económica:
https://atlas.media.mit.edu/es/profile/country/jpn

Secretaría de Estado de Comercio:
https://www.icex.es/icex/es/navegacion-principal/todos-nuestros-servicios/informacion-de-mercados/paises/mapa/index.html

Demo TARIC:
https://www.taric.es/productos-y-servicios/utilidades/nettaric/nettaric-demo

Boletín Oficial del Estado, mercado de divisas:
https://www.boe.es/diario_boe

Agencia Tributaria, resolución documento único administrativo 2017:
http://www.agenciatributaria.es/AEAT.internet/Inicio/La_Agencia_Tributaria/Normativa/Normativa_tributaria_y_aduanera/Legislacion_de_Aduanas_e_Impuestos_Especiales/Normativa_aduanera/Resolucion_DUA/Resolucion_DUA.shtml

Cámara de Comercio de Tokio:
http://camarajaponesa.com

Plan cameral de las exportaciones, documentos aduaneros:
http://www.plancameral.org/web/portal-internacional/documentos-importacion-exportacion#despliega

Aduana Argentina, aduanas del mundo:
http://www.aduanaargentina.com/listado.php?seccion=24

Aduana Argentina, conversor monetario:
http://www.aduanaargentina.com/cm.php

Aduana Argentina, la hora del mundo:
http://www.aduanaargentina.com/tz.php

Aduana Argentina, modelos ULD aéreo:
http://www.aduanaargentina.com/ac.php

Anexo 25. Gastos de transporte aéreo que deben incluirse en el valor en aduana:
http://www.agenciatributaria.es/static_files/AEAT/Contenidos_Comunes/La_Agencia_Tributaria/Modelos_y_formularios/Formularios/Modelos_y_formularios_de_Aduanas_e_Impuestos_Especiales/codigo_aduanero/Anexo25.pdf

EXPEDIENTE COMPLETO DE IMPORTACIÓN

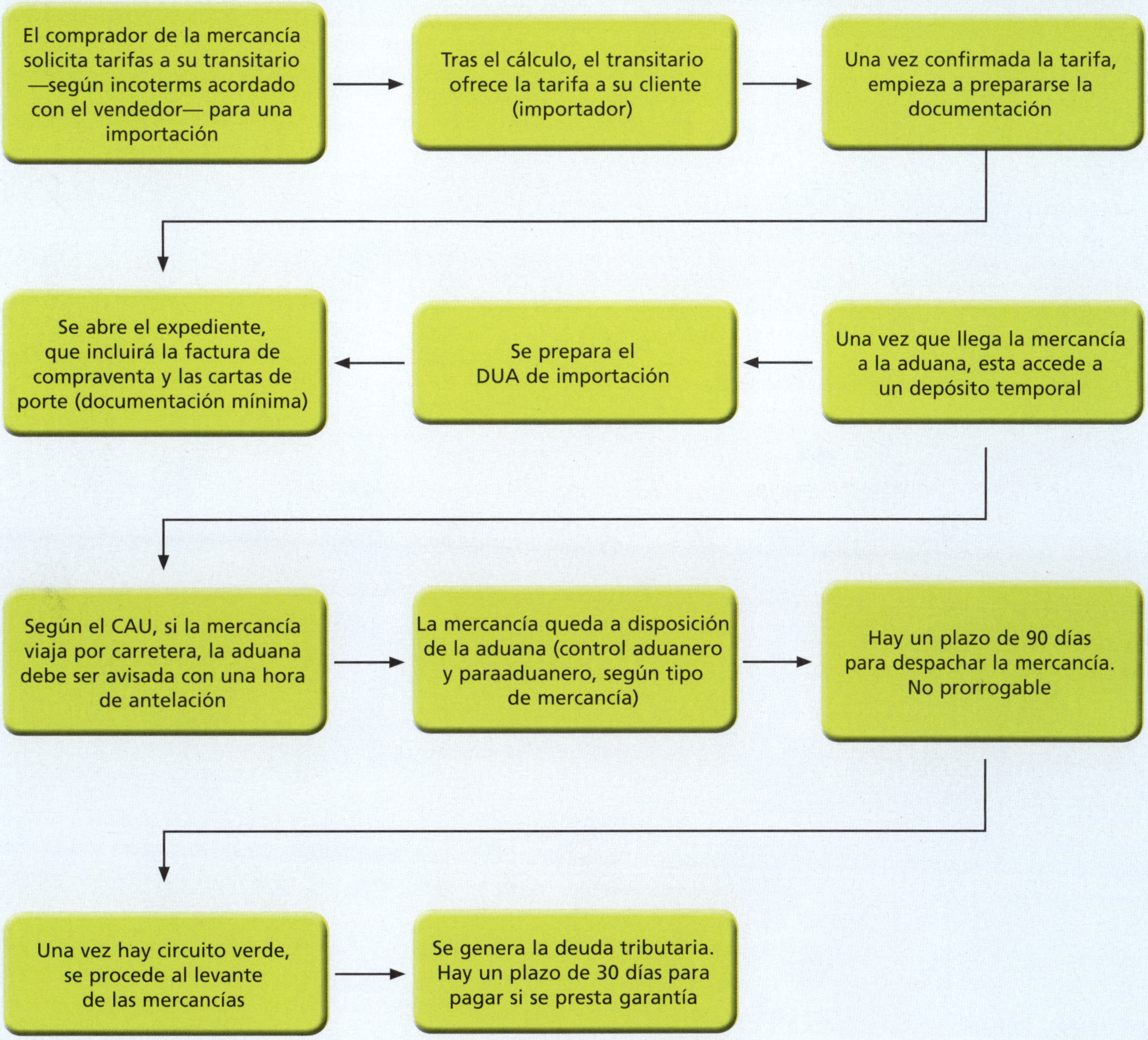